戦後史とジェンダー

加納実紀代

インパクト出版会

目次◎戦後史とジェンダー

目次

目次

目次

5章◆「慰安婦」と教科書問題をめぐって

かえってきたニッコウキスゲ

空が大きい。大地がひろい。

大地は見渡すかぎりの大豆畑である。ゆるやかにうねりながら、はるか遠くの楊樹の林までつづいている。

「すっかり変わってしまった……。むかしは原野で、ニッコウキスゲがいちめんに咲いていたんだ」

野田良雄さんはあたりを見まわして言う。原野にはノロジカがすんでいて、風のように走るのだそうだ。そしてひょっと立ち止まってうしろをふりかえる。「人間が気になるんかな」と、野田さんは首をかしげる。

ノロジカというのは、鹿の一種だろうか。黄色いキスゲの原を分けて、疾風のように駆ける動物のすがたが目に浮かんだ。

二〇〇五年六月二〇日、中国・ハルビンに降りたった新潟県満州開拓慰霊訪中団の一行はバスで東へ東へと向かい、方正、七台河、宝清と宿泊を重ねて、二三日午後、目的地の黒竜江省虎林市近郊の村についた。あともう三、四時間も走れば、ロシア国境だという。

わたしはこれまで、ロシアは中国の北にあるものとばかり思っていた。ところがここでは東にある。地図をみると、たしかに中国東北部の「日本海」沿いは、ばっちりロシア領になっている。シベリア鉄道はウラジオストックからハバロフスクまで、中国との国境沿いにひたすら北上するのだ。虎林はちょうど、そのまん中あたりにある。

ウラジオストックより北なのか……。しかし、それにしては暑い。まだ六月だというのに、日差しはもう真夏のようだ。東京の四月ごろときいて、セーターやトレーナーをもってきたわたしは着るものに困った。しかし空気はからりとして、風がさわやかである。

六〇年前、ここには新潟からの移民の村、清和開拓団があった。一九三八年に先遣隊六二人が入植して以来団員は増え、最大時では八八三人が七部落に分かれてくらしていた。しかし今回の訪中団のなかで、清和開拓団について記憶があるのは副団長の野田良雄さんだけだ。野田さんは一九四一年、文部省が募集した勤労奉仕隊の一員として六月一〇日から八月二二日までの二か月あまり、この地で過ごした。一七歳だった。

しかし野田さんは、現地のあまりの変わりように戸惑いをかくさない。当時の地図をみると、鉄道線路の北側に第一、第二、第三、第七部落、南側に第四から第六部落がある。しかしいまは線路もない。去年、事前調査に訪れた旅行会社の稲垣さんは、楊樹の並木に囲まれたまっすぐな道がかつての線路あとだろうという。地図には「石切山」や「鶴のくる池」も記されているが、いまは見渡すかぎりみごとに耕された畑である。木が大きく育っているので、山があるかどうかもわからない。

「当時は、匪賊の隠れ場所になるというので、一本も木はありませんでした」

団長の長田末作さんはいう。長田さんは一九四〇年、一四歳で青少年義勇軍に参加し、三年間の訓練のあと、さらに国境よりの興凱湖ちかくの開拓団で徴兵までの二年間をすごした。一本の木もない平らな原野の向こうに、ソ連の明かりが見えたという。

天をおおうばかりに丈高くそだった楊樹は、六〇年という歳月をあらためて感じさせた。

この晴れやかな大地からは想像もつかないが、清和開拓団は悲劇の開拓団である。一九四五年七月二五日という、まさに敗戦間際に男性二一三人中一四六人を軍に召集され、ほとんど老人と女性、子どもばかりになったところに、八月九日、ソ連参戦である。

ソ満国境に近い清和では、午後二時、指令により約六五〇人が村を出て避難を始めた。当時は国境の虎頭まで鉄道が通っており、近くに清和駅があった。しかし鉄道はソ連軍に押さえられているというので、馬車や徒歩で北に向かった。雨のなかを二日間かけて完達嶺を越え、宝清をめざした。宝清には精鋭を誇る関東軍がいる！

しかし、このとき関東軍は張子のトラにすぎなかった。精鋭部分はとっくに南方戦線に引き抜かれ、開拓団などから急遽かき集めた訓練不足の老兵で員数あわせをしていた。しかもそれさえもぬけのからになっていることが多かったのだ。宝清の関東軍もすでに撤退していた。

八月九日のソ連の侵攻は、日ソ中立条約の一方的破棄として批判されている。たしかに条約期限は一九四六年四月だったから、四五年八月段階での参戦は条約違反である。しかしその後の開拓団の悲劇の責任は、日本側にもある。四五年二月のヤルタ会談で、ソ連のスターリン首相は、アメリカのルーズベルト大統領、イギリスのチャーチル首相とはかって、ドイツ降伏三か月後の対日参戦をきめていた。それにもとづき四五年四月、中立条約不延長を日本に通告した。不延長の場合、一年前に通告することになっていたからだ。

それを受けた日本側はソ連参戦を想定して、対ソ最終防衛ラインを京図線（新京―図們）以南、連京線（大連―新京）以東と定めた。つまり、開拓民の大半が居住する現在の黒竜江省全域、吉林・遼寧省の半分以上は防衛ライン外とされたのだ。にもかかわらず邦人保護のための措置はとられなかった。国境地帯の日本人が大量に移動したら、ソ連の侵攻をはやめるのではないかと恐れたためという。「対ソ静謐保持のため」に、すでに開拓民は見捨てられていたのだ。

軍隊は国民を守るためにあるのではないのか？　戦後、からくも生還した満州引揚者から詰問されたとき、元関東軍高級参謀・瀬島龍三は言ったものだ。軍隊は赤十字ではない。戦うためにこそあるのだ――。足手まといの女・子どもなど知ったことか、というわけだろう。

ソ連侵攻から日本への引揚げの過程で、開拓移民二七万のなかから八万人という大きな犠牲が出た。ほぼ三人に一人である。そのなかでも清和開拓団の被害は大きい。八月九日に虎林県の村を出た約六五〇人のうち、五五〇人以上が八月中に死んだ。とくに八月一二日、宝清での満州国軍との撃ちあいでは一八一人、八月二七日、七台河ちかくの佐渡開拓団あとでは三七一人が死亡している。団長の長田さんに『第七次清和開拓団殉難者名簿』を見せていただいたが、「死亡」

という赤字と死亡年月日「20・8・27」の羅列に絶句した。ほとんどは女性と子どもである。女性のおおかたは二〇代から三〇代。その横にならぶ子どもの年齢は二歳、五歳、七歳……。

その後も犠牲は増え、なんとか翌年新潟に帰り着いたのは五〇人にすぎない。その後ソ連からの帰還や「残留孤児」、「残留婦人」の帰国があったが、それでも清和開拓団で生き残ったのは約一六〇人。七〇〇人以上が大陸の土になったのだ。

わたしはこの三〇年あまり、銃後史と称して戦時下の女性の状況をあとづけてきた。もちろん満州開拓団についても関心をもち、引揚げ女性たちから聞き取りもした。しかし新潟は視野の外だった。新潟はゆたかな米どころで、移民の必要はなかったと思いこんでいたのだ。

しかし三年前から新潟の私大で歴史を教えることになり、学生たちの祖父母の戦中体験をきくと、開拓団や青少年義勇軍のはなしがけっこう出てくる。雪深い山地が多いこと、地主小作制度がきびしいことなどにより、新潟では出稼ぎが常態だったのだ。満州移民はその延長線上にある。昨年の中越地震で大きな被害を出した旧古志郡、いま柏崎原発が建っている刈羽郡からの移民の率が高いことに胸をつかれた。

不明を恥じ、きちんと調べてみたいと思っていたところに訪中団の話を聞いた。しかも今回が最後だという。青少年義勇軍を加えると一万三〇〇〇人が移民として満州にわたり、清和を含めて五〇〇〇人近くの犠牲を出した新潟では、一〇年前から長田さんを中心に、毎年のように慰霊の訪中をおこなっていた。しかし主催者の高齢化で、戦後六〇年の今年が最後だというのだ。さっそく申し込んだ。

訪中団の行程は、清和を出た開拓団の人びとの避難経路を逆にたどっている。目的地の清和開拓団あとについた六月二三日の前日、わたしたちは佐渡開拓団あとで犠牲者の慰霊法要を行なった。訪中団にはそこでの犠牲者の遺族が何人か参加しているのだ。

しかし佐渡開拓団あとも、清和以上の変貌ぶりである。団長の長田さんは、この近くの青少年義勇隊勃利訓練所で三年間を過ごした。冬になると凍結した倭肯河を渡って佐渡開拓団をたずね、同郷のよしみで郷土料理をごちそうになったりしたという。

しかし一九七〇年代になって、ちかくの七台河で石炭が掘り出され、炭鉱の町として急発展した。その結果、大地は掘り返され山は削られ、その一方で巨大なボタ山が出現し……、長田さんの記憶にある風景は一変した。長田さんは数年前に調査に訪れ、佐渡開拓団あとの位置を特定していた。しかし今回きてみると、新しい道路がひらかれ橋が架かり、さらに変化している。中国の経済発展は数年で風景を一変させる勢いなのだ。

カンカン照りの稲田の道を行きつ戻りつしたあげく、わたしたちは田んぼの土手に祭壇をしつらえた。段ボールの携帯用祭壇が商品化されていることを、わたしははじめて知った。犠牲者の位牌や名前を書いた紙、写真などが祭壇にかざられ、お花や果物が供えられた。ローソクに火がともされ、線香の煙が稲田にながれる。

団長長田さんの追悼の辞のあと、遺族によって慰霊の言葉が読み上げられた。そこには亡くなった両親や高齢で来られなかった他の遺族の思いもこめられている。一九三九年、「満州花嫁」

として清和開拓団に入った伯母のシゲさんと三人の子どもの慰霊のために参加した佐藤三千夫さんは、戦後生まれで伯母たちの記憶はない。しかしシゲさんの結婚を写真入りでつたえる新聞記事のコピーをもってきていた。祖父（シゲさんの父）が切り抜いて大事にもっていたのを二年前に亡くなった父がうけつぎ、さらに三千夫さんがうけついだという。

村山七郎さんは、姉のヒサさんと清和で生まれた四人の子どもたちをここで亡くしている。七郎さんは一〇人きょうだいで、自分の思いとともにあずかってきた他のきょうだいの手紙も読み上げた。そこには遺族の切なる思いがあふれていて、わたしは涙をこらえることができなかった。七郎さんによれば、ヒサさんたちの死を知ったあと「父は無言で働くばかり、母は数日床から出てきませんでした。床から出てのことばは、善光寺さまに行きたい、でした」

そして、七郎さんが代読した弟十郎さんの手紙には、こんなことが書かれていた。

十郎さんは、一九七五年、日中友好全国活動者訪中団の一員として三週間にわたって中国各地を歴訪した。出発の前日、母親に電話したら、「ヒサの墓に参って、線香でもあげてきてくれや」という。しかし東北に行く予定はない。北京滞在の夜、たまたま北京駅に行ったら、大勢のひとが夜行列車を待っている。どこに行く列車かきいたら、ハルビン行きだという。列車のなかに、竹籠に荷物を入れ天秤棒でかついだ農民風のひとがみえた。十郎さんは母上の言葉を思い出し、胸のなかで語りかけた。

「中国東北の友人よ、どうかその荷物の片隅に、年老いた両親の思いを乗せて行ってください。そして忘れることなく、東北の大地の空たかくまきあげてください」

かえってこない娘や息子、孫たちをおもい、戦後ずっと東北の大地に思いをはせつづけた親たちは多かったろう。そのなかには、なぜあのときもっとちゃんと反対しなかったのか、なぜむざむざ国策にのせられてしまったのかと、死ぬまでわが身をせめつづけたひともいたのではないか。

そうした親の思いをきょうだいがうけとめ、そのきょうだいの思いを佐藤さんのように息子が受けとめる。さらに……というふうに、つぎの世代にも伝わるだろうか。わたしは学生たちの顔をおもいうかべた。

それにしても、佐渡開拓団あとでの被害は大きすぎる。ここには清和開拓団だけでなく、高社郷、更級、南信濃など長野県の開拓団も避難してきていた。八月二六日から二七日にかけて、ここで女性と子どもを中心に一五〇〇人以上が死んだ。満州引揚げにおける最大の悲劇、佐渡開拓団事件である。なぜ悲劇はおこったのだろうか。

圧倒的なソ連軍の攻撃があったことはたしかである。そこには不幸な経過がある。八月二一日、ソ連機が不時着し、その乗員を避難民のなかの血気にはやる男たちが殺害した。さらに、白旗をかかげてすすんできたソ連軍兵士にも銃撃をあびせた。すでに一五日に日本は降伏しているのに、避難民にはその情報は届いていなかったのだ。そして八月二六日から二七日にかけて、一二〇〇名のソ連軍に包囲され、徹底攻撃をうけた。

しかし数多くの幼い子どもが死んだのは、ソ連の攻撃だけによるものではない。いわゆる「集団自決」である。しかし三歳や五歳の子どもが「自決」するはずはない。「集団自決」とは、その無機質なひびきとは裏腹に、血なまぐさい母による子殺し、男による女殺しである。わたしが長野で聞いたところでは、自決命令が出たが、「その前に各自子どもを始末せよ」といわれ、凄惨な光景が展開されたという。佐渡開拓団あとでも、同じような光景があったときいた。井戸から子どもたちのものすごい悲鳴が上がったともいわれる。

なぜそんなに死に急いだのだろうか。平和ボケといわれるいまの状況で、それを理解するのはむずかしい。極度の疲労と飢え、恐怖、死の日常化、絶望……。清和開拓団では、団長以下何人かの男性はソ連軍の包囲直前に脱出している。しかし、そばを流れる倭肯河の橋は日本軍によって落とされ、降り続いた雨で川は増水している。幼い子どもづれでとても渡りきれるものではない。ここで子どもとともに死ぬしかないと、女性たちが思ってしまったのも無理はない。

しかし……。かつてわたしは、こんなことを書いた。

「開拓団の女たちが「集団自決」に追い込まれたのは、働いても働いても食えないひとびとの大地にかける切実な思いを、侵略の道具として利用した体制の責任である。また、南方戦線に大量に兵を移動したあと、「精鋭を誇る関東軍」の虚像をつくろうために開拓団から男たちを根こそぎ動員し、女・子どもだけを放置した軍の責任である。

しかしこのとき、彼女たちが、茫洋とひろがる「満州」の大地のなかに、せめて一人でも二人でも、心の通い合う王《ワン》さんや楊《ヤン》さんをもっていたら、少なくとも「満人につかまったら八つ裂きにされる」などというデマで、「集団自決」に追い込まれることはなかったのではないか。」

（「〈移民の村〉の女」『女たちの〈銃後〉』所収）

そして、そのためには、「自分たちに与えられた土地が中国民衆の汗の結晶であることをじゅうぶん自覚している必要があった」とも書いた。その思いはいまもある。

清和開拓団の当時の地図には、ちかくに「満人部落」もいくつか記されている。生き残った男性の手記によれば、「朝鮮人部落」もあったようだ。そこに住むひとびととのあいだにふだんに交流があれば、営々と築き上げた生活のいっさいを捨てて、ただちに全員が避難・引揚げとはならなかったのではないか。国破れて山河あり、ではなくて、敗戦即山河の喪失となってしまうところに、現地における〈関係〉の貧しさがあらわれている。銃剣による国家の後ろ盾あっての〈山河〉だったということだ。

しかし当時の女性たちに、それをいうのはあまりにも酷かもしれない。今回はじめて開拓団の現地に身をおいてみて、そう思った。

大地はあまりにもひろく、とりとめがない。この茫洋とひろがる大地のなかで、女性たちのくらしはかえって閉ざされていたのではないか。清和開拓団には、学校も医院も神社もあった。たいていのことは団のなかでまかなえる。それ以上に、そもそも女性たちが開拓団に迎えられたのは、あくまで指導民族としての日本人の〈純血〉を保ち、その増殖をはかるためである。「満人」や「鮮人」との対等なつきあいなど思いもよらないことだったろう。

敗戦後の過酷な状況のなかで、女たちが生き延び得るいちばんの道は「残留婦人」になることだった。それは多くの場合、「満人」の妻になることを意味した。そうやって生き延び、家族連れで帰国した女性たちもいる。しかし彼女たちに対する当時の日本人、とりわけ男たちの目は冷たかったはずだ。満州開拓に関する原典ともいうべき『満洲開拓史』(満洲開拓史刊行会　一九六六年)には、引き揚げにあたっての苦境についてこんな記述がある。

「生活手段のつきた婦女子は生活のため満妻妾に身を落とさざるをえなかった」(傍点引用者)

ここには、敗戦直後の「パンパン」をみるまなざしに通じるものがある。いや、それまで見下げてきた「満人」の「妻妾」になることは、「鬼畜」とおそれた米兵に身を任せる以上に屈辱的なことだったかもしれない。

とくに応召中の夫をもつ女性が「満妻妾に身を落と」すことへの抵抗はつよかったはずだ。ソ連兵の「女を出せ」という要求にたいして、夫が応召中の女性は「守った」という男たちの証言はいくつもある。それは女性自身のためというよりは、彼ら日本男性の家父長制権力への侵害だからでもあろう。そして男たちの証言は、かわりに性産業に従事していた女性が相手をしたとつづく。すでに烙印つきの女であれば許せるというわけだ。

『清和開拓団殉難者名簿』をみると、軍に召集された夫だけがシベリアを経て生還し、妻も子も死亡という例がひじょうに多い。妻ヒサさんと四人の子どもを失った村山七郎さんの義兄も、二年後にシベリアから帰還し、再婚したという。

「集団自決」は、女性に「貞操」を強いるジェンダー秩序が生んだ悲劇でもあったということだ。戦後六〇年のいま、この悲劇を生んだ戦争を美化し、ジェンダー秩序の再構築・強化をはかる動きがつよまっている。なんと愚かな……。

わたしたちは、どういう戦後を過ごしてきたのか。どこに問題があったのだろうか。

清和開拓団あとでも慰霊法要がおこなわれた。東岸寺住職・野田尚道和尚の読経が流れるなか、ふとみると野田良雄さんが大豆畑のわきの電信柱の根本にしゃがんでいる。ニッコウキスゲの苗を植えているのだという。

なんと野田さんは、六四年前に清和を訪れて帰国するとき、いちめんに黄色い花を咲かせていたニッコウキスゲの種を持ち帰り、自宅の庭にまいたのだという。キスゲは新潟の大地でそだち、年々花を咲かせてくれた。そしていま、故郷の大地にかえってきた。持っていたミネラルウォーターの残りを、みんなでキスゲの苗にそそいだ。水はすぐ、乾いた大地にしみこんでいった。国境などは関係ない。大地と水があれば、植物はそだつ。人間もそうではないだろうか。

1章◆

女たちの8月15日――その光と影

女にとって8・15は何であったか

アンケート五八一人の声から

一九四五年八月一五日は、よく晴れた暑い日だった。

この年は、冬が長くて夏は遅く、七月下旬になってもうすら寒い日が続いていた。気象庁の梅雨明け宣言はなんと八月二五日。あとで一カ月早めて七月二五日に修正している。敗戦による混乱もあったろうが、天候まで異常であったことはたしかである。

しかし、「昭和二十年八月」は、晴れわたった夏空と結びついてひとびとに記憶されている。八月六日、原爆投下直前の広島の空が雲一つなく晴れていたことは、当時五歳だったわたしの記憶にもある。

そして八月一五日。廃墟と化した広島でこの日を迎えたわたしには記憶はないが、やはりよく晴れた暑い日だったという。広島だけでなく、東北を除く日本全国、そして朝鮮でも台湾、満州[1]でも、夏らしい暑い一日だった。

この日正午前、中天の太陽がじりじりと照りつけるなか、ひとびとは、あるいは農作業を中断し、あるいは焼跡整理の手をとめ、またあるいは買出し荷物を背負ったまま、ラジオの前に集まった。

正午の時報。つづいてアナウンサーの声がひびく。

「ただいまより重大なる放送があります。全国の聴取者のみなさまご起立願います」

日本中の廃墟の街で、焼け残った町や村で、また海の彼方の「大東亜共栄圏」の町々で、いっせいに日本人が起立する。男たちは帽子を脱ぎ、女たちはかぶっていた手拭いをとって頭を垂れる。

君が代の演奏につづいて、カン高い奇妙な抑揚の声が流れだす。

「朕深ク世界ノ大勢ト帝国ノ現状トニ鑑ミ……、米英支蘇四国ニ対シ其ノ共同宣言ヲ受諾スル旨……時運ノ趨ク所堪ヘ難キヲ堪ヘ忍ビ難キヲ忍ビ……爾臣民其レ克ク朕ガ意ヲ体セヨ」

雑音の中からきれぎれに聞えるこの声は「玉音」と呼ばれるが、つまるところ、四年前の一二月八日、米英に対して宣戦布告した「大東亜戦争」の敗北を告げるものであり、一九三一年以来つづいた一五年戦争の終結を宣するものであり、そしてまた、明治以来、「富国強兵」政策によって築いてきた「大日本帝国」の崩壊をも告げるものであった。

ひとびとは、それをどう受けとめたか。そして、それぞれの〈戦後〉をどのように歩みだしたのか。

あの戦争は、内外に大きな犠牲を出した。その結果、〈軍国日本〉は一転して〈平和ニッポン〉に再生したはずだった。にもかかわらず一九八四年現在、日本は軍拡路線を突走り、あらたな〈戦前〉が取沙汰されている。なぜなのか。

それを考えるためにも、女にとっての8・15の意味を、きめ細かに検討しておきたい。そのための一つの方法として実施したのが七〇ページのアンケート調査である。[2] 盛りだくさんでしかもたち入った質問が多かったにもかかわらず、配布総数一一七〇に対し、約半分の五八一人の方が回答を寄せてくださった。しかも多くの方が、アンケートのスペースでは書ききれない思いを欄外や用紙の裏、あるいは便せんにびっしり書いており、電話で直接語ってくださった方もいた。

記述部分の多いアンケートだったためか、小学校の同窓会名簿や地域婦人会等の回収率が低く、結果として女学校卒業以上が約六割という、当時としては高学歴の女性の比率が高くなっている。しかし年齢では、下は敗戦当時七歳から上は五四歳まで、居住地は、島根、沖縄を除く各都道府県、それに樺太、朝鮮、台湾、満州、中国、ベトナム、タイ、インドネシアにまたがる女たちの声を集めることができた。[3]

もちろん、すでに三九年の歳月の経過もあり、ここにあらわれた結果で、日本全体の女性の8・15の受けとめ方を云々することは危険だが、一つの参考にはなるかと思う。

「玉音」を聞いた人・わかった人

御前会議でポツダム宣言受諾が最終決定されたのは、八月一四日正午である。国民への発表は一五日正午、天皇の放送によって行なうこともそのあと決定されている。しかしそれが民衆につたえられたのは一四日午後九時、ラジオの報道の時間においてであった。そのときは天皇の放送であることは報道されず、「重大放送」とのみつたえられている。

「玉音」であることは、翌一五日午前七時二一分にはじめて、ラジオで予告された。

「つつしんでお伝えいたします。かしこきあたりにおかせられましては、このたび、詔書を渙発あらせられます。（間）かしこくも天皇陛下におかせられましては、本日正午おんみずからご放送あそばされます。まことに恐れ多いきわみでございます。国民は一人残らずつつしんで玉音を拝しますように。（間）なお昼間送電のない地方にも、正午の報道の時間には特別に送電いたします。また官公署・事務所・工場・停車場・郵便局などにおきましては、手持ち受信機をできるだけ活用して、国民もれなく厳粛なる態度でかしこきお言葉を拝し得ますようご手配願います。ありがたき放送は正午でございます。なお、きょうの新聞は、都合により午後一時ごろ配達されるところもあります」（傍点部分はくり返し。日本放送協会編『放送夜話』）

この予告アナウンスの最後の部分にあるように、この日新聞（当時は朝刊のみ）は、放送が終るまで配布されなかった。一五日午前〇時の記者会見において、迫水久常書記官長から、天皇の放送以前に敗戦が伝わると混乱が起るからと、差しとめられたためである。

したがってふつう女たちが正午の放送をあらかじめ知りうる道は、一四日午後九時、及び一五日七時二一分以後、数回くり返されたラジオの予告を聞くか、聞いた人から知らされるかである。

八月一五日正午、実際に放送を聞いた女性はどれぐらいいたか。また、ラジオの「玉音」は明瞭に聞こえたのか、その内容はすぐに理解できたのか。アンケートではまずそれを聞いた。

放送を聞いた人は五八一人中四六九人、八一％である。さきに引いた朝の予告放送にもあるように、官公署、工場、駅等では、みんなが聞けるようスピーカーで流したから、買出し途中に駅で聞いたという人や、電車内で聞いたという人もある。

聞いた人を世代別にみれば、二〇代、四〇代、一〇代、三〇代の順になり、地域別には、大都市、中小都市市、郡部、外地の順となる。

しかし、ラジオの音声が聞こえたかどうかについては、面白い結果になる。地域別にみれば、大都市がもっともよく聞こえているのは当然として、日本から遠い外地の方が、国内の中小都市や郡部よりも比率が高い。強力な受信装置を備えていたためか。

またラジオの音声自体に世代差があるはずはないのだが、世代が高いほどよく聞こえ、低いほど聞こえていない。聞こえる聞こえないという物理的な問題も、受手の側の要因で変わるということだろう。

すぐに内容がわかったかどうかの比率は、三〇代がとび抜けて高い。これまた知的要因に加え、心理的要因が作用しているためか。

すぐにはわからなかった人たちも、おおかたは直後にいっしょに聞いた家族や教師、上司等に説明され、敗戦を認識している。外地で聞いた人のなかには、放送を聞いても日本人には理解できず、現地の人に教えられてはじめてわかったという人もいる。「敗戦」ではなく「停戦」と教師に説明され、しばらくはそう思っていた子どもたちもいた。

放送を聞かなかった人たちも、おおかたは夕方までに誰かに教えられ、敗戦を知っている。ただし、八月九日のソ連参戦によって避難途中にあった満州奥地在住の人たちのなかには、数日後ようやく知った人も多い。六月段階で、すでに苛酷なかたちで「敗戦」を体験していた沖縄でも同様だった。沖縄本島島尻に追いつめられ、四月以来洞窟にひそんでいた神谷すみ子氏が日本敗戦を知ったのは、八月二四日であった。

悲しさ・くやしさ・ほっとした……

さて、放送は終った。日本中に一瞬、シーンとした静寂がおとずれる。ついで各所にあがる女たちのすすり泣き──。

その一瞬の静寂のなかで、女たちは何を感じていたのか。何に泣いたのか。

それを問うたのが設問（Ⅱ―8）「敗戦を知ったときのお気持ちをお聞かせ下さい」である。記述式であるために数量化はむつかしいが、あえて要約すると表1のようになる。

ここでは、一〇代、二〇代……という世代別のくくり方に加え、立場、状況によっても分けて検討してみた。一〇代の小学生、女学生……、二〇代の有職、無職、三〇代の夫戦死・出征中……という分類は、立場、状況を示すと同時に、ある程度年齢的な段階とも見合っている。

内容は大きく分けて、敗戦を「ほっとした」「嬉しい」というプラス評価で受けとったもの、「くやしい」、「呆然」、「不安」等、マイナスで受けとったもの、「ほっとしたがこれからを考えると不安だった」「くやしくて泣いたが、今夜から灯火管制をしなくてすむと思ったら嬉しかった」というようにプラス・マイナスこもごも、という三つに分けられる。

プラス評価の理由は、「空襲で死ななくてすむ」「家に帰れる」、「出征中の家族が帰ってくる」というものである。小学生はプラス評価の割合がもっとも高く、唯一マイナスを上回っている。

とくに学童疎開の子どもたちは、敗戦を知って「家に帰れる」「東京に帰れる」と喜んだ。

プラス評価が次に多いのは、一〇代の有職者である。これは二〇代有職者をかなり上回っている。一〇代の場合は有職者といっても、学徒動員の女学生がかなり含まれている。彼女たちは動員当初は「御国の為に」と勇んでいたものの、この時期になると、無意味でしかも苛酷な工場生活にすっかり〈戦意〉を喪失していたのだろう。

それに比べて二〇代有職者（ほとんどが二〇代前半の未婚者。教師含む）は、逆に敗戦をマイナスで受けとったものがもっとも多い。当時二三歳の軍需会社事務員は、職場の上司の話から敗戦を予想していたにもかかわらず、敗戦の報に、「最後には勝つと信じていたので呆然自失」と記している。一方で敗戦を予想しながら、でもやっぱり、勝つと信じたい——当時の若い女性の複雑な心境がうかがえる。

三〇代の夫戦死・出征中の人たちも、マイナス評価が高い。敗戦を「悲しい、くやしい」と受けとった一三％の人の大半は戦死者の妻である。「くやしい」には、敗けたことがくやしいのと、なぜもっと早く戦争をやめてくれなかったのか、そうすれば、夫は死ななくてすんだのに——というのとがある。大まかにいえば、早い時期に夫に死なれた妻は前者、敗戦まぎわになって夫が戦死した人は後者、といえる。これは三〇代の戦死者の妻に限らず、家族を死なせたものに共通する。

「主人が戦死して一ケ月余泣き悲しんで居る時の敗戦でどうしようもない気持と早くこの戦争が早く終っていたら主人も戦死しなくても済んだろうと思う口惜が今でも思うと涙が出ます」

（当時三一歳　福島県在住　原文のまま）

こうした文字に接すると、ほんとうにいたましく、降伏を引き延ばした政府に怒りがこみあげてくる。

夫出征中の人は、不安も強い。その不安には夫のいない状況でこれからどうなるのかという不

表1　敗戦知ったとき（数字は％　複数回答）

評価		（＋）	（−）						（±）	
内容		嬉しい・解放感	悲しい・くやしい	不安	驚き・呆然	信じられない	その他	（計）	嬉しい↔不安	その他・無回答
10代	小学生	43	6	15	4	8	6	(39)	17	
	女学生	29	20	16	3	9	9	(56)	16	4
	有職	36	11	11	13	7	7	(49)	15	
	（計）	(29)	(12)	(14)	(8)	(8)	(5)	(47)	(20)	
20代	有職	22	20	11	5	5	18	(59)	22	
	無職	14	11	19	7	7	6	(50)	21	10
	（計）	(16)	(14)	(15)	(7)	(6)	(11)	(53)	(21)	
30代	夫死・出征	25	13	22	6	0	18	(59)	10	
	その他	29	9	15	4	5	10	(43)	20	10
	（計）	(28)	(10)	(18)	(5)	(3)	(12)	(46)	(16)	
40代		22	11	11	6	8	8	(44)	16	18
計		23	15	15	7	6	5	(48)	18	11

安と、出征中の夫は無事帰ってくるだろうかという不安がある。ただし後者については、逆に敗戦イコール夫が帰ってくる、とプラス評価で受けとった人たちもいる。三三歳の女性は、敗戦直後の見聞として「出征の家族は喜び、そうでない人はくやしがつた」と書いている。

皇居に額づく女たち

天皇に言及した人は、このあとの設問（Ⅱ—12）の見聞を含めて八人。四〇代三人、三〇代、二〇代各二人。一〇代一人である。
三〇代、四〇代の五人は、いずれも天皇崇拝の念がつよい。
「天皇陛下ノ御声ハ実ニ忍ビ難キヲ忍ビ迄ハ記憶ニ有リマスガモウ御声スラ悲シ過ギテ父母共々泣伏シテ最後ノ御声ハ全然聴キトレナカッタデス」（四〇代）
「天皇の詔勅をラジオで賜わりました時は只々感激し涙をおさえることが出来ませんでした。……敗戦であっても天皇の詔勅を心から有難く有難く泣きつづけました」（三〇代）
これに対して、二〇代は醒めている。一人は「向いの小母さんが〃天皇陛下さん、早まらはったナァ〃と泣きました」というもので、もう一人、横須賀に住む岡田甲子氏は、「ホットしたが胸からつき上げてきたのは天皇の馬鹿と云う事で、もっと早く止めていれば多くの人が無駄に死ななかったのに」と怒りをぶつけている。
それに対して一〇代の一人は、「陛下に申し訳ないと思いました」と書いている。
直接天皇には触れていないが、次の設問「敗戦を知って当日又は数日後にとくに何か行動した方は、その内容をお書き下さい」（Ⅱ―９）に対し、皇居前に行ったと書いている人が二〇代に三人。そのうちの一人、潮地ルミ氏（当時二〇歳）は、八月一九日千葉県佐原町からわざわざ上京して「従妹と共に皇居前で土下座」。

敗戦の翌日一六日の各新聞には、皇居前の玉砂利に土下座して、「力足らず敗れたことを天皇に詫びる」人びとのことが記されている。『東京朝日新聞』には、玉音放送以前、一五日明方には刷り上がっていたはずの一五日付紙面に、すでに玉砂利に額づいて詫びる「民草の姿」が記されている。

これについては、玉音放送以前に皇居前に土下座した人がいたはずはない、新聞の予定原稿、つまり〝見てきたようなウソを書く〟一例ではないか、この記事が放送後、人びとの足を皇居に誘ったのではないか等々、わたしたちのあいだでも議論がわいた。

設問Ⅱ―９及び12で、当日又は数日後の行動や見聞を問うたのは、じつはそれを確認する意味もあった。天皇の命令による戦争であれほど被害を受けた民衆が、天皇に詫びるなどという、わたしたち戦後世代には理解を絶する行動が、ほんとうにあったのか。男だけでなく女たちにもあったのか。もしあったとすれば、まったくの自発性によるものか、それとも――？

潮地氏が皇居に行ったのは一九日だから、すでに皇居に土下座する人びとの存在は知っていたろう。あとの二人は東京在住者で、一人は「放送を聞いてすぐ皇居と靖国神社に参りました」と書いている。もう一人はいつ行ったかわからない。

本人は行かなかったが、当日又は数日後の見聞で印象に残ったこととして、「皇居前で泣いている国民」をあげている人が五人。しかしうち二人（三〇代、二〇代各一人）は、それを、「ナンセンスです」「バカだと思った」と記している。

ともあれ、アンケート回答者五八一人の中にも、実際に皇居に行った女性が三人はいた。とすれば、当日から数日後にかけて、何百人もの女性が皇居の玉砂利に額づいたのはたしかだろう。

しかし、それが天皇に詫びるためだったとばかりは必ずしもいえないようだ。潮地氏は、「お詫びというのでもありませんが……、お葬式のような気分で」と書いている。誰の、何のお葬式なのか。

八月一五日午前中、すでに正午の玉音放送の報は伝わっているのに、潮地氏の住む千葉県佐原町付近は空襲をうけた。

「頭上を敵機が北に向かって進んでいくと、土浦の、多分予科練だと思いますが、小さな複葉の（多分）飛行機が、いくつもいくつも飛び立って行って、敵機に当ってパッと光って（砕けて）落ちるのを何とも言えない気持で見ていました。もうすぐ、あと一時間、あと数十分もしたら戦争は終るのに……、あの人たちは、それを知っていて自爆しているのかしら……、知らずにお国の為に死んで行くのかしら。……私と同じ年頃の人たち。私だって男だったら行ったかも知れない土浦……」

放送の一〇分前まで、それは続いたという。

「陽光を受けて米機に体当りした小さな飛行機は、一瞬パッと青空に輝き、まぶしいような感じでありました」

それは無意味で、しかしそれだけにかなしく美しい光景であったろう。あえて無意味な死を選んだ同じ年ごろの若者に対する肺腑をえぐる思いが、潮地氏の足を、交通混乱のなか皇居まで運ばせたのではないか。

潮地氏だけでなく、皇居前に額づいた若い女性の多くの胸にも、同様の思いはあったろう。降伏に反対し、一五日の未明から反乱を起した近衛連隊の青年将校の何人かは、鎮圧後、皇居前で割腹自殺を遂げた。皇居前で自決するものは、民間右翼も含め、八月下旬まで続出している。アンケートでは、それをつよく印象に刻んでいる人が一三人いるが、うち一一人までは一〇代、二〇代の若い女性である。

また潮地氏同様、基地周辺に住んでいた女性たちのなかには、八月一五日当日又は数日後に、自爆する飛行機を何人もが目にしている。長野県佐久町在住の当時四九歳の女性は、「一六日午前九時頃、頭上を気狂いの様に飛来した飛行機が町の上を旋回して浅間山に突込んだ。当町出身の若き飛行兵だった」と記している。息子と同じ年ごろの若者の自爆の姿に胸抉られる思いをしたことは、行間から読みとれる。

こうした無意味な、いたましい若者の死、そしてこれまで「勝つために」と死んでいった何百万もの人びとへの思いを抱いて、皇居前にひれ伏した人も多かったのだろう。それがなぜ皇居前でなければならないのかについては、戦後派には理解しがたいが、〈皇国少女〉として育てられた人たちには、そこがもっとも神聖な場所だったのかもしれないし、また「天皇陛下の御為に」死んでいった人びとへの痛切な思いは、天皇の前でしかはらせないように思われたのかもしれない。

自決の構造——男と女の敗戦の受けとめ方

死んでいったものたちへの思いの一方、女たちは自らの死は考えなかったのだろうか。

表1のマイナス評価の「その他」八%のなかには自決を考えた一二人が含まれている。割合にすれば二%弱である。やはり外地の方が危機感は切実で、七%の人がなんらかのかたちで自決を考えたが、内地では一%強。戦いに敗けたとはいえ、昨日に続く野山の景色、蝉しぐれ……の中では、人はそう簡単には死を考えないものなのだろう。

死を考えた七人のうち二人（二〇代、三〇代各一人）は、軍人の妻である。三重県在住の三三歳の女性は、「アメリカの進駐があれば将校の家族は捕えられると思い、子供と共に死を決意しました。しかし子供に手をかけることは出来ず、いよいよの時までと思止まりました」と記している。もう一人の二〇代（福岡県在住）は、「新しくモンペを作りなほして、進駐軍が上陸して来た時、みぐるしい死に方をしない様に、準備しました」とある。

あとの四人はいずれも一〇代。当時九歳一一カ月の少女は、敗戦を知って「すぐ死ななければいけない、庭にある防火用水用のためのドラム缶に入れば死ねるかなと思った」。しかしあとの三人はいずれも、占領軍進駐による婦女暴行のうわさに親から青酸カリを渡されたというもの。必ずしも自ら死を考えたわけでもないようだ。

そして結局、もちろん彼女たちは死ななかった。一般に、敗戦にあたっての男たちの自決の多さに比べ、女たちの自決は多くはなかったようだ。アンケートの設問Ⅱ―12、敗戦直後の見聞を見ても、女の自決について記されているのは二件のみ。一件は、当時京都市在住の一九歳の女性が「お若い将校さん夫妻が自決された事を聞きました」とあり、もう一件は、米軍進駐、婦女暴行の報に「近所の主婦が井戸に飛びこんだが、すぐ助けられた」という未遂事件。

もちろんなかったわけではない。「玉砕の島」サイパン、沖縄はもちろん、満州開拓団では、八月九日のソ連参戦以後数多くの女たちが子どもを殺し、自ら死を選んでいる。〈本土〉においても、8・15直後に自決した女は、わたしが知っているだけで三件ある。しかし、その死のあり方、理由をみれば、どうも男たちの自決とは趣きがちがうようなのだ。

八月二二日、杉山元陸軍元帥自決、同時刻夫人も懐剣で胸を突いて自決。四六年五月、広田弘毅元総理大臣の妻静子、夫の戦犯処刑に先だって自決……。こうした高位高官夫人だけでなく、夫とともに死んだ青年将校の妻たちは何人もいる。わたしが知っている三件も将校夫妻の自決である。

また、一五日から下旬にかけて、民間右翼の集団自決が続出したが、一六日から愛宕山に立てこもり、二二日集団自決した尊攘義軍一〇名の妻たち三人は、夫の初七日の日、同じ愛宕山でピストル自殺している（うち一人は未遂）。

彼女たちはなぜ死んだのか。夫たちは、戦争終結に抗議し、あるいは敗戦の責任をとって死んでいった。彼女たちもそうだったのか。

ちがうように思う。彼女たちの死は自らの主体性で敗戦を受けとめた結果というよりは、夫に殉じて、の色あいが濃い。つまり〈貞女〉の殉死、である。

敗戦直後の女たちの自決のもう一つの流れは、〈敵〉の凌辱から身を守るため、である。アンケートの「井戸に飛びこんだ主婦」や、モンペを縫い直した二〇代の女性、親から青酸カリを渡された少女たちは、いずれもこれにあたる。外地での引揚げにあたっての自決のなかにもこれが多かった。つまり、〈貞操〉の問題である。

夫への殉死か、貞操を守るためか、いずれにしろ女たちの自決は、〈貞女〉としてのものだったことになる。男は〈国家〉のために死に、女は〈男〉のために死ぬ――。敗戦直後の自決の構造には、そうした男と女のちがいがはっきりあらわれている。

一九四五年秋から冬にかけて行なわれたアメリカ戦略爆撃調査団〈戦意〉部の調査によれば、敗戦の報に対する反応は、次のようになっている。

(1) 後悔・悲嘆・残念　三〇%
(2) 驚き・衝撃・困惑　二三
(3) 安堵・幸福感　二二
(4) 危惧・心配・不安　一三
(5) 幻滅・空虚感　一三
(6) 恥ずかしさ、安堵感　一〇
(7) 天皇が心配、天皇に申訳けない　四

（8）その他　四

（『アメリカ戦略爆撃調査団報告』「敗戦直後の国民意識」より。ただし項目の表現は要約した）

（3）をわたしたちの調査でいうプラス評価、（1）、（2）、（4）、（5）、（7）をマイナス評価、（6）をプラスマイナスとすれば、プラス及びプラスマイナスの数値はほぼ同じだが、マイナス評価は八三％とこの調査の方が圧倒的に多い。もっともこの調査結果は複数回答のため総計一二五％になっているが、それを勘案してもマイナス評価はかなり多い。調査対象の性別はわからないが、面接調査の記録等をみると圧倒的に男が多いので、男たちの敗戦の受けとめ方を示す一つの材料にはなるだろう。

もう一つ、一九五九年、中学校教師加藤文三が、受持生徒の父母に対して行なったアンケート調査がある。これは対象六三人と少規模なものだが、父と母、つまり男と女の敗戦の受けとめ方の差をみるには貴重な資料である。結果は次の通り。

	（父）	（母）
信じられない・くやしい	六七％	二〇％
ほっとした	一八	五〇
くやしい・うれしい	一二	一三
不安	三	一七

（加藤「近・現代史の学習」『歴史地理教育』五九年三月号）

父（男）はくやしがり、母（女）は、ほっとする――。こうした調査をみると、なるほど男の方に自決が多かったわけだ、と思わせられる。

敗戦＝婦女暴行

アンケートの設問「８月15日当日又は数日後、見聞きしたことでとくに印象に残っていることがあったら書いて下さい」（Ⅱ―12）に寄せられた回答をみると、放送の直後から、占領軍上陸―婦女暴行のうわさが、驚くべき勢いで広がっていることがうかがえる。無回答も多いなかで、約四分の一の一四二人がこれに触れている。とくに二〇代は多く、三割を占める。

「進駐軍」は、米軍が圧倒的だが、新潟、長野、岐阜在住の人は「ソ連兵」。当時岐阜市在住の清水道尾氏（一二歳）は書いている。

「ソ連兵進駐で女・子どもは何をされるか知れないというので山奥へ避難する家もあったと記憶します。しかし逃げ場所を持たない家では竹槍を作り、それで戦うつもりでした。まさかの時のためにと私と姉は青酸カリを持たされていました」

天皇の放送直後から、長野県北部では「新潟港に二十万のソ連軍が上陸」という流言が流れた。それはただちに「婦女暴行」の恐怖となって女たちを脅やかし、山に隠れたもの、身を守るために死を覚悟したものが多かったことは、昨年（一九八三年）長野県を訪れた折、女性たちの口から直接聞いた。上田市のある家では、床の間に穴をあけて床下への避難路をつくり、娘の髪を刈って男装させたという。

こうした県民の恐慌状態に対し、長野県特高課は、「実際問題として未だ武装している日本へ敵国であった者が停戦条約もないのに突然武装して入ってくることはあり得ない話だ、第一、二十万の兵力を上陸させるにはどの程度の艦船が必要か冷静に考へてみれば直ぐデマであることが判る筈だ」(『信濃毎日新聞』八月一九日)と否定し、「浮説に惑はされるな」と呼びかけている。松本、中野等の警察署でも、「落つけ」「流言に迷はされるな」等の掲示を出したり、駅や劇場等で拡声器で呼びかけるなど、鎮静に大わらわ。

県特高課の話によると、この流言は外から入って来たものではなく、県内「中堅層」の憶測から発しているという。だとすれば、長野県から発生したデマが、隣県の新潟、岐阜につたわり、女たちを脅やかしたということであろうか。それにしても、「米軍(ソ連軍)上陸」が、ただちに「婦女暴行」に結びつくところに、あらためて感じ入ってしまう。

もちろん、米軍進駐にあたってのデマには「婦女暴行」以外のものもある。アンケートには、「男は沖縄に連れて行かれて飛行場建設に働かされる」、「男はみんな手をつないで高圧線に触れさせられて殺される」というのもあった。「沖縄に連れて行かれて云々」は、日本がやった朝鮮人・中国人強制連行からの類推だろう。

その他、アメリカ人にとられるというので牛や「ヌートリア(狸)」を殺してしまった話、自宅に掲げていた「御真影」をとりはずした話……。はじめて〈占領〉を経験する民衆の右往左往ぶりがうかがえる。

アンケートによれば、米軍進駐―婦女暴行のうわさは、女たちへの行動指示をともなっていることが多い。清水氏のように「まさかの時」に飲むように青酸カリを渡されたのは、内地三人、外地三人（うち一人は手榴弾）だが、九州や神奈川から和歌山までの太平洋沿岸では、「山へ逃げろ」、「顔にスミを塗れ」、「頭を丸坊主にしろ」といった指示がともなった。それによって実際に「疎開」した人は、一〇代四人、二〇代四人。東京都西多摩郡在住の二二歳の女性は、「進駐軍が来るというので、若い女は優先的に切符が買えた」と記している。東京でもこうした「疎開」は多かったのだろう。

こうしたうわさの出所はどこか。東京では、若い娘に対して職場で避難通告を出したり、町内会・隣組という地域組織が使われているようだが、地方都市、郡部では、主として中国からの帰還兵からの情報である。当時大阪の豊中在住の二七歳の女性は、

「支那事変に従軍して帰った人達が米軍の進駐について特に心配していたので、彼等が支那でしてきた事がうかがわれてやっぱりなあと思いました」

と書いている。はしなくもここで、「皇軍」の旧悪露顕というわけだ。支配層のあいだにもかつての「皇軍」の所業から類推しての危機感から、占領軍用特殊慰安施設をつくらせたことは、ドウス昌代氏の著書などにみられる通りである。

朝鮮人が攻めてくる

もう一つ、恐怖のデマとしては「朝鮮人（在日）が攻めてくる」がある。これは関東地方の山間部に多い。

栃木県宇都宮在住の三一歳の女性は、敗戦直後印象に残っていることとして、つぎのように書いている。

「朝鮮人が襲撃に来るということで男達が部落の入口に立って備えていたこと、井戸に毒を投入するというので蓋をして守っていたこと」

関東大震災直後とまったく同じデマが流れたわけだ。東京都八王子市郷土資料館の山辺恵巳子氏によると、八王子近くの片倉村では、「御殿山から朝鮮人が攻めてくる」というデマが流れ、男たちは竹槍をもってこれに備えたという。これも関東大震災後とまったく同じデマ、同じ対応である。敗戦の報を聞いて、在日朝鮮人が関東大震災を思い出して恐怖にとらえられたと聞くが、理由のないことではなかったのだ。

朝鮮人襲撃のデマを記しているのは、山梨、群馬、栃木等在住の六人だが、実際の「暴動」は、岩手県稗抜郡在住の一九歳の看護婦が「病院内の朝鮮人が暴動を起こし、怒声をあげて病院内を荒しまわった」と記しているだけである。

当時、強制連行の朝鮮人を数多く酷使していたはずの九州、東北の新聞をみても、敗戦直後、「朝鮮人暴動」の記事は見当らない。同じ強制連行の「華人暴動」の記事はみえるが、それも一〇月に入ってからである。民心動揺を恐れて記事を差止めていたためだろうか。

八月二六日、内務省警保局が出した極秘資料「戦争終結に関する廟議決定前後に於ける治安状況」には、「在日朝鮮人ノ動向」に当局が非常に目を光らせていたことが示されている。

「在住朝鮮人ノ多クハ今次戦争ノ終結ヲ喜ビ、特ニ集団移入朝鮮人ハ或ハ万歳ヲ唱ヘ或ハ酒ガアレバ乾杯シタキ所デアル等ノ意向ヲ表明シ、秋田県下ノ某鉱山ニ於テハ八月十五日夕、飲酒酩酊セル移入朝鮮人労務者十一名ハ内地人指導員ニ対シ、『日本ハ負ケタ、今度ハオ前達ヲ使ッテヤル云々』ト暴言ヲ吐キ、付近ノ器物ヲ損壊セル事例アリ」。

しかし「何レモ治安上特ニ憂慮セラルル程ノモノニ非ズ」とし、「内地在住一般朝鮮人ニ対シテハ、大国民タルノ度量ヲ以テ大キク之ヲ抱擁保護シ、引続キ在留ヲ希望スル者ハ之ヲ許シ、帰朝希望者ハ気持ヨク斡旋ノ労ヲ取リ……」（傍点引用者）とある。すっからかんに敗けてなお、「大国民タルノ度量ヲ以テ」とは恐れ入る。

当時山口県山口市で助産婦をしていた高橋政子氏（当時三〇歳）によると、「八月一六日早朝、病院の窓の外から朝鮮の婦人が、陣痛の始まった家族の一人を入院させてくれと頼みに来ました。退役軍人の事務長が激怒して（敗戦を知った朝鮮の人にナメられたと……）お前たちの入院できるところではないと追払いました」

もちろん、敗戦をさかいに朝鮮人差別の実態に気づき、新しい視点をひらいた女性がないわけではない。高橋氏はこれにつづけて、「この時私は、はじめて朝鮮の人たちへの差別を具体的に知りました」と書いている。

また、『広島第二県女二年西組』（筑摩書房）で日本エッセイスト賞を受けた関千枝子氏は「死の町・ヒロシマ」で聞いた朝鮮人の哄笑を原点として、戦後を歩み出したという。また当時栃木県今市在住の小池信子氏（一九歳）は、「敗戦一週間後疎開先から上京した際、朝鮮の人達が母国語で大声で話をしていた。解放された朝鮮の人達の喜びが感じられて、何かホッとする思いであった」と記している。

しかし後述のように、設問Ⅲ―4で、敗戦国のみじめさを何によって感じたかを問うたところ、五八一人中一一〇人、約二割の人が「日本にいる朝鮮人・中国人が威張りだしたこと」と答えている。とくに四〇代は三割と高く、明治以来築かれてきた差別意識の根深さを感じさせる。

外地在住者はもっと強い。七四人中三九人、五割以上の人が、現地人の暴動、態度の変化等を、敗戦直後の最も強烈な印象として記している。なかでも朝鮮在住者は、一八人中一六人、九割である。大半の人が、はじめて目にする白衣の群衆や太極旗（韓国国旗）、商店の看板が一夜にして「朝鮮文字」にかわったこと、日本語の使用禁止……に対する驚きと異和感を記している。日本の植民地のなかでも、とりわけ圧制に苦しんだ朝鮮人の解放の喜びの強烈さを示すと同時に、当時の在朝日本人の差別意識の強さをも示すものであろう。

切迫した危機感によって、敗戦後避難したり、青酸カリ、手榴弾による自決を覚悟した人は、満州四人、朝鮮三人、中国一人。台湾在住者にはいない。日本の植民地支配がもっとも長い台湾で、敗戦による危機感が少なかったことは、当時台湾の女学生だった倉持登代子、松阪昌子両氏の発言からもうかがえる。[4]「台湾」人の〈民族性〉によるものか、日本の植民地政策のあり方によるものか。

明るい灯のもとで——8・15の夕食

男たちの自決の報に胸抉られ、婦女暴行のうわさに脅え——。しかし一方では、女たちには圧倒的な解放感もある。それはまず、8・15当夜の電灯の明るさに象徴される。アンケートの設問「8月15日夜、灯火管制をしましたか」（Ⅱ—10）に「はい」と答えた人は約一割。「いいえ」は七三％だった。無回答や「忘れた」と答えた人のなかにも灯火管制をしなかった人はいたろうから、八割前後の人は、この夜、久しぶりに明るい灯のもとで食卓を囲んだのではないか。

正式に灯火管制解除命令が出るのは五日後の八月二〇日であったから、ひとびとは、命令をまつことなく自発的に暗幕をとり払ったわけだ。ということは、昼間放送を聞いた段階では、敗戦を信じなかった人、半信半疑だった人も含めて、夜にはもう、もはや空襲はないこと、戦争は終ったのだということを、ほとんどの人が受入れたということだ。

秋田県では、こうした民衆の自発的行動に対して、一六日、県当局は、「灯管続行せよ」と命令を出しているが（『秋田魁新報』八月一七日）、もはやひとびとは従おうとはしなかった。

一五日夜、久方ぶりに窓いっぱいに風を入れ、明るい灯のもとで食卓を囲む——。しかしそのとき食卓には、どんな夕食が用意されていたのか。

わたしたちはアンケートで、「8月15日夜、夕食に召上ったものを御記憶でしたら書いて下さい」とお願いした（設問Ⅱ—11）。

これはじつは、8・15当夜の夕食の内容を知りたかったわけではない。初めての敗戦、「大日本帝国」の崩壊が、個々の民衆、とくに女たちの日常性にどのような影響を与えたのかを知りたかったからである。

戦争に敗けようと国家が滅びようと、生きている限り人間は、食いかつ排泄する。そして人間のそうした形而下的世界を支えるのは女たちである。とくに食いざかりの子どもをかかえた主婦は、昼間、敗戦の報に慟哭したとしても、夕方になれば涙をはらって、かまどの前にしゃがみこんだのではないか。この設問は、それを確認するためだった。

回答には、「覚えていない」や無回答が各世代とも三割前後あった。なかには、「一週間前の夕食も覚えていないのに、三九年も前のことなんてとんでもない」というお叱りもあった。ごもっとも、である。しかしわたしたちは、それも一つの答だと考える。「覚えていない」ということは、必ずしも「食べなかった」ということではない。また、なにか特別なものを食べたということでもあるまい。昨日と同じように、「神国日本」の不敗を信じていた昨日に変らず、同じようなものを食べたということではないか。

「覚えていませんが、いつもと同じように雑炊だったのではないかと思います」（傍点引用者）といった答が約一割。さすが主婦の多い三〇代は、二三％の人が、雑炊、すいとん、じゃがいも入りごはんに塩だけで味つけしたおつゆ……というふうに具体的にあげていて、当時の貧しい食生活がうかがえる。しかしそれは、必ずしも当夜の食事として鮮明に記憶されているわけではなくて、そのころふだん食べていたものからの類推ではないかと思われるものもかなりある。

敗戦の衝撃が、〈食う〉という日常性を揺がしていると思われる例もわずかだが、ある。

まず「食べられなかった」という人が三〇代三人、二〇代二人の五人。このうちの三人は、戦死者の妻である。「主人の戦死が犬死だと思うと可哀そうで可哀そうで、一週間ほど泣きくらしました」という三〇代の人は、「子どもたちには何を食べさせたか、私は何も食べられなかった」と書いている。

この夜特別にごちそうを食べた人が、三二人（五％）いる。しかし、そのうち三分の二までは、敗戦によるものではなく、この日がお盆だったからである。

あとの三分の一の人のなかの一人、牧瀬菊枝氏は「この日のためにたくわえておいたアヅキで赤飯をたいた」と書かれている。早くから戦争の性格を見抜き、夫を予防拘禁所に囚われて苦労した牧瀬氏にとって、この日はまさに〈解放〉の日だった（牧瀬『一九三〇年代を生きる』思想の科学社参照）。

あとの人の特別のごちそう、「白米のごはんを食べた」「天ぷらをした」等は、必ずしも〈祝宴〉ではないようだ。この先どうなるかわからないから、今のうちに……というニュアンスがつよい。当時東北大学の学生で京都の自宅に帰っていた寿岳章子氏は、田舎の方でドンチャン騒ぎの大散財をしている話を聞いている。これも、祝宴というよりは、ヤケッパチである。

ともあれ、大方の人はいつものように、あり合わせのもので何かしら夕食をとった。飢餓に瀕していたこの時期、敗戦の衝撃も人びとの食欲を奪うまでにはいたらなかったのだろう。だとすれば、窮迫する食糧事情のなかで〈食う〉という日常性を支えなければならない女たちは、いつまでも敗戦の衝撃のなかにとどまってはいられなかったろう。

広島県安芸郡在住の古浦千穂子氏（当時一三歳）は、敗戦を知って「大変だ、大変だ」と騒ぐ彼女に対して、母親が、「国が負けても私たちとは関係ない、騒ぐな」と言った言葉を、深く心に刻みつけている。たしかに、国は敗れても山河はあるのであり、民衆の生活もまたつづくのだ。

わき出す解放感

この夜、多くの人は、久しぶりに寝まきに着がえて、のびのびと手足をのばして寝た。そして翌日以後、日が経つにつれてじわじわと解放感がわき出してくる。
「兄と屋根に登って米軍の飛行機を心ゆくまで観た」（一〇歳　仙台市在住）
「久しぶりにレースのピンクのワンピースを着て足利の町へ子供を医者に連れて行った。足を出して歩ける快感を味った」（二一歳　栃木県足利市在住）
「近所に気兼ねなくレコードをかけて好きな音楽を聞きました。それまでは蓄音機のスピーカーに座ぶとんを押しつけて聞いていたので」（二一歳　大阪市在住）
「白いので標的にされやすかった山羊を、日向につなぎました」（二九歳　茨城県在住）
こうした発言をみると、真底ホッとした喜びが感じられて心なごむ。しかし同時に、いかに戦争が非人間的な生活を人びとに強いていたかを、あらためて感じさせられる。
疎開先で不自由な暮しをしていた人びとは、帰り仕度をはじめ、町に住む人は、防空壕からしまいこんであったものをとり出す。そして勤労動員や徴用等で働いていた娘たちは、動員解除

（じつはていのいい解雇であったが）で家に帰る。

その前に娘たちは、工場や事務所で山のような書類が燃やされるのを目撃する。アンケートでは一七人の人が、当日又は数日後で印象に残っていることとして、書類の焼却をあげている。彼女たちにとって、それは「大日本帝国」の火葬の火であると同時に、「御国の為に」ひたすら働いた自らの青春の葬いの火であったのかもしれない。

そして、つぎに女たちが目にしたのは、軍需物資を山のように背負って帰ってくる復員兵の姿であった。二七人が、これについて書いている。

「生き残りの兵士でたくさんの荷物を大八車にのっけて来た人やら、航空隊の白いマフラーの布をもちかえったり等、あるところには、こんなに物資があったのかと思いました」（岐阜県在住）

「戸山ケ原高射砲隊の兵隊が物資や馬を貰って帰るのをみてうらやましく思った」（二二歳　東京在住）

敗戦の衝撃が大きかった人ほど、こうした軍人の姿に批判がつよい。

「海軍の主だった人達が少しでも物の分け前にあづかろうと動きまわり見苦しかった」（二〇歳　東京在住）

「倉庫に随分食料のストックがあったらしく終戦の勅語が終るや否や上司達のリャクダツが始まり、驚きかつ浅間しくおもいました」（一七歳　岐阜市在住）

そして、夫を戦死させた人は、こうして帰ってくる兵士たちの姿に、あらためて悲しみをかきたてられる。

「内地に居た兵隊が解除されて大きなリックサックを背負っていそいそ我が家に帰って行く姿を見て涙ぐんだ。戦死の主人が可哀想と思う心とくやしさ」（三二歳　福島県在住）

家族が出征中の人は、ただちに役場に行ってその安否をたずね、神社に参って無事を祈る。当時二四歳の女性は、友人の夫や恋人たちの「復員の報らせが、私たちの年代には、唯一の生きがいでした」と記している。そして、今日帰るか明日帰るかと食事をととのえて待っていたのに、ついに帰って来ない人も多かったのだ。

「帰還してくる父の為にとっておいた食物が次々と腐っていった」（一七歳　新潟県在住）

敗戦国民のみじめさ

つぎに私たちは、敗戦国のみじめさを感じたことのあるなし、ある場合は、その理由を問うた（設問Ⅲ―3、4）。8・15当日及び直後の、とにかく戦争が終ったという段階から、実際に占領政策がはじまり〈敗戦〉をあらためて実感するなかで、女たちはそれをどう受けとめたか。また、そこに女たちのナショナリズム（国家意識、民族意識）はどう働いていたか。この設問は、それをたしかめるためであった。

設問が「戦後、敗戦国のみじめさを感じたことがありますか」（Ⅲ―3）といういささか誘導尋問的なものであったためか、全体で八〇％の人が「はい」と答えている。「いいえ」は八％。

表2　敗戦国民のみじめさ　（数字は％　理由は複数回答）

		10代	20代	30代	40代	計
みじめさ感じた		82	86	79	67	79
理由	進駐軍との差別	35	42	34	27	35
	外地の現地人襲撃等	13	20	24	14	18
	日本女性が米人に媚びる	57	62	50	51	55
	在日朝鮮人等威張る	12	24	19	30	21
	マッカーサーと天皇の写真	14	21	23	24	21
	戦犯処刑	17	24	24	30	22
	その他	23	19	22	5	17
みじめさ感じない・無回答		18	14	21	33	21

ほとんどは「田舎に住んでいたので」「子供が小さかったので」感じる機会がなかったという人。「みじめさよりも平和のありがたさを感じた」という積極派は二人だけだった。

世代別には、二〇代がやや高く、四〇代が低いのが目立つ程度だが、地域別にみると、外地の高さが目立つ。これまで支配民族としてのぞんでいたのが一転して、亡国の民となったわけだから当然だが、九五％の人が「みじめさを感じた」としている。とくに朝鮮在住者に高いことは、さきに述べたとおりだ。

みじめさを感じた理由として私たちが用意した選択肢は、女たちの国家意識、民族意識のあり方をみるためもあって、敗戦国日本と戦勝国アメリカ、かつての支配民族日本人と被支配民族朝鮮人・中国人の関係を中心にした。

結果は表2にみられるように、各世代を通じて「アメリカ人に日本女性が媚びを売ること」がトップを占める。じつはこの選択肢をつくった段階では、この項目がこれほど高い比率であらわれるとは予想していなかった。つまり、日本女性がアメリカ人に「媚びを売る」のを見て苦々しく思い、敗戦国のみじめさをかみしめるのは男たちであって、女たちは、そうした女性をもっと共感、同情をもって見ていたのではないかと思っていたのだ。同性の眼の、意外に厳しいのに驚かされた。

もちろんこれは、こちらで用意した項目であり、○をつけるにあたって「媚びを売る」といった否定的表現にすべての人が同意していたわけではないだろう。また当時は苦々しく思ったとしても、いまはちがう視点に立っている人も多いはずだ。二〇代の女性が「当時は、彼女たちをだらしないと思っていました」と書いているのは、それを示すものだろう。

勝者アメリカに「媚び」たのは、女だけではなかった。大出美代氏（当時一九歳　長崎県在住）は、「ごく少人数のアメリカ人が上陸して来て、大勢の日本人が何らなすすべもなく、ただヘラヘラ笑い乍ら、いいなりになっているのを見たとき」、敗戦国のみじめさを感じたとし、古庄ゆき子氏（当時一六歳　大分県在住）は、「米軍駐屯地であったため女性に対する犯罪が多かったが、日本の警察がほとんど手を出さなかったこと」をあげる。これまで威張っていた警察も政治家も、そして天皇すらも、勝者アメリカに対しては、うってかわった態度だった。

「マッカーサーと天皇の並んだ写真を見て」みじめさを感じた人は、全体で一九％でとりたてて多くはないが、わざわざ欄外に書きこみをしている人の多さが目立った。

北島みよし氏（当時三一歳）は、「昨日の敵は今日の友でよいと思った」とシラケているが、大方は、天皇の貧弱さにショックを受けている。

「あんまり天皇が小さく貧相に見えて、敗戦国の悲哀を感じました」（大迫倫子氏　当時二九歳）

「あまり大きなマッカーサーに天皇をあわれと思いました」（当時五三歳　東京在住）

二八歳の主婦には、それ以上にマッカーサーのもとへ「天皇が自ら出向いた」ことがショックだった。一五歳の少女はそれを「天皇が卑屈で矜持がないと見た」が、四九歳の主婦は、「天皇様の御心中お悲しみ深き御事と存じ上ました」という。

さきにみたように、四〇代以上は天皇崇拝の念がつよい人が多く、それは敗戦によってもいささかも揺らいでいない。したがって「昨日の敵」と並んだ天皇の写真を、「卑屈」と見るよりは、「御気の毒」と同情的にみている。

他の項目をみても四〇代は、「日本にいる朝鮮人・中国人等が威張りだしたこと」「アメリカ人に日本女性が媚びを売ること」「東条英機等、戦犯の追及・処刑」でみじめさを感じた比率が高く、〈大日本帝国〉を疑わずに生きてきたことが感じられる。敗戦当時四〇歳以上といえば、ものごころつくころに日清・日露戦争の勝利を体験した世代。彼女たちの〈大国意識〉は、〈大日本帝国〉の生成・発展とともに生きてきたためだろうか。

「その他」では、「アメリカ兵からガムやチョコレートをもらう子ども」にみじめさを感じたという人が五人。

「アメリカ兵がチョコレートなど靴で蹴って道にちらばすと、子供達が群れて拾うのを見た」（東京在住の主婦）

大人がどう見ていようと、飢えた子どもにとって、進駐軍がくれるガムやチョコレートの魅力は抗しがたい。しかし、そうした子どもの側にも、屈辱感はある。

「ララ物資、町の中に米人達がばらまくお菓子には驚きました」（当時一〇歳）

「ユニセフの放出物資とやらで、体臭が強く残っている衣類を割り当てで学校でもらった。着られないようなひどいものも混じっていた」（能村早苗氏　当時一二歳）

それでもありがたくもらわざるを得ないほど、当時の日本の民衆は飢えていた。「その他」の項目に、「食べ物がなかった」ことをもっともみじめに思ったと書いた人は、五二人もいる。

犬にでもやるように投げ与えられたものをはいつくばって拾う日本人（これはかつて、日本が中国等でやったことだが）、それにひきかえ、アメリカ兵の豊かさ、屈託のなさ――。

「米兵の体格のよさ、すべてにリラックスして、楽しそうなこと、これはもっとも自分達の国のみじめさを感じました」（井手文子氏　当時二四歳）

以上のような、勝者アメリカとの出会いで感じる敗戦国民としてのみじめさと、「ソ連、中国、朝鮮等外地の現地人の略奪・襲撃等」、「日本にいる朝鮮人・中国人等が威張りだしたこと」に感じるみじめさは、同じ質のものだろうか。

ちがうように思う。いくつかの発言にもみられるように、勝者アメリカに感じるみじめさには、相手の「偉大さ」に対する驚嘆がある。体格のよさ、豊かさ、大らかさ――。そして残虐な「鬼畜」と聞かされていたにもかかわらず案外に紳士的で、とくに女には親切で――（もちろんそうでない場合も多々あったが）。

ある二〇代の女性は、敗戦直後に印象に残ったこととして、「はじめてアメリカ兵の一団に会ったとき、彼らが楽しそうに声をかけるので、思わずニコッとしてしまい、自分でもびっくりしました」と書いている。「アメリカ人に日本女性が媚びを売ること」も、勝者へのへつらいや食うための手段としてだけでなく、女たちが、「日本男子」にはない魅力をアメリカ人に感じたからでもあろう。

したがって、アメリカとの出会いで感じた屈辱感、みじめさは、やがて感歎と尊敬に変わっていく可能性をもともと持っている。赤城真理子氏（当時二二歳）は書いている。「日本はアメリカの一州になるといいと言った人があった」。

しかし、外地の人がソ連、中国、朝鮮等の現地人、あるいは内地の人が在日朝鮮人・中国人等の態度の変化に感ずるみじめさには、ほとんどそれはみえない。日本敗戦に狂喜し、太極旗を掲げ、せきを切ったように朝鮮語をしゃべる朝鮮人に、驚歎し尊敬を抱いた日本人がどれほどいたか。そこで朝鮮人の民族性と文化のすばらしさを発見した女たちが、何人いたか。

敗戦は、女たちの抱いていた（抱かされていた）アメリカ認識を変える契機にはなったが、朝鮮人・中国人認識をかえるきっかけにはならなかったといえる。

なぜ日本は負けたのか

さて、三九年を経過したいま、女たちは〈敗戦〉をどうみているのだろうか。

三九年といえば、当時一〇歳だった少女もそろそろ孫を抱き、子どもたちのために食糧調達にかけずりまわった主婦は、老いの孤独をゲートボールでまぎらせていたりするだろう。しかし彼

表3　日本の敗因　（数字は%　複数回答）

敗　因	10代	20代	30代	40代	計
アメリカの物量	58	63	62	38	59
日本の無知・無謀	78	73	72	69	74
軍人の横暴	64	64	59	61	62
中国の徹底抗戦	16	15	11	6	14
国民道徳の退廃	6	6	15	8	8
運が悪かった	1	2	3	3	2
ソ連参戦	22	27	33	19	21
その他	6	7	6	4	6

女たちのなかには、〈飽食の時代〉に生きる戦後生まれには、想像もつかない苛酷な体験と切実な思いが、いまなお息づいている。そのことをわたしたちは、アンケートの五八一人の声からあらためて感じた。

そして彼女たちは、いまそれをどう考えているか。彼女たちに苛酷な体験を強いた〈敗戦〉をどうみているか。

まず、敗因、日本が戦争に敗けた原因は何だと考えているか。わたしたちは七項目の選択肢をつくってそれを問うた。その結果が表3である。複数回答のため、総計は一〇〇%を超えている。

各世代とも、「日本の無知・無謀」が七四%でトップである。これは彼我の国力（主として資源の問題）も考えず、英米に宣戦布告した愚かさと、やたら神がかり的な精神主義をふりかざし、神風や竹槍で戦おうとした非科学性である。したがってこれは、三位の「アメリカの物量」と関係がある。

二位の「軍人の横暴」もそうだ。これにはわざわざ「陸軍の」とただし書きをつけた人がかなりいて、陸軍に対する怨嗟の強さに驚かされた。それはたんに軍人が暴力をふるい威張りちらしたということではないだろう。国力の差を冷静に分析することなく強引に戦端をひらき、非科学的な精神論で国民を駆りたてた、との認識があるからだろう。

だとすれば結局、この上位三項目は、軍人（陸軍）に代表される日本の無知・無謀によって戦争を始めた結果、アメリカの物量にイヤというほどやっつけられた――という一つながりのものとなる。この三項目のいずれにも○をつけている人が多いことからも、一つながりのものと認識されていることがうかがえる。これは女性に限らず、一般に日本人にみられる戦争認識ではないか。

つまり、敗因は、アメリカの物量であり、それに対する日本（人）の認識不足である。この人たちにとって、おそらく戦争は、一九四一年一二月八日、対米英宣戦布告によってはじまっている。アメリカと戦争し、そしてアメリカに敗けたのだ。

それに対し、一四％と数は少ないが「中国の徹底抗戦」を敗因とみる人たちがいる。この人たちは戦争を、満州事変（一九三一年）、日中戦争（一九三七年）と、一つながりのものとしてみているのだろう。世代が若いほど多く、また女学校の名簿等からの無作為抽出した人たちよりも、市民グループ、集会等で配布した人たちが多いところをみると、かなり「意識の高い」、学習を積んだ人たちといえよう。

この人たちには、「中国の徹底抗戦」と同時に、「日本の無知・無謀」をあげている人が多い。この場合の「無知・無謀」は、あの戦争の性格を見抜き得ず、「聖戦」を信じた自らに対する自嘲も含まれていよう。

この設問についても「戦争」の概念規定があいまい（対中国戦か対英米戦か）とのご批判があった。わたしたちとしては、「中国の徹底抗戦」を敗因の一つにみる人がどれくらいいるかがわかれば、この設問の主たる目的は達せられたわけだ。そしてそれは、わずか一四％、それも努力を重ねてはじめてひらける視点であるようだ。

これは、さきの設問Ⅲ―4、「敗戦国のみじめさ」で、アメリカに対するものと中国・朝鮮等に感ずるものとの質的なちがいにも関わっていよう。つまり、アメリカには敗けたが、中国には敗けなかった――という認識が、対アジア認識を8・15以前のまま、固定していることがあるのではないか。かつて中国文学者の竹内好は、「日本人はもう一度敗けなければダメだ」と言ったが、この意味でもなるほど、と思わせられる。

「一億総懺悔」とは何か

それは、日本人の戦争責任意識にも関係する。

戦後、「一億総懺悔」がいわれた。これについては、〈進歩派〉のあいだに、支配層の責任をあいまいにするものとして批判がつよい。わたしたちの活動に対しても、女の戦争協力を問うことは、「一億総懺悔」論につながるとの批判をいただいたこともある。

しかし、「一億総懺悔」とは、何を、誰に対して懺悔するのか。これがあいまいなまま、ことばだけが一人歩きしていることはないだろうか。

「懺悔」とはもともと神に対するものであり、日本人の意識構造からみて、懺悔の対象を明確に認識することはむつかしいのではないかと思ったが、あえて私たちは、「一億総懺悔」の内容と対象、このことばに対する感想を問うてみた。

それに対する回答は、まず、そもそも「一億総懺悔」ということばなど聞いたことがないという人が、一〇代二〇％、二〇代二五％、三〇代三三％、四〇代五四％いた。質問の仕方にも問題があったかもしれないが、年齢が高いほど、〈情報〉から疎外されていることを感じさせられた。

内容、対象については、「戦争を始めたことをアメリカに」「戦争に負けたことを天皇に」「侵略したことを中国に」という三つの選択肢を立てた。

そもそも「一億総懺悔」とは、８・15直後鈴木貫太郎にかわって内閣を組織した東久邇首相が、八月二八日の記者会見で述べたことから発している。

「事ここに至ったのは勿論政府の政策がよくなかったからでもあるが又国民の道義の廃れたのも原因の一つである。この際私は軍官民国民全体が徹底的に反省し懺悔しなければならないと思ふ、一億総懺悔をすることが我が国再建の第一歩であり、わが国内団結の第一歩と信ずる」（傍点引用者）

「事ここに至った」というのは、もちろん「敗けた」ということである。つまり戦争に敗けたのは、政府や軍人だけではなく国民にも責任があるから、「一億総懺悔」せよ、というわけであった。

誰に対してか。ここではことばとしては出ていないが、発言全体の姿勢、当時の雰囲気からして、「天皇に対して」と考えるのが妥当だろう。戦争に敗けたことを天皇に懺悔する――これが

「一億総懺悔」論の出発点であった。

「戦争を始めたことをアメリカに」は、そのあと占領政策が開始され、日米開戦の真相や日本軍がフィリピン等で行なった残虐行為が明らかになるにつれて、「一億総懺悔」論の中にしのびこんでくる。

秋以降、GHQによる戦争犯罪人追及が急になるなかで、議会でも「戦争責任」について論議がくり返される。

一一月二八日、衆議院本会議において斉藤隆夫（進歩党）は、「総理は国民全部に責任があるといはれたが、自分の意見では東条と近衛の両氏に責任があると思ふ、支那事変なければ今次戦争はない、戦争の責任が東条大将にあれば、支那事変の責任は近衛公にある。……国民は戦争がはじまれば勝たねばならぬそのために凡ゆる力を挙げて戦ったのである。これに戦争の責任があるか」と問うた。

一二月四日、幣原首相は、「今次大戦の直接の動機原因について国民は知らされず、知る道がなかった、国民は知らなかったのであるから責任はない」と「一億総懺悔」の必要を否定している。ついでに言えば、ここで幣原は「天皇の統治上の御行動については、国務大臣が一切の責任を負ふべきもので、天皇には絶対に責任はない」と、天皇無罪を主張している。

これらの議論にみられるように、この段階の「戦争責任」は、あくまで「今次大戦」、つまり四一年一二月八日の対英米戦開戦の責任である。斉藤隆夫が「支那事変」をいうのも、結局「今次戦争」の原因としてであった。日米開戦を問題にするとすれば、当然対象は、アメリカ（連合

表４　一億総懺悔の内容と対象（数字は％）

内容と対象	10代	20代	30代	40代	計
開戦をアメリカに	4	12	7	3	8
敗戦を天皇に	20	12	8	17	14
侵略を中国等に	21	26	25	25	24
その他	34	20	17	3	23

軍）ということになろう。

「中国等に侵略したこと」が戦争責任論のなかに入ってくるのは、四六年五月から四八年一一月まで、二年半にわたって審議された東京裁判（極東国際軍事裁判）において、南京虐殺等、日本軍が中国で行なった残虐行為が明らかにされ、「これが真相だ！」と、マスコミが「聖戦」のインチキさを暴露しはじめてのちのことだろう。

こうした「戦争責任」論の変化をふまえた上で、では女たちは「一億総懺悔」の意味を、どう考えているか。

三つの選択肢を出されて、回答に困ったあとがありありとみえる。とくに選択肢に「対象」が書かれているのに異和感がつよかったようで、「その他」のところに、「戦争をはじめたことを国民全部が反省する」「国民一人一人がこれまでのあやまりを反省する」というふうに、対象を漠然とさせて記入している人が多かった。たしかに、当時の「戦争責任」論でも、「何を」ということはいわれても、「誰に」対して責任をとるべきなのかは、つねにあいまいにされたままだった。女たちがとまどうのも無理はない。

結果は表４にみられる通りだが、これには、設問のまずさもあって、当時いわれた「一億総懺悔」の意味と、自分自身の責任意識によるものとが、ごっちゃになっているように思われる。選択肢で回答した人のなかで「侵略したことを中国に」が二四％と最も高率になっているのは、そのためだろう。

「その他」に書かれたもののなかには、「無謀な戦争をはじめて多くの人を死なせたことを、戦死者に詫びる」というのが三三件あった。

いずれにしろ、「一億総懺悔」論は、内容も対象もあいまいなまま、それぞれの思いでいかようにも解釈できるものとしてあったことは、この結果からも明らかだ。

「今でもそうですが、日本政府（日本人）は具体的に言うのをはばかります。「敗戦」でなく「終戦」というように。然しそれなりに、夫々の立場で、国民全体が反省すべき事はあった筈です」（三谷雅子氏　当時二八歳）

表5　一億総懺悔否定・反発（%）

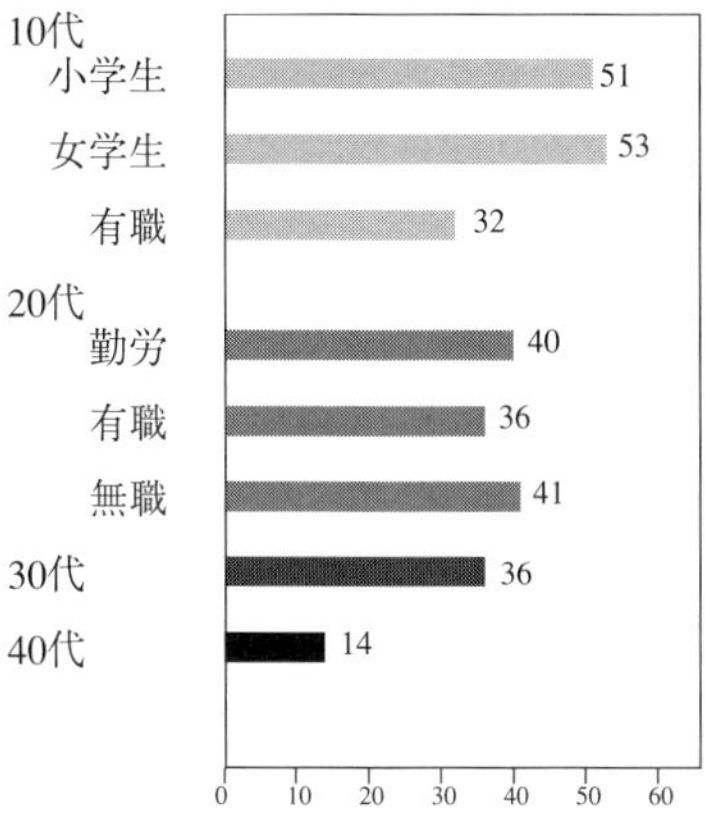

それではいま、このことばをどう考えるか。これは女たちが「戦争責任」をどのように考えているのかを問うことでもある。

「一億総懺悔」ということばをどう思いますか」に対する回答を、共感・肯定、一部肯定・一部否定、否定・反発に分けて、世代、立場でどうちがうかをみてみた。

肯定が否定を上まわるのは四〇代以上だけ、三〇代以下は、一〇代の有職者を除いて否定・反発が圧倒的に多い。とくに小学生・女学生のローティーン層は、反発が非常に強い（表5参照）。

一〇代の有職者は、敗戦の報をひたすら解放感で受けとめた比率が小学生についで多く（二七ページ、表1参照）、８・15以前の動員先での苦労がしのばれるのだが、肯定と否定の両極に引き裂かれている。

否定・反発の内容をみると、もっとも多いのは、「支配者の責任逃れ」、「国民に罪をなすりつけるもの」といった、これを言いだした支配層の無責任さに対する怒りである。

「責任転嫁だと思う。教育・罰・規則でがんじがらめにしておいて」（当時一五歳）

「国民を戦争にかり立てなから、責任者は自らの責任を取らず総ざんげという言葉でごまかした、馬鹿にした話だと思う」

怒りの対象は軍部がもっとも多いが、天皇の戦争責任にふれた人が八人いた。

「私にはざんげ等する気は全くありません。天皇や軍人等が我々にするべきである」（当時二三歳）

「天皇の名で戦争をしながら天皇に責任を取らせない、天皇こそ国民と中国に詫びろ」（当時三二歳　夫戦死）

「明治憲法下では天皇が統帥権をもっていて、天皇こそ懺悔すべきだし、戦犯第一人者として処刑さるべき、国民に責任転嫁しようなどもっての外と思う」（当時一二歳）

さて、では国民には全く責任はないのか。自分には責任はないのか。

国民には全く責任はない、少なくとも自分は、省みてなんのやましい所はないと、胸をはっていう人たちは、二〇代の無職の人に多い。

「軍が勝手に戦争を始めて私達がなんでざんげをしなければならないか」（当時二四歳　未婚）

「余りピンときません、私はざんげする様なことはしていません」（当時二五歳）

とくに、夫出征後、幼い子どもをかかえて増産に追われた農家の主婦はいう。

「私は本当に一生懸命働き、朝は三時半か四時に起き主人は出征、家族を生かすためと夢中で増産にはげみ着物をほどいて皆の衣類とし何も悔いる事はなかった。只残念でした」（当時二五歳　傍点引用者）

「夫は三回召集令状をもらい外地に内地にと軍隊生活でした。私は大家族の農家で言葉に言えない苦労をしました。懺悔する様な事はして居りません。敗けたのは口惜しく悲しいけれど、そんなことばは嫌いです」（当時二八歳　同）

この二人の農家の主婦にみられるように、「一生懸命国の為に働いたのになぜざんげしなければならないか」とする人は、農村の人たちに多い。

「農村では上からの伝達を信じてほんとに一生懸命に働いて居りましたので、一寸心外だと思いました」（当時二三歳）

この人たちの「一億総懺悔」の内容認識は、あくまで〈戦争に敗けたこと〉である。敗戦直後、東久邇首相のいう「一億総懺悔」論のまま、戦後三九年を過したわけだ。

それに対して、「国民は知らされていなかった」「軍に引きずりまわされただけ」だから、国民及び自分には責任はないとする人たちは、〈敗けた〉ことではなく、戦争を始めたこと、戦争の性格（侵略戦争）を、懺悔の内容としている。戦争を始めたのは悪かった、しかし知らされていなかった自分たちには責任はない――。否定・反発のなかでこれがもっとも多い。そして、若い世代は教育のあり方を問題にする。

「一億の民のあやまちならこうした戦争に命をささげさせるように教育をした為政者こそあやまるべきだ」（当時二五歳）

「戦争を美化した教育がこわいです。私も日本…戦争は正しいことと思っていましたから」（当時一二歳）

こうした〈国民無罪〉論による反発・否定に対し、一部肯定・一部否定は、支配層が「一億総懺悔」を言うことは否定するが、戦争をとどめ得なかった国民にも、責任の一端はあるとするもの。

「真実を知らされず戦争に引き入れられて、罪は国民全員とはひどいと思いますが、それに対抗できなかった愚さは残念です」（当時二六歳）

「戦争をひき起した政府を阻止できなかったのは国民の責任の部分もあるけれど（加害者）、企んだ上部とそれに利用されギセイにされたものと一緒にしてほしくない」（当時二二歳）

この二人は、いずれも教師である。教師にはこうした一部否定・一部肯定が多い。８・15以前の自分たちのありようを思うと、ただ反発するだけではすまされない複雑なものがあるのだろう。一〇代有職者にも、これが多い。

「一億総懺悔」肯定は、「〈一億総決起〉でやった事故、全員で頭を下げる他ないと思ふ」とあっさりと言っている教員の妻（当時三七歳）もいるが、大方は、二度と戦争をしてはならないという決意をこめて書かれている。

「軍の横暴をおさえられなかった国民全員がよく責任を感じ、今後同じあやまちをしないように悔い改めるべきだと考える」（当時一一歳）

「無謀な戦いをして幾多の若い命を落したこと、二度と戦争を起さないということに懺悔するならばいいことだと思います」（当時二二歳）

「戦争をせねばならなかった原因と結果をよくよく考え、反省すべき事は多い、絶対に戦争をしてはならないと思います」（当時三〇歳）

「八月一五日を『戦没者を追悼し平和を祈念する日』と制定されましたが、一億総ざんげの日でもあります」（当時三三歳　夫戦死）

「一億総懺悔」肯定派には、敗戦の報に大衝撃を受け、無念の思いをかみしめた人が多いのは気になる。8・15以前は、政府のいう「日本不敗」、「一億玉砕」を信じ、戦後「一億総懺悔」がいわれれば、またその通りだと思う——そうした姿勢がみえないでもない。

もちろん、中国はじめアジアに対する日本の加害性を自覚する故のものもいくつかある。

「戦争を起こし、東南アジアや中国、他の植民地を戦場にし、多くの犠牲を強い、尊い人命を失わせ、多大の損害を与えたことについて、心から悔い改め、その償いをしなければ戦後は終らないと、常に考える」（当時三〇歳）

こうした人たちがもっともっと多かったら、日本の戦後のありようは、ずいぶんちがったもののになったのではないか。枝光氏（当時二五歳）の次のことばは、戦中世代だけでなく、戦後世代も銘記すべきだろう。

「このことば（一億総懺悔）で責任の所在をごまかしてはいけない、あくまで責任者の責任を追求すべきだ。それが残された私たちのギムだと思う。総ザンゲなどさせられてたまるか。

自分自身については自己で内省するが、それとは別に、戦争中の日本人がやったことを見直すことがこれからの自分たちの方向を定めることにもつながる」。

敗けてよかった！

最後に、女たちはいま、戦争に敗けたことをどう考えているか。

表6のように、「敗けてよかった」とする人が六割を占め、「残念だ」「仕方ない」とマイナス評価をする人八％を圧倒している。四〇代は、マイナス評

表6　現在における敗戦評価　（数字は％　複数回答）

		10代	20代	30代	40代	計
敗けてよかった		73	62	56	24	60
理由	平和憲法・軍国主義打破	14	12	9	3	11
	民主化（男女平等・農地改革等）	8	10	7	3	8
	経済大国・繁栄	2	5	2	00	3
	教訓になった	4	5	4	14	5
	勝っていたら、続いていたら大変	10	5	3	0	6
	その他（もっと早く、当然他）	35	25	28	11	27
	現在心配、平和を守れ	6	6	3	0	5
残念・仕方ない		4	9	9	30	8
どちらともいえない		5	5	5	8	6
その他・無回答		18	24	40	41	27

価が三〇%と、「敗けてよかった」人を上まわっている。「戦死した人に申訳けないと思ふ」が半数近くあり、戦死した人のことを思うと、「敗けてよかった」などと簡単に言う気にはなれないのだろう。

それに対し、一〇代、二〇代は、圧倒的に「敗けてよかった」が多い。とくに一〇代は、あのとき敗けなかったら、日本が勝っていたら、と考えると「ぞっとする」と書いている人が一〇%いた。

宮崎県在住の当時一六歳の少女は、「あの時敗けたから今私は生きていると思っています。何故なら、沖縄がアメリカの手におちた時、私達・女学生たちは女学生の挺身隊に組織されていましたから」と書いている。「本土決戦」、「一億玉砕」を、間一発で逃れたとの思いがあるのだろう。

若い世代は、平和憲法が成立し、軍国主義が打破されたこと、男女平等や農地改革、言論の自由が保障されたこと等々、戦後改革を評価している人が多い。それだけに、現在の〈右傾化〉を懸念する声もつよい。

「敗けた事の意味、戦争のばからしさ等々、百も承知の人が多勢まだ生きている現在、何故、軍備を増強していっている日本人を目覚めさせる事をしないのか、本当に口惜しいです。選挙という立派な手段が私達一人一人に公平に与えられているのに。それとももう一度やってもいいと思っている人が多いのでしょうか」(大出美代氏　当時一九歳)

「戦時中いかに私達は本当の事を知らされなかったかと今つくづく思います。今又その様な気

運が感じられるような気がします。目耳を大きく開いて良く考へて生きたいと思います」（当時一六歳）

敗けたことを残念だと、マイナス評価する人は、各世代とも現在の若者の風潮への批判がつよく、道徳教育の復活や教育制度の改革をいう。

「しっかりした方針を失った日本の教育のあり方に問題があり現在の世相の乱れに、つながっているのではないかと思います」（当時一九歳　教師）

「目的のない浮薄な若者たちの氾らんでこれでいいのかと考えさせられる事が多い、力を合わせて自分の住んでいる所をよくするという様な協調性がなくなった」（当時二三歳）

「戦前の教育の方がよかった、今の若者はくるっている」（当時三四歳）

敗けたことは、いい点もあるが悪い点もある、どちらともいえない、という人たちも、現在の若者の風潮、教育のあり方を問題にする。

「何故か最近の男性が女性化していることがなさけなく、戦争中は殆んどの人が気が張っていたのか殺人とか暴行のようなことが余りなかったように思いどちらが良いのか迷います」（当時一五歳）

現在の家族制度のあり方や「女性の地位向上」に対する疑問から、「どちらともいえない」とする人は、二〇代、三〇代の人である。

「与えられた参政権にしろ女性の発言力が強くなった事はよかった、但し女性自身が地位が高くなったという思い上り平等になったという錯覚に陥らないようにしてほしい」（当時二三歳）

当時二〇代、三〇代といえば大正生れである。「明治に仕え、昭和に仕え…」ということばで、嫁として苦労した上に戦後は姑の苦労を味わった被害感を語った大正生れの人がいたが、たしかに戦後の家族制度改革を素直に喜べないのも無理はない。

敗けたことは残念だったが、「大東亜共栄圏」は独立できた、したがって「今次大戦の大義名分は立ったのです」という〈大東亜戦争肯定論〉者が四〇代に一人。この人は「天皇陛下の大御心を知り、もっともっと我々は感謝しましょう」と記している。敗けてよかったとする人のなかにも、天皇への感謝を語る人が二〇代、三〇代に一人ずつ。逆に、「天皇はもっと早く戦争終結の努力をすべきだった」と批判する人が一〇代、二〇代に四人いる。

敗けたことを評価しながらも、それが民衆の主体性を築く契機にならなかったことに、苦渋をかみしめている人もいる。

「日本人自身が、人民裁判なり何なりで総括せず、日ならずして権力側にとりこまれてしまったためにこんにちのようなひどい状況が現出した」（当時一〇歳）

「戦争で死んでいった多くの人々の魂が未だに亡霊の様なヤスクニにからめられて人々の無惨な思いは無にされている。この国で私達はこの五〇年間歴史に何も学ばなかったかと驚く」（当時一五歳　父は軍人）。この人は戦後、軍人恩給に反対して親と争ったという。

ともあれ、8・15以前、敗けたら死ぬと考えていた人も、敗戦の報を聞いて無念の思いに泣きくずれた人も、いまは、敗けてよかったと言う。そして軍国主義はいやだ、戦争はこりごりだと、ほとんどの人がいう。戦前に比べたら、いまは平和で民主的で、豊かで——。

そのことを知っただけでも〈敗戦〉は、女たちにとって大きな意味があった。しかし、かつてといまを比較して、敗けてよかったというだけでは、ほんとうはだめなのではないか。

このアンケートの８・15以前の認識のあり方に、いかに女たちが主体を奪われ盲目にされていたかをあらためて感じる。そしてそれが、軍国主義をはびこらせ、戦争を拡大させた大きな要因であったろうと思う。

だとすれば、女たちの奪われた〈主体〉を回復し、〈ものを見る眼〉を確かなものにする契機になってこそ、〈敗戦〉は意味があった、つまり〈敗けてよかった〉といえるのではないか。

そうした意味で、敗けてよかったかどうかといえば——、このアンケート結果からは、残念ながら必ずしもそうはいえないようだ。

敗けたおかげで平和で民主的な世の中になった——ではなくて、平和で民主的な社会をどうつくるか、というとき、〈敗戦〉は女たちにとって意味があったといえるのだろう。そしてそれは、私たち戦後世代の課題でもある。いま脅やかされようとしている「平和」と「民主主義」をどうやってたしかなものにするか。

このアンケートのなかでわたしたちは、敗戦を契機にたしかな眼をひらき、自らの人生を生きてきたすばらしい女性に何人も出会った。それはわたしたちにとって、大きな励ましだった。また、金銭万能、「道義の退廃」を嘆き、戦前の方がよかったとする人たちの声からも、学ぶことは多い。そうした人たちがほんとうに、敗けてよかったと思うようになるためにも、戦後世代の課題は大きいだろう。

注

（1）朝鮮、台湾、満州、内地、外地等はカッコ付で使用すべきだが、繁雑を避けるため、そのまま使用する。

（2）本稿は、「女たちの現在を問う会」編『銃後史ノート』復刊6号所収の同題の論文が元になっている。アンケート配布先は、「女たちの現在を問う会」会員が手分けして集めた古い小学校、高等学校（高等女学校）の同窓会名簿から、当時十歳以上だった女性を無作為抽出し、郵送で回答を求めた。その他、都内の高齢者の山歩きの会、福岡・群馬の地域婦人会、東京・神奈川の遺族会・未亡人会、旧陸軍将校の同窓会である偕行社員の妻、それに『銃後史ノート』復刊5号の「疎開」アンケートの回答者等にも郵送した。しかし、資金的な問題もあり、配布総数一一七〇通のうち約三分の一は、会員の参加する市民グループや集会で配布している。

（3）アンケート回収結果（数字は人数）

	大都市	中小都市	郡部	外地	不明	計
一〇代以下	二六	六四	七六	一七	一	一八四
二〇代	四九	五九	七二	三二	三	二二五
三〇代	一六	四二	五〇	二三		一三三
四〇代以上	一二	一九	六	二		三九
不明					一二	一二
計	一〇三	一八四	二〇四	七四	一六	五八一

〔注〕世代、居住地は一九四五年八月一五日現在
・大都市は東京、大阪、名古屋、神戸、横浜、京都、福岡の六大都市。
・「外地」は朝鮮一八人、満州二四人、台湾一七人、中国一一人、樺太一人、南方三人。
・配布総数一一七〇。回収率四九・七％
（4）「座談会『外地』で体験した日本敗戦」（『銃後史ノート』復刊6号　JCA出版　一九八四年）

「女にとって〈8・15〉は何であったか」アンケート用紙

〈I〉昭和20年8月15日当時のあなたの状況について
（1）当時の住所　（自宅、疎開先、その他）
（2）当時の年齢　才
（3）世帯主（夫、父等の職業）
（4）当時のあなたの職業
（在学中又は勤労動員中の方はその旨お書き下さい）
（5）家族構成（夫34才　出征中、長男11才　学童疎開……というふうにくわしくお書き下さい。疎開先で同居者がある場合はその方も書いて下さい）
〈II〉8月15日当日について
（1）正午に天皇の重大放送があることは前もって御存知でしたか。
イ　はい　ロ　いいえ　（どちらかに○をつけて下さい）

(2)「はい」の方は、いつ知りましたか。(　)
(3)どうして知りましたか。
イ　新聞　ロ　ラジオ　ハ　人から聞いて(　)
(4)どういう内容だと思いましたか
イ　戦争終結の詔勅
ロ　ソ連への宣戦布告
ハ　戦争継続のために国民激励
ニ　一億玉砕の呼びかけ
ホ　その他(　)
(5)正午の放送は聞きましたか。
イ　はい　ロ　いいえ
(6)ラジオを聞いた方にうかがいます。
イ　どこで聞きましたか。(　)
ロ　誰と聞きましたか。(　)
ハ　ラジオの声はよく聞きとれましたか。
a.　はい　b.　いいえ
ニ　戦争が終ったとすぐにわかりましたか。
a.　はい　b.　いいえ
ホ　わからなかった方はいつどのように敗戦を知りましたか。
(7)ラジオを聞かなかった方はいつどのように敗戦を知りましたか。
イ　いつ(　)

ロ　どのように（　）

(8) 敗戦を知ったときのお気持をお聞かせ下さい。

(9) 敗戦を知って当日又は数日後にとくに何か行動した方は、その内容をお書き下さい。（例　皇居や靖国神社等にお詫びに行く、モンペを脱ぐ等）

(10) 8月15日夜　灯火管制をしましたか。

イ　はい　　ロ　いいえ

(11) 8月15日夜　夕食に召上ったものを御記憶でしたら書いて下さい。

(12) 8月15日当日又は数日後、見聞きしたことでとくに印象に残っていることがあったら書いて下さい。

〈Ⅲ〉8月15日以後について

(1)(2) 略

(3) 戦後、敗戦国のみじめさを感じたことがありますか。

イ　はい　　ロ　いいえ

(4) みじめさを感じた方は何によってですか。○をつけて下さい。

イ　進駐軍（アメリカ軍）と日本人の差別待遇。

ロ　ソ連、中国、朝鮮等外地の現地人の略奪、襲撃等。

ハ　アメリカ人に日本女性が媚びを売ること。

ニ　日本にいる朝鮮人、中国人等が威張りだしたこと。

ホ　マッカーサーと天皇の並んだ写真を見て。

ヘ　東条英機等、戦犯の追及、処刑。

ト　その他（　　）
（5）現在、日本が戦争に負けたことをどう思いますか。
（6）日本が戦争に負けた原因は何だと思いますか。（○印）
イ　アメリカの物量　ロ　日本の無知、無謀　ハ　軍人の横暴　ニ　中国の徹底抗戦　ホ　闇の横行等国民道徳の低下　へ　運が悪かった　ト　ソ連の参戦　チ　その他（　　）
（7）「一億総懺悔」ということばを聞いたことがありますか。　イ　はい　ロ　いいえ
（8）このことばの意味は次のどれに近いと思いますか。（○印をつける）
イ　戦争を始めたのは国民全部の責任だから、アメリカにお詫びする。
ロ　戦争に負けたことを国民全部が天皇にお詫びする。
ハ　中国等に侵略したことを国民全員が中国人に詫びる。
ニ　その他（　　）
（9）「一億総懺悔」ということばをどう思いますか。

（『銃後史ノート復刊6号　女たちの8・15』JCA出版、一九八四年八月刊）

戦後改革と女性

アンケート六四四人の声から

今年（一九八五年）は、戦後四〇年だという。たしかに四〇年前の一九四五年八月一五日、日本はポツダム宣言を受諾し、降伏したことが告げられた。この日から、少なくとも国内においては全面的に戦火はやみ（戦争継続をはかる一部将校の動きはあったが）、おおかたのひとびとは、久方ぶりにあかあかと灯をともし、手足をのばして寝ている（四二〜四五ページ参照）。

しかし、だからといってこの日からすぐに〈戦後〉がはじまったわけではない。日本の場合、〈戦後〉はたんに、８・15以後の物理的な時間の流れをいうのではあるまい。８・15以前と画然と分かたれる体制の変化、価値観の転換――〈軍国主義〉から〈平和ニッポン〉へ、〈天皇陛下万歳〉から〈民主主義〉へ、といった――が、含意されているはずだ。

それから言えば、〈戦後〉は、８・15から始まったわけではない。そのことをわたしたちは、昨年「女にとって８・15は何であったか」を検討するなかで、はじめて実感した。考えてみれば当り前の話、戦争に負けたからといってすぐに新しい体制が動きだすはずはないし、長年培われたひとびとの考え方が、すぐさま変わるはずもない。

では、〈戦後〉はいつから始まったのか。

いま中曽根首相を中心に、〈戦後見直し〉論がいわれている。そこには、戦後体制、戦後的価値観に対する批判がこめられている。それをどう考えるか。

わたしたちの大半は戦後生まれであり、戦後体制や戦後的価値観を自明のこととして育っている。象徴天皇制も男女共学も女性参政権も、物心ついたときにはすでにあったのであり、とりたててありがたいと思った記憶はない。それどころか、現状に対する不満ばかりがふくれ上がる。しかしだからといって、中曽根サンに一方的に「見直」されてはかなわないという思いはある。わたしたちなりに、〈戦後〉の出発点を確認し、その意義と問題点を把握しておきたい。

そのための一つの手段として実施したのが一一〇ページのアンケート調査である。すでに四〇年の歳月の経過もあり、郵送を主とするアンケートで、どれほど当時の状況を再現できるかについて疑問もあったが、8・15当時一〇歳以上だった日本人女性一一四二人に回答をお願いした。[1]

アンケートの内容は、B5判六ページにわたる盛りだくさんなもの、しかも実施は八五年の年明け早々というあわただしい時期であった。しかし六四四人、六割近くの方が回答をお寄せ下さった。なかに一人、台湾で敗戦を迎えた方が、「当時のことはつらすぎて、思い出すのもいやです」と、白紙でもどされたが、返送されなかった方、また一つ一つていねいに答えて下さった方々の中にも、同じ思いの人は多かったろう。アンケートには書ききれない思いを、欄外や別紙にびっしり書いて下さった方もいた。

回収結果は、表1のとおりである。世代は一九四五年八月一五日当時の年齢でくくってある。

表１　アンケート回収結果

世代＼居住地	大都市	中小都市	郡部	外地	不明	計
9歳以下	3人	1人	7人	1人	0人	12人
10代	37	55	75	14	5	186
20代	51	99	85	29	3	247
30代	26	58	48	22	2	156
40歳以上	12	14	11	1	0	38
不明	3	0	1	0	1	5
計	131	207	227	67	12	644

・配布総数　1142　　回収率　56.4％
・居住地・世代は1945年8月15日当時
・外地は、台湾10人、朝鮮16人、満州20人、中国11人、樺太3人、南方3人

いちおう一〇歳以上を基準にしたが、九歳以下（最低は三歳）の方が一二人いた。最高年齢は五二歳。現在年齢でいうと、四三歳から九二歳までの方々がご協力下さったことになる。8・15当時の居住地は、六大都市、中小都市、郡部、外地に分類したが、国内では沖縄を除く全都道府県にまたがっている。

アンケートの内容は、大きく分けて、1、敗戦直後の生活難とその対処のしかた（設問A～C）、2、戦後改革の受けとめ方（設問D～G）、3、敗戦直後の時期をどうみるか（設問H、I）の三つになる。ここでは1は省略[2]、2、3の回答を通じて、女たちの〈戦後〉の出発点をみてゆきたい。

戦後改革の受けとめ方

敗戦直後の三年間は、窮乏の時代であったと同時に、一方では〈民主化〉の時代でもあった。とくに女たちにとっては〈解放〉と〈平等〉への第一歩を印した時代といえるだろう。

一九四五年一〇月一一日、マッカーサーによって発せられた五大改革指令——選挙権付与による女性解放・労働組合の育成・学校教育の民主化・秘密審問制度撤廃・経済機構民主化——は、日本民主化の基本方針を示すものであり、これにもとづいてそれぞれの場で具体的な改革がうち出される。女性解放政策としては、四五年一二月一七日、女性参政権が実現、翌四六年四月一〇日、日本の女性は、史上はじめて選挙権を行使した。この選挙で、三九人という大量の女性議員が誕生したことは、よく知られるところだ。

マッカーサーはこれについて、次のように満足の意を表している。

「婦人が家庭での地位を犠牲にすることなく、急速に社会問題に影響力を発揮しはじめたことは、日本歴史を通じてのまことに大きい出来事である。かつて法の下にほとんど個性を認められず、ただ伝統的な家庭での仕事にしばりつけられていた日本の婦人は、いまや政治の動向に対する主権者としての責任を男子と平等に担っている。これほど高遠で劇的な変化は、他に類がない」(『マッカーサー回想録』)

女を家制度のくびきにつなぎ、無権利状態においていた民法の改正も、女性解放の大きな柱だった。四七年一二月の改正民法公布によって、家制度の根幹をなした戸主権は廃止され、家庭における男女平等が保証されるとともに、恋愛・結婚の自由が謳われた。

教育の民主化も、直接女たちに大きな影響をもつものだった。これによって男女共学が実現し、女性にも高等教育への道がひらかれた。また四八年七月成立の優生保護法で、中絶禁止が緩和されたことは、その後の生活からみれば、参政権以上に直接的な意味をもったといえるかもしれない。

いま、日本の女性が、当りまえのこととして享受している諸権利は、そのほとんどが戦後改革の結果だということができる。

このような諸改革を、当時女たちはどのように受けとめたか。そしてそれが、それぞれの〈戦後〉のあり方にどのような関わりをもっただろうか。

四〇年経ったいま、当時の受けとめ方を聞くことには無理があるとは思ったが、あえてわたしたちは、戦後矢つぎ早にうち出された改革について、当時の評価を○×△で問うてみた。つまり、それぞれの項目について、「嬉しい、ありがたい」と思ったものには○、「いやだ、困った」は×、どちらでもないものは△というわけである。

当時の評価にこだわったのは、戦後改革の受けとめ方が、それぞれの〈戦後〉の歩み出し方にどのような関わりを持ったかをみたかったからだが、結果としては、当時ではなく現在における評価がかなり入っているだろう。あまり意味のないこだわりであったかもしれない。

項目としては、いわゆる女性解放政策だけでなく、憲法改正や農地改革、労働組合の誕生などの経済民主化、教育改革、それに預金封鎖・新円切替、夏時間（サマータイム）といった生活上の変化をも対象にした。

大歓迎の女性参政権・憲法九条

回答結果から、各項目について○と×、つまり肯定・否定をみたのが表2である。

これでみると、もっとも評価が高いのが女性参政権、ついで憲法九条に戦争放棄が謳われたことである。女性議員の登場も三番目に高い評価を得ているので、参政権に関しては、女たちは、選挙権・被選挙権とも喜びをもって受けとめたことがうかがえる。

ただしこれについては、世代によってややニュアンスのちがいがある。表3は8・15当時の世代別に評価の高いもののベストテンをとりだしたものだが、一〇~三〇代はいずれも女性参政権が一位。女性議員の登場は一〇代五位、二〇、三〇代は三位、それに対して四〇代は、女性議員登場の方が、参政権よりも上位になっている。四〇代の女性は、自ら主権者として一票を行使するよりも、はじめて政治の中枢に参画した同世代の女性議員に感動をおぼえたのかもしれない。それぞれの世代の女たちが、はじめて手にした選挙権をどのように行使したかは、次の設問Eでくわしく検討したい。

憲法に「戦争放棄」が謳われたことについては、各世代とも評価が高い。とくに四〇代では、参政権以上に喜びをもって受けとめられている。長い戦争のなかで多大の犠牲を払い、もう戦争はコリゴリ、といった思いがうかがえる。こうした高い評価をみると、憲法九条はけっして占領軍の「押しつけ」ではなくて、日本の民衆の欲求でもあったというべきだろう。

世代でちがう男女共学・教育の民主化への評価

男女共学もかなりの評価を得ているが、これは世代でちがいが出ている。表3にみられるように当事者である一〇代は三位になっているが、四〇代は六位である。これについても、後の設問Fで検討したい。

表２　戦後改革への評価

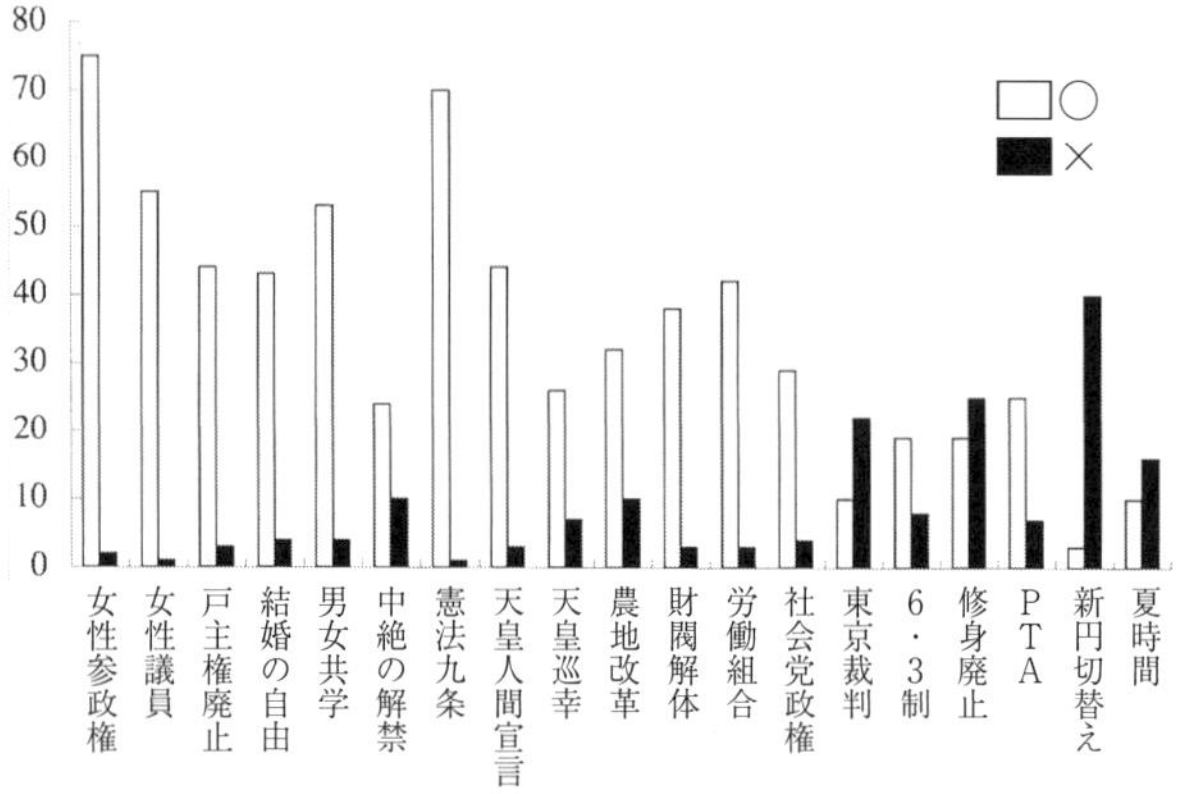

表３　世代別評価（上位10位）

（世代は1945・８月当時）

順位＼世代	10　代	20　代	30　代	40　代
1 位	女性参政権	女性参政権	女性参政権	憲法９条
2 位	憲法９条	憲法９条	憲法９条	女性議員
3 位	男女共学	女性議員	女性議員	女性参政権
4 位	結婚の自由	男女共学	男女共学	天皇人間宣言
5 位	女性議員	戸主権廃止	労働組合	天皇地方巡幸
6 位	労働組合	天皇人間宣言	天皇人間宣言	男女共学
7 位	戸主権廃止	結婚の自由	戸主権廃止	財閥解体
8 位	天皇人間宣言	財閥解体	財閥解体	戸主権廃止
9 位	財閥解体	労働組合	ＰＴＡ	ＰＴＡ
10 位	農地改革	農地改革	農地改革	結婚の自由

ついでに、男女共学以外の教育の民主化に関する項目についてみれば、六・三制、修身廃止等教育内容の変化、ＰＴＡの三つは、あまり評価されていない。それどころか修身の廃止は、否定の方が肯定を上まわっている（表2参照）。とくに四〇代は、肯定ゼロに対して否定三二％。

これはどういうことだろうか。教育民主化の第一弾として、ＧＨＱから修身の廃止がうち出されたのは四五年一二月三一日。地理・歴史とともに、日本国民の軍国主義化、神がかり的天皇崇拝思想をもっとも強力に鼓吹したもの、とみなされたためである。たしかに修身は、「忠君愛国」思想を子どもたちに注入するべく意を注いでおり、しかも子どもたちは、授業の前には教科書を捧げ持って一礼させられていたから、これが与えた影響は大きいとみなければならない。にもかかわらず、これで教育された女たちは、その廃止をあまり喜ばなかったのだろうか。

四〇代の人はともかく、三〇代以下については、現時点での見方がかなり入っているように思われる。現在、マスコミ等で云々される若者たちの風潮、孫たちの態度等々を見聞きするにつけ、修身教育の必要性を痛感するということではあるまいか。日本の敗戦を否定的にみる人のほとんどは、現在の若ものの風潮を嘆いてのことだった。

今年（八五年）四月、東京でひらかれた臨時教育審議会の公聴会でも、唯一の女性として登壇した四六歳の茶道教授が、道徳教育の強化を力説していたが、アンケートの結果からもそうした空気が広がっていることがうかがえる。ひとびとの学校教育への期待、子どもたちの日常生活のモラルまで学校に期待する姿勢は、敗戦によっても大きくは変らなかったようだ。

民法改正と「結婚の自由」

民法改正によって明治民法の柱である戸主権が廃止され、女性にも財産相続が可能になったことは、その後の女の生活を大きく規定しているはずだ。しかし参政権や男女共学ほどは、感動をもって受けとられなかったようだ。法律の改正がただちに、個々の家庭のあり方を変えることは少なかったためだろう。それに一般の人びとが法律を意識するのは、なにかコトが起こったときだけ、ふだんの生活が続いている限り、あまり関心をもたないのがふつうだ。

ただし、表3にみられるように一〇代は、民法改正で保証された恋愛・結婚の自由に対する評価が高い。直接関係のある世代であるから当然ではあるが、これも法改正の成果というよりは、当時マスコミ等を通じてふりまかれた「恋愛の自由」「結婚の自由」に、解放を感じたためではないか。「アプレゲール」などと称して眉をしかめる大人も多かったが、若い世代にとっては、「恋愛の自由」は、戦中の禁欲を一挙に解き放つ〈自由〉の象徴だったのかもしれない。

中絶禁止緩和には否定的

中絶の禁止緩和や産児制限は、女に直接関係のある戦後改革のなかでは、もっとも評価が低い。否定も一〇%と、かなり高率になっている。世代別にみると、一〇代六%、二〇代一三%、三〇代一〇%、四〇代一二%である。一〇代に否定が少なく四〇代に多いのはわかるが、二〇代が一番多いのはどういうわけだろう。

当時はベビーブームの真最中であり、その中心的担い手は二〇代後半の女性であった。当時の厳しい生活条件からみて、妊娠を素直に喜べない女たちも多かったはずだ。にもかかわらず、二〇代にもっとも中絶否定が多いのは、じつは優生保護法の中絶禁止緩和を、もっとも利用した世代だからかもしれない。つまり、戦中の「生めよ殖せよ」ムードのなかで思春期を過し、子どもを沢山産むことは女の務め、と思わせられていたにもかかわらず、戦後次々と産まれる子に音をあげ、中絶解禁後ひそかに産科医の門をくぐった――。その痛みと罪悪感の刻印が、高い否定率となってあらわれた、とみるのはうがちすぎだろうか。

もちろんこれにも、現在マスコミ等を通じてばらまかれる若者たちの風潮――性の乱れ――に対する批判がこめられているかもしれない。先ごろ、自民党議員から「若者の性の乱れ」をとらえて経済的理由による中絶禁止を主眼にした優生保護法改「正」案が出されたことは、記憶に新しい。女たちの反対で、これはひとまず廃案に追いこんだが、このアンケート結果からみても再び登場する可能性はある。「生む生まないは女の権利」だけではない反対の論理を、「障害者」たちとの連帯のなかで早急につくりださねば、と思う。

「人間天皇」に好感

天皇の「人間宣言」、つまり四六年元旦に出された神格否定の詔勅は、かなり好感をもって迎えられている。とくに四〇代では、天皇の「人間宣言」、地方巡幸が、四位、五位を占めている。地方巡幸は、「人間宣言」のあと二月から神奈川県を皮切りに開始され、五四年の北海道巡幸で完了する（沖縄は除く）。とくに活発だったのは四六、四七両年である（四八年はなし）。

これは人間天皇のお披露目であると同時に、天皇の戦争責任免罪の旅であったが、当時の新聞によれば、「天皇陛下の御為に」夫や息子を死なせた女たちのあいだからも、怨嗟の声一つ上らず、石ころ一つ飛ばず、かえって土下座して伏し拝み、あるいは百恵チャンや聖子チャンのごとく熱狂してもみくちゃにし（いまではとても考えられないことだが）——ということになっている。

四〇代女性の高い評価は、それを裏づける。天皇の人間宣言については三〇代以下もベストテンに入っており、新憲法は、九条だけでなく一条の「象徴天皇制」も、概して好感をもって受け入れられたようだ。

反発がつよい新円切替・預金封鎖

否定・反発がもっとも強いのは、新円切替・預金封鎖である。これは四六年二月一七日、インフレに手を焼いた政府が通貨膨張を抑制するために断行した金融緊急非常措置令にもとづく。二月一七日をもって国民の預貯金は原則として封鎖。その上で新円（新紙幣）を発行し、二五日から三月三日までの間に一人一〇〇円を限度として旧円と交換するというもの。

したがって三月三日以後は、古いお札はいくらもっていても紙くず同然。しかし七日までに金融機関に預ければ価値をもつというので、すでに預金封鎖されているのに、ひとびとは手持ちの旧円を争って預けた。ところが、二年後封鎖が解けた段階では、さらなるインフレ昂進によって貨幣価値は大暴落、「斜陽族」を生む一つの要因ともなっている。

逆に、農民、商人等はこれによってもうけたというので、ヤッカミ半分に「新円階級」と呼ばれた。しかし結局、誰がいちばん得をしたかといえば、国家と大企業である。国家は、戦中戦後に大量に買わせた国債の償還費を大幅に節約し、大企業は株式等でかき集めた債務負担を免れることができた。反発がつよいのは当然といえる。

ついでに言えば、八五年に世間を騒がせた豊田商事事件の被害者に老人が多い原因を、このときの体験にみる意見がある。つまり戦後の預金封鎖につづく貨幣価値下落の苦い教訓から、金売買の話にのせられてしまったというのだ。もしそうなら、なんと悲しい教訓の生かされ方であろうか。

サマータイムも否定的

夏時間（サマータイム）も評判が悪かった。肯定一〇％に対して否定一六％である。これは、四八年四月公布の夏時刻法にもとづき、夏の間だけ時計の針を一時間進めるというもの。電力不足の折から、昼が長い夏の時間を有効に利用しようというねらいはよかったが、朝早くから夜遅くまで働く結果になって、とくに主婦は睡眠不足で過労気味。当時の新聞にも、主婦の苦情が寄せられている。アンケートの結果もそれをうらづけたわけだ。これは独立後ただちに廃止された。アメリカ直輸入の〈占領時間〉に対する反発もあったのだろう。

しかし全体的にみれば、戦後改革は、慨して女たちに好感をもって迎えられたといえる。政治・経済・教育の民主化、女性解放政策は、修身廃止を除いて、いずれも肯定が否定をかなり上まわる。とくに、一〇代、三〇代にその傾向が強い。8・15当時三〇代だった女性の社会的関心は、四〇代より強いのは当然として、二〇代よりもかなり高い。表3にみられるように労働組合への評価が五位を占めているし、ベストテンには入らなかったが、四七年六月成立の史上初の社会党政権、片山連立内閣に対する評価も各世代を通じてもっとも高い（三三%、一一位）。その理由が、大正期に学校教育を受け、大正デモクラシーの空気を吸って育ったゆえだとすれば――いまいわゆる管理教育や教育の右傾化のなかで育てられる子どもたちの将来が気にかかる。

初選挙への期待

次はいよいよ女性参政権である。一九四六年四月一〇日、はじめて手にした選挙権を、女たちはどのように行使したか。

このときの女性の投票率は六七%。半分もいかないのではないかと直前まで危ぶまれていたので、この好成績にマッカーサーも日本の男たちもびっくり。たしかにこれは、現在からみても高い投票率である。しかも、一挙に三九人という大量の女性議員の誕生！

女たちの高い投票率を生んだ原因は何だったのか。女性議員の大量当選を支えたのは誰だったのか。

わたしたちは設問Eで、四六年四月当時二〇歳以上だった女性に対し、四月一〇日の初選挙において、まず投票したか否かを問うた。その上で、したとすればその理由は何か、しなかったとすれば理由はなにか。投票用紙に記入した候補者のなかに女性候補がいたかいなかったか。いたのに投票しなかったとすれば、その理由は何か――等々について問うてみた。

まず、投票したか否かについてみれば、アンケート回答者の投票率は八四%。全国平均よりもさらに高い。こうしたアンケート調査では、実際より高い数値が出るのはふつうだが、それを勘案しても、アンケート回答者は、当時の女性全体からみれば、かなり「意識が高い」人たちということができよう。それは、投票しなかった人の大半が、この時期まだ引揚げていなかった外地居住者や焼け出されて居所定まらず、といった人たちであったことからもうかがえる。赤城真理子氏（敗戦時二一歳）は、東京大空襲で家を焼かれたあと、無縁故集団疎開者として福島で敗戦を迎えたが、生活扶助を受けていたため選挙権がなかったという。

では、なぜ八四%の人たちは投票したのか。そこにどれほど女性自身の主体性・自発性があったのか。それをみるために投票した理由を次の四つの選択肢で問うてみた。

（イ）ようやく獲得した権利だから
（ロ）投票することは婦人の地位・生活改善に役立つから
（ハ）決められた国民の義務だから
（ニ）夫やまわりの人に言われたから

（イ）は権利意識、（ロ）はもっと実際的な生活改善への期待、（ハ）は義務感、（ニ）は人に

表4　初投票の理由

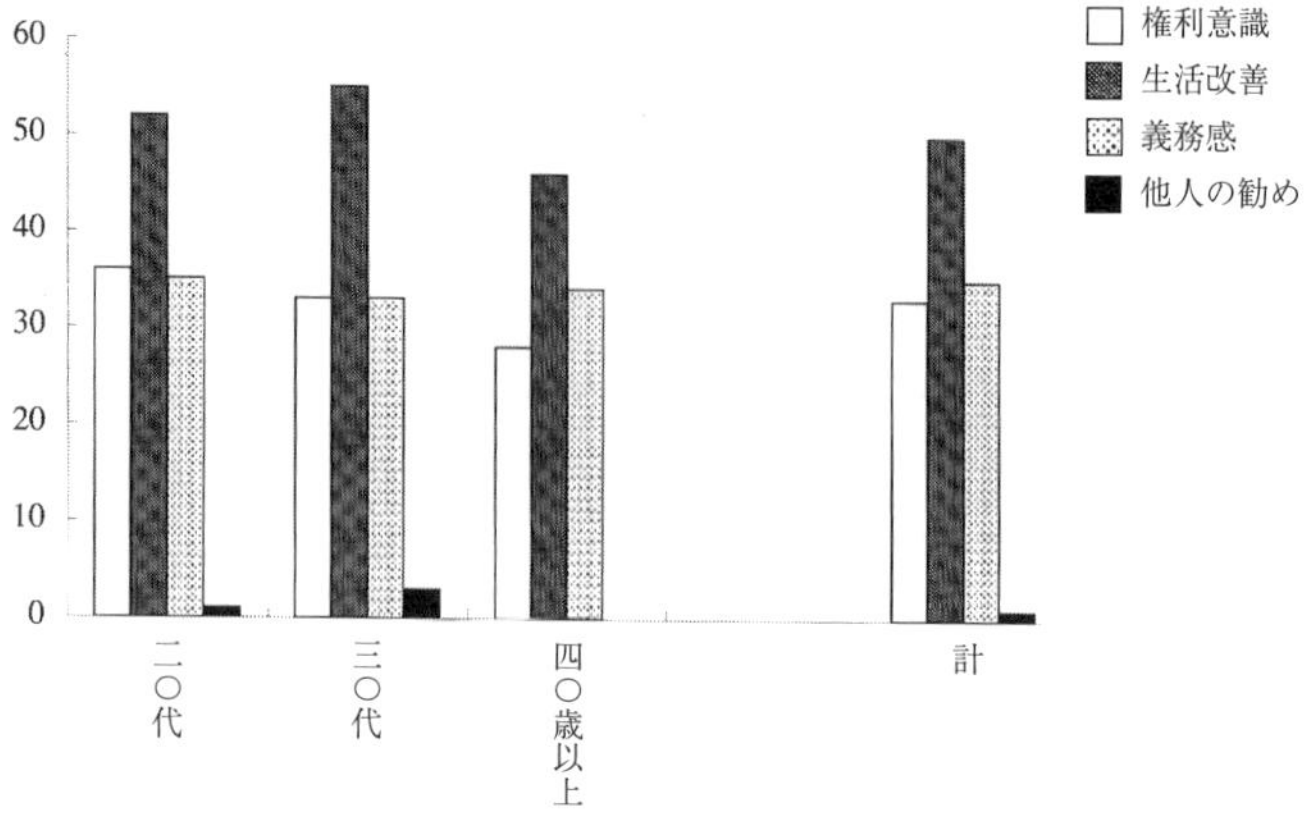

いわれて非自発的に、ということである。結果は表4のとおりである。

各世代とも（ロ）がもっとも多く、はじめて行使する一票に、地位向上や窮乏からの脱出の期待をこめていたことがうかがえる。（イ）の権利意識と（ハ）の義務感に関しては、四〇代はやや義務感による投票が多いが、二〇代、三〇代は相半ばしている。ともあれ全体的にみれば、女たちは（イ）、（ロ）という主体的・積極的姿勢で初選挙にのぞんだということができよう。

四月一〇日以前の新聞には、女たちの選挙に対する関心の低さがしばしば問題になり、棄権防止策が語られている。三月二一日付『東京朝日』では、支局長座談会として次のような対策が語り合われている。

――三重県松阪市では、女の投票済証を赤にして配給通帳に貼らせるようにする。「さうすると貼ってない奥さんは肩身が狭くなる」

るようにする。
——東北では、字の書けない女たちのために、候補者名を予め印刷して、それに○をつけさせ
しかしアンケートにみる限り、そうした駆り出し策は不要であったようだ。このあとの設問E
—8で初選挙の印象を記入してもらったが、そこにも、いきいきした女たちの姿が書きとめられ
ている。
「候補者の名前を書くために、祖母は自分からひらがなを習った」(一〇代)
「父が女のことをひやかして、母が抗議したこと。祖母と二人でお習字したこと」(同)
「祖母が〝いい世の中になった〟といって、焼酎をいつもより一杯余分にのんだ」(同)
「演説会は熱気にあふれ、毎夜聞きに行った」(二〇代)
ある二〇代の人は、「はじめて投票所に行き、自分の名の葉書を出したこと」をつよく印象に
刻んでいる。「自分の名の葉書」に、はじめて社会的存在として認められた実感をもったのだろ
う。初投票に備えて字の練習をし、焼酎を飲んで祝う——。涙ぐましいほどいそいそとした女た
ちの姿が浮かび上がってくる。
では、候補者選びにあたって、女たちの主体性はどうだったか。これについては、女性候補に
投票したか否かを問うた上でその理由を聞いた。
女性候補に投票した人は、二〇代三三%、三〇代三九%、四〇代二四%。しなかった人は、そ
れぞれ二三%、二四%、二二%となっている。なにしろ四〇年も昔のことなので、忘れた人や無
回答が三割近くあるが、各世代とも女性候補に投票した人の方が多い。しかも投票しなかった理

由をみれば、「選挙区に女性候補がいなかった」が大半であって、「女では頼りない」「女はダメだとまわりに言われた」は、合わせて二割程度しかいない。

女性候補に投票した理由は表5のようになる。「女性のかかえる問題解決のために働いてくれると思った」が投票者の大半を占め、候補者の人柄・政見、属する党で選んだ人は、それぞれ一八%。ただし、ふつう言われるようにこのアンケートでも、世代が高いほど党より人で選ぶ割合が高くなっている。

表5　女性候補への投票理由

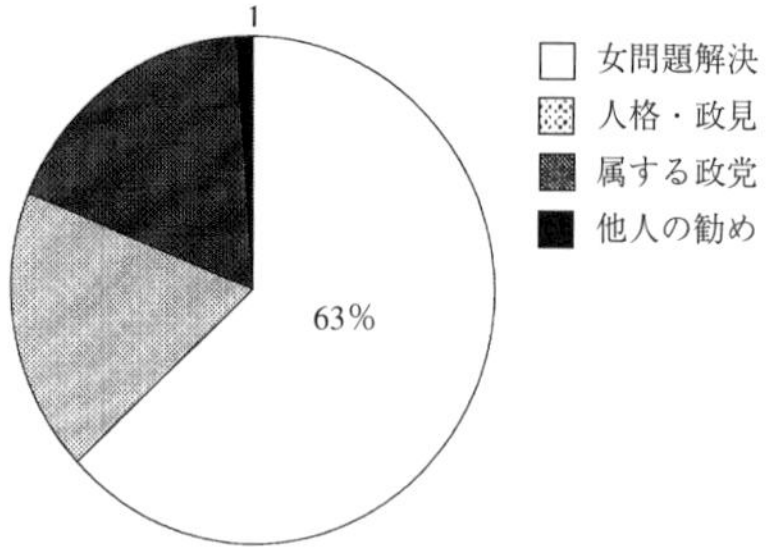

夫やまわりの言いなりに投票したという人は、一%しかいなかった。こうした答は、アンケート調査では少くなるのがふつうだが、次の設問「投票するとき何を参考にしましたか」（E—7）に対する回答をみても、「夫等家族の意見」「親せき・知人等の依頼」は合わせて一割足らず、選挙公報、新聞やラジオが約五割、積極的に立会演説会に行った人も三割近くいる。当時二〇歳未満で選挙権のなかった女性の見聞からも、概して女たちが主体的に候補者選びをしていることがうかがえる。もちろん「姉、母、祖母がみんな父の言う人に投票した」、「母が〃お父さんと同じ人に入れる〃と言った」という記入もあったが、逆に「父が聞いていても、母は入れた人を絶対いわなかった」、「〃キヨーサントウに入れてこまそ〃と言った母に兄が渋い顔をした」

という記入もある。

また、次のようなほほえましい話もある。

「ノンポリだった母が父と政治を語りはじめた」

「父母が社会党の〇〇さ書くと仲よくはなしていた」

女は女へ、ということは、やはりあったようだ。

「女の味方はやはり女だといって投票」

「周囲の人が〝女は女に入れる〟と合言葉のように言い、その人が最高に近い形で当選して……」

「となりのおばさんが〝女だから山口シヅエ〟といっていた」(東京在住)

今関とみ子氏(二四歳　東京在住)は、女性候補が近所に遊説に来たとき、積極的に「旗もちをかって出た」と書かれている。はじめて女性の代表を国政の中心に送りこめるという期待、それによっていまの自分たちの苦境が少しでも改善されるのではないかという期待、そしてそのために自分も一票を行使できるのだという心のはずみが、女たちの高い投票率をもたらしたといえるだろう。

三九人という女性議員の大量当選を支えた力は、やはり女たちだったといえる。その女性議員が女たちの期待にじゅうぶんにこたえたかどうかは、またべつの問題である。翌年の第二三回衆議院選挙で、女性議員が一五人に激減してしまったのは、彼女たちが期待をうらぎったというよりも、選挙制度の改正(連記制から単記制へ)が大きくひびいていよう。

それにしても——戦後四〇年経って、いまだに三人しか女性大臣を出せず、現在一〇人たらずしか女性衆議院議員がいないのは、どういうわけだろう？

男女共学——新教育制度の発足

つぎに、教育改革に伴う男女共学の体験、その受けとめ方を問うた（設問F—1～5）。六・三・三・四制が確立し、男女共学の新制中学が発足したのは四七年四月である。新制高校は、それより一年遅れて四八年四月から発足している。これによって、それまで中等学校における男女別学はもちろん、小学校（国民学校初等科）においても、高学年になれば男組・女組に別れるのがふつうだった少年少女は、少なくとも中学卒業までは机を並べて学べるようになった。

それまでは国民学校初等科六年の上に、義務教育としての高等科二年と女学校五年（又は四年）の二系列があり、高等科を出てから師範学校に進む人もいたから、切替にあたっては相当の混乱があったようだ。

8・15当時国民学校五年以下の人は、新制度によって中学に進むが、六年生以上女学校三年までの人は、途中で新制切替えを体験することになる。表6は、その切替状況をまとめたものだが、なんとも複雑で、さぞや大変だったろうと思う。当時は女学校を四年で卒業する人もいたから、8・15当時女学校二年、三年だった人は、同級生が女学校四年、五年、新制高校三年と三回に分れて卒業している。また女学校一、二年だった人は、女学校から新制中学、新制高校とめまぐるしい変化を体験している。

表6　新制切替え対象者の移動状況

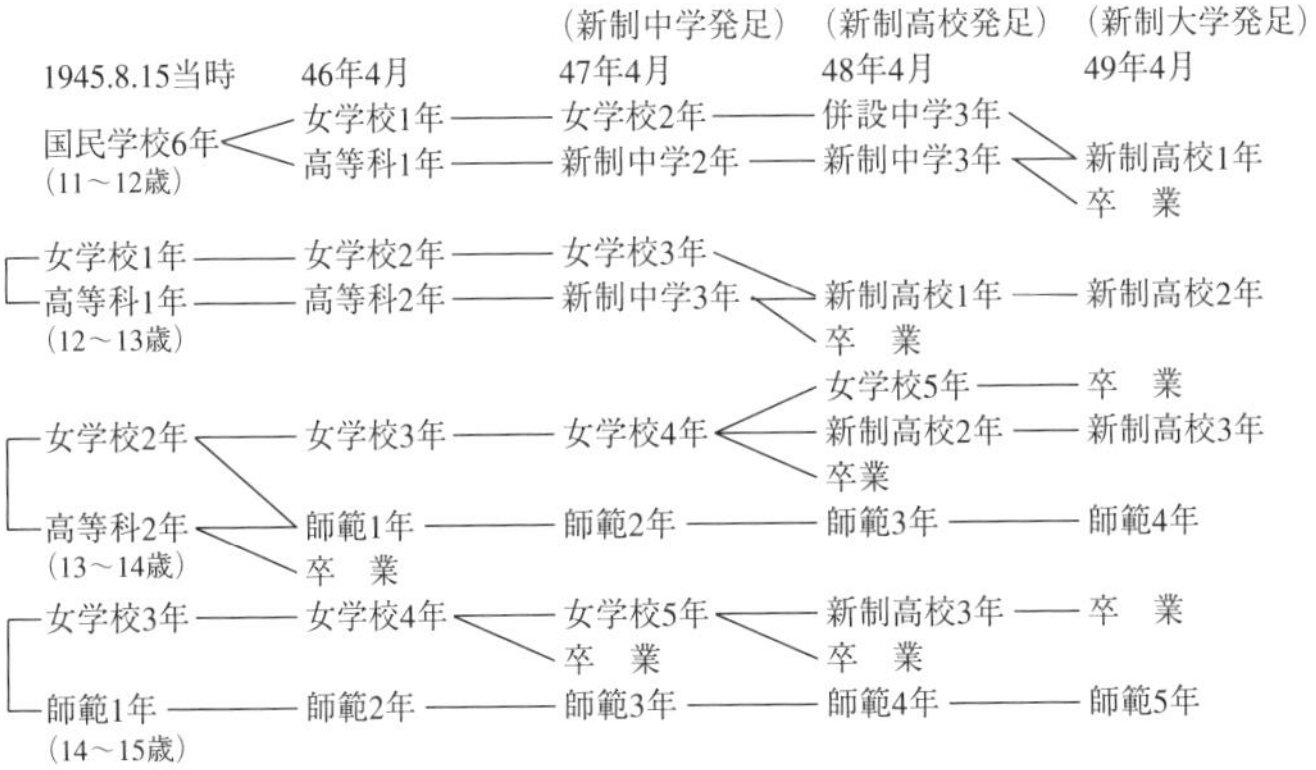

アンケートにも、これに対する当事者のとまどいが数多く記載されている。親世代にとっても大変なことだった。義務教育が長くなったことを喜んでいる三〇代四〇代の人もいる反面、切替にあたっての混乱、「新制中学の教師の質の悪さ」を歎き、「中三、高三に反対。中高六年が望ましい」（井出ひろ氏　敗戦当時四九歳）と、六・三制に疑問を呈す声も多い。

錦織ツヨ氏（同三四歳）は、「長女が高等女学校四年まででよかったのに、新制中学三年高校三年で六年間になってしまい経済的に困った」と書かれている。逆に秋山須寿氏（四〇歳）は、「長女は…旧制高女卒で終り大学受験を断念しましたが、あの時私がもっと積極的に進学をすすめるべきだったと後日思いました」という。

さて、中等学校における男女共学が新制発足にともなってきちんと実行されていれば、8・15当時国民学校六年から女学校三年までの人は、途中から男女共学を体験したはずだ。しかし現在も北関東・東北地方には、高等学校を男女別学にしている県がある。その理由として、新制度発足にあたって連合軍の西部軍政部（京都）が共学を厳密に実行させたのに対し、東部（仙台）は、地域の実情に合わせてゆるやかな政策をとったため、男女共学の〈西高東低〉が起こったという説がある。実際はどうだったのだろうか。

アンケート回答者のなかには、切替対象世代の人が八三人いるが、そのうち共学を体験したと答えた人は三二人（三九％）、しなかった人三六人（四三％）。無回答の一五人は体験しなかった人の方が多いと思われるので、結局、新制切替による共学体験者は四割前後ということになる。

非体験者の多くは女学校四年、五年で卒業した人たちである（表6参照）。家庭の事情や共学を喜ばない親の姿勢によって、新制高校を体験できなかった人も多い。設問F―3で、新制切替にあたって印象に残っていることを問うたが、そのことを心残りとして書いている非体験者が何人もいた。

木村文子氏（一四歳）は、「そのまま進めば高校二年に進めたのだが、経済的理由で女学校卒業となってしまった事が非常に残念だった」と記しているし、同年齢の鈴木恭子氏、新井良子氏等も新制高校をきちんと義務制にしてくれたら、と残念がっている。このときの女学校卒か新制高校かの選択制は、同級生のあいだに溝をつくることもあったようだ。

「女学校五年生終了で卒業する人、高校三年に進学する人が卒業直前になって心理的にふたつに分れ、進学組は何となく優越意識を持ったこと。それは今でも続いている様に見受けられる」

（由里ユミ子氏　一五歳）

その他、新制中学への切替や共学をきらって私立の女子校へ転校し、共学を体験しなかった人が二人いる。あとの一七人は、新制中学や高校に入ったにもかかわらず共学を体験していない。この時期、福島・栃木・群馬・新潟・石川・千葉・東京・神奈川・山梨・静岡在住者である。それに対して共学体験者三二人の居住地域は、九州・四国・中国・関西の各県、それに愛知・長野・静岡・神奈川・東京・埼玉・宮城である。静岡・神奈川・東京は、体験者・非体験者が混在しているが、男女共学の〈西高東低〉傾向は、八三人の体験からもうかがえる。

完全に旧中学・女学校の枠をとっぱらって、一学区一校制をしかないかぎり、完全共学はむずかしいだろう。新制高校発足以来四〇年近く経った現在でも、男女共学といいながらその実旧中学校か女学校かで、男女数に大きな差がみられる高校は多い。とくに、旧一中・一女といったナンバースクールにその傾向がつよい。その多くが明治三〇年代後半に創立されていることを考えると、すでに新制の歴史の方が長いくらいだが、戦前のシッポはなかなか切れないものであるらしい。その上で、臨教審の第一次答申の「六年制中等学校」案にみられるように、表6のような混乱を経て確立された六・三・三・四単系学制が、いま大きく「見直」されようとしているわけだ。

さて、めまぐるしい変化にとまどいつつも、男女共学は楽しかったようだ。さきの設問Dの戦後改革の評価でも、男女共学を評価する人は、非体験者（一〇代以下）五七％に対して体験者は六八％。六・三制や修身廃止等の教育改革も、共学体験者の方が評価が高い。

体験者に対し、共学にともなう具体的体験を聞いた（設問F―2）。そこに書かれているのは、

〈少年〉との出会いに対するとまどいとともに、ういういしい〈少女〉の想いと負けん気である。

森馨子氏（一一歳）は、「あまりよい印象はない。男の生徒が汚なくて嫌だった」と書いているが、これも粗野な田舎の少年に対する嫌悪感だけでなく、思春期にさしかかった少女の〈男〉に対する関心の裏返し、と考えられなくもない。農村では、たがいに意識しあってちょっと話でもすればたちまちスケープゴートのごとくひやかし倒す、という例もあったが、これも不器用な関心の表現だろう。

男子との「学力差をいちじるしく感じた」という人もいるが、それだけに負けん気をだしてがんばった人も多い。関千枝子氏は、「男に負けるか、とみなはりきっていた」と書かれているし、「男の子と競争する方がおもしろかった」（下川床文枝氏）、「男子と競争出来て良かった」（清原氏）等の記入が目につく。

由里ユミ子氏は、「男子と一緒にエスケープすることも覚えた。カンニングすることも覚えた。悪いことも覚えたが考え方に柔軟性を持てる様になった」と書いている。女学校の〈良妻賢母〉的マジメ主義は、共学で大いに揺さぶられたようだ。

そうしたなかで、これまでにない主体性、積極性を発揮した少女も多い。原田玉枝氏（一〇歳）は、「級長はいつも男子ときまっていて、女子は副級長にしかなれなかった事を疑問に思い担任の女の先生に伺ったら、〝生意気な女の子は可愛気がないわよ〟と言われ、先生不信をその後も抱き続けた」と書かれている。服部素氏は、「自治会の委員長をしていて何度か進駐軍（ＣＩＥ）に陳情に行った」という。

こうした男女共学、戦後教育の男女平等は、女たちのその後のあり方にどんな影響を与えただろうか。私たちは設問F—4で「戦後教育の男女平等の理念は、あなた御自身、又は女の子の育て方を変えたと思いますか」と問うた。

これに対して「はい」と答えた人は全体で四七%、「いいえ」は二二%である。世代別にみると、共学体験者の多い一〇代以下は「はい」が五九%、二〇代五〇%、三〇代四一%、四〇代以上一六%と、若いほど戦後教育による生き方の変化を肯定している。

では何がどう変わったのか。一〇代以下の共学体験者は、自らの〈精神的自立〉を誇らかに記している。「男子の中に入っても物が言えるようになった」、「女だからという甘えをなくした」、「今まで、あたりまえだったことに疑問や怒りが生まれた」、「女子の将来は無限にあると希望をもった」——。

それに対して同じ一〇代でも、非体験者は、自分自身ではなく娘の育て方について書いている人が多い。「娘に女らしさを求めないよう努力した」、「経済的に自立できる力を身につけさせる」、「性別の前に、まず人間としてと考えて育てた」。これは二〇代以上の人の答にも多い。とくに夫の戦死や失業で苦労した人たちの中には、女の経済的自立の必要性を痛感した結果、娘に高等教育を受けさせたという人が何人もいた。

一〇代以下の人が、戦後教育による女の生き方・育て方の変化を肯定的にみているのに対し、二〇代以上の女性のなかには、否定的な見解もわずかだがある。「女が強くなったと同時に思いやりがなくなった」(三〇代)、「目上の人に対する尊敬うすれる」(二〇代)。これには、現在における若い女性に対する批判もこめられているだろう。

詩人の高良留美子氏（一二歳）は、「男女平等の理念と現実のギャップに悩みました」という。高良とみを母にもち、羽仁もと子の自由学園で学んだ高良氏にとって、「男女平等」はこと新しく言われるまでもなく自明の理であった。それだけに、思春期を迎えた高良氏には、声高な〈理念〉と〈現実〉の落差ががまんならなかったのだろう。

たしかに戦後、学校の中における男女平等はいちおう獲得したが、一歩社会に出れば女の前に立ちはだかる壁は厚い。戦後四〇年の今日、雇用機会均等法ができた（それ自体には大いに問題があるが）のも、これまでの差別の壁の厚さを物語っている。さきにひいた「女子の将来は無限にあると希望をもった」という一〇代の共学体験者が、そのまま希望をもちつづけられたかどうかは疑わしい。

それでも、半数近くの人が戦後教育の男女平等の理念を肯定し、それによって自分の生きる姿勢、女の子の育て方が変わったとしていることを大切に考えたいと思う。そうした人たちが〈理念〉と〈現実〉のギャップに悩みつつ切り拓いてきたものの上に、いまのわたしたちがあるということは忘れてはなるまい。

男女共学だけでなく、戦後の新教育制度発足にあたってかかげられた理念――教育基本法の「民主的で文化的な国家を建設して、世界の平和と人類の福祉に貢献」するために「個人の尊厳を重んじ、真理と平和を希求する人間の育成を期する」云々は、いま読むとあまりにキレイごとの感がある。しかし当時はたんなるキレイごとではなく、力をつくしてかちとるべき〈理念〉であった。

いまいちばん問題なのは、おそらく〈理念〉と〈現実〉のギャップではなくて、それに対する感性の鈍化――高良氏のようにそれに悩むこともなく、したがって山崎氏のようにそのギャップを埋める努力をすることもなく、〈理念〉をキレイごとにしてしまって平気な感性のありようだろう。

民法改正と家庭の民主化

戦後改革についての最後の設問は、民法改正である（設問G―1～3）。それによってそれぞれの家庭は変わったのか変わらなかったのか。変わったとすればどんなふうに？

変わったと答えた人は二五％。さきの「戦後改革の受けとめ方」の項でも触れたように、民法改正は、参政権や男女共学のようにただちに具体的行動をともなわない。それだけに、変化の実感はうすい。傾向としては若い世代ほど変化をつよく感じているが、四〇代の一二％を除いて、いずれも二～三割と大きなちがいはない。

それに対して、民法改正によっても家庭は変わらなかったとした人は四九％。変わった人の約二倍である。ただしこの中には、もともと民主的な家庭だったので民法改正は関係ないとする人が何人かいた。とくに三〇代に目についたが、高橋政子氏（三〇歳）は、その原因を「大正デモクラシーの影響もあった？」としている。しかしともかく、無回答者も変わらなかったとする人の方が多いと思われるので、結局半数以上の人は、民法改正は直接「家庭の民主化」につながらなかったとみていることになる。

「民主化」のものさしは主観的なものだ。改正当時目にみえた変化はなくとも、意識されにくいかたちで徐々にかわってきていることはあるだろう。しかしそれにしても、制度が変わっても意識はなかなか変化しないものであることを、あらためて感じさせられる。とくに、家庭という私的な場における人間関係、その具体的なあり方が変化するためには、法律改正だけではないべつの要因が必要なようだ。

変わったと答えた人たちは、何がどう変わったのか。

当時一〇代だった女性の眼には、それまで父に絶対服従だった母の態度の変化がつよく印象づけられている。「母が自分の意見を言うようになった」、「クリスチャンだった母が教会に行けるようになった」、「母と姉が失業中の父を捨てて家を出た」。

それは一方では、戸主としての父の権威の失墜でもある。「父の発言が絶対でなくなった」「父のワンマンが家庭的になった」——。

しかしそれが、民法改正の結果だったかどうかについては、疑問が残る。一〇代の人たちの母親は、三〇代から四〇代だと思われるが、加藤敏子氏（当時三七歳）が「銃後を守った女は二人力を出して国、家を守ってきました」と書いているように、戦中は〈銃後の女〉として、戦後は飢餓との闘いの最前線に立って、夫をあてにせずがんばってきた。その自信が母たちを強くしたということもあるのではないか。母の変化を書いている人のほとんどが、戦中は父の出征または父を残して母子だけで疎開、さもなくば戦後父親の失業を体験している。

これについては、三〇代の人の回答を有職・無職に分けて検討すると、もっとはっきりする。戦後、家庭は変わったとする人は、三〇代全体では二三%だが、有職者（家業、内職含む）では三五%、それに対して無職の人は、一六%である。

変化のありようもかなりちがう。有職者の多くが、女の発言権の増大、外出の自由等をあげているのに対し、無職の人は、女にも財産相続が可能になったことを評価する反面、嫁が強くなったことに被害感をこめているのが目立つ。やはり、具体的な生活力・経済力の裏づけがないと、夫と妻の関係はなかなか変わらないようだ。

民法改正による家庭の変化を、財産相続にからめて書いている人が全体で二〇人いた。改正民法では、それまでの長子相続をあらためて妻の相続権及び子の均分相続を規定したが、アンケート回答者の中で、均分相続によって自分も財産がもらえたとしている女性は一〇代二人、二〇代三人。逆にもらえなかった、不平等だったという人は、一〇代・二〇代に四人。

農村では、均分相続は生産基盤の縮小につながることから反対がつよく、一九五八年内閣官房でだした「家族制度についての世論調査」でも、長男、跡とりには他の兄弟より多くした方がよいという均分相続否定の意見が六割を占めている。とくに嫁に行った娘には相続を認めないという意見がつよい。したがって、アンケート回答者の財産がもらえた五人の家庭は、非常に「民主的」だったといえるが、それを否定的にみている人もいた。「祖父の財産が平等に分配されたので、田舎の家が売られてしまった」（二〇代）。夫と離別・死別した四三人の中には、財産分与されたという人は一人もいなかった。

嫁姑関係に触れている人は一七人いるが、三〇代以上の一〇人は姑の立場から「嫁が強くなった」と否定的に書いている。「姑の地位が落ち、又息子が意気地がなくなった」と歯ぎしりしているのは旧軍人の妻。二〇代では、嫁姑が平等になったと評価する人が三人、「実家の嫁が強くなり父母がみじめな思いをした」と否定的な意見が二人。嫁としては評価するが小姑としては否定する、ということか。

嫁姑が女同士連帯して男たちと対等にわたり合った例もある。河口正子氏（三三歳）は、「姑も私も今までよりずっと発言するようになった。〈皇室〉や〈軍神〉の額も話しあって時間をかけておろすことができた」と書いている。河口氏の舅は薩摩隼人をもって任じる九州男児、さぞや大変だったことだろう。

嫁姑問題に与えた実質的な影響は、民法改正よりも一九六〇年代の高度成長の方が大きかったのではないか。それがほんとうの解決であったかどうかはともかく、高度成長による核家族化は、それまで〈婦人問題〉の中心であった嫁姑問題の基盤をとり払ってしまった。もちろん核家族化の背景に民法改正があることはまちがいないが、それだけではあれだけ急速な核家族化は不可能だったろう。それによって女たちは、嫁姑問題に悩まされることは少なくなったが、そのぶん戦争体験が、若い世代につたわりにくくなったとはいえるだろう。

窮乏と希望の三年間

敗戦によって生活を根底から揺さぶられ、飢餓との闘いにあけくれた日々、そのなかで次々と

表7　戦後3年間の評価

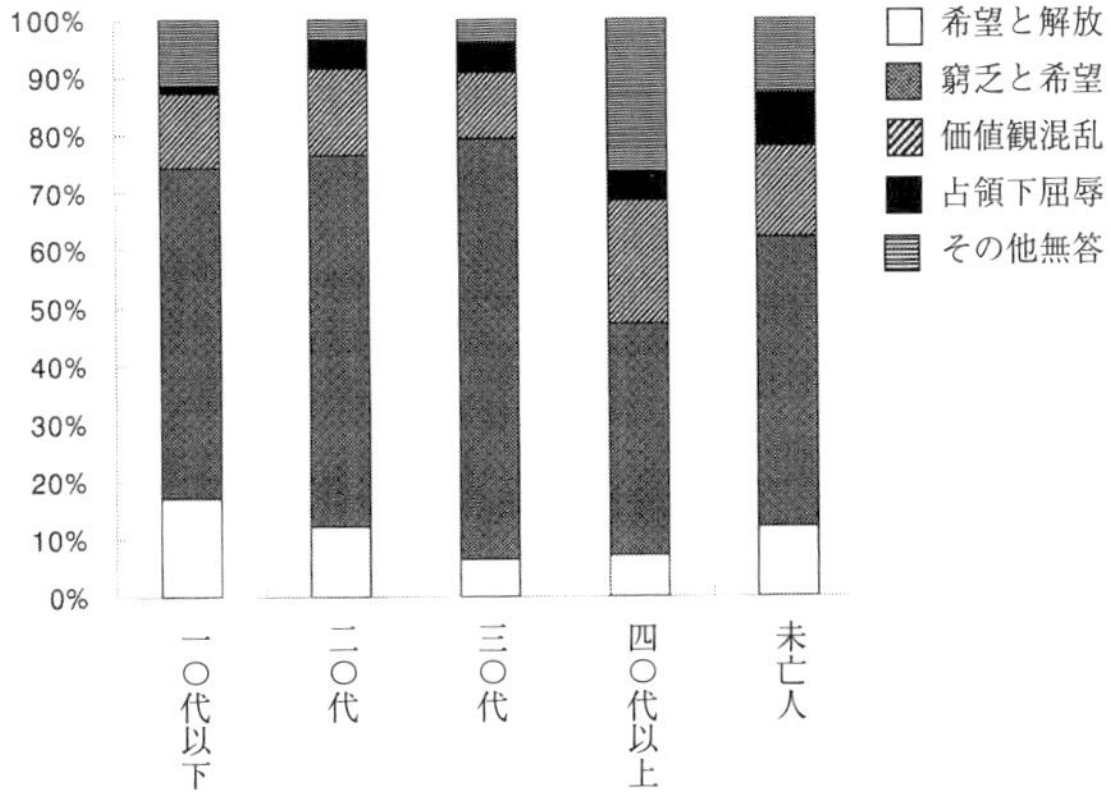

うちだされる〈改革〉に眼をみはった戦後の三年間。その時期を、いま女たちはどう考えているか。

設問H「全体的にみて、戦後の三年間は、あなたにとってどういう時代でしたか」に対する回答は表7のようになる。答は肯定から否定までの四つの選択肢から一つだけ選んでいただいた（一一四ページ参照）。表7の「希望と解放」が肯定、「窮乏と希望」が肯定・否定、「価値観混乱」と「占領下屈辱」が否定というわけだ。

解放感と希望に満ちた時代とひたすら肯定するのは若い世代に多い。さきの設問C—9「敗戦直後の生活で、とくに印象に残っていることがあったら書いて下さい」に対する回答をみても、一〇代は、空腹、ヤミ市、シラミ、浮浪児、パンパンなど、窮乏と混乱についての言及の一方で、「髪型が自由になり断髪した」、「カーテンでブラウスをつくった」、「本がとぶように売れた」等々、解放感をうかがわせる記入がある。

若い世代の解放感は当然として、いわゆる未亡人に意外に肯定派が多い。もちろん、「くるしいことだけ」、「希望はなにもなかった」と「その他」の項に記入している人もいて胸が痛むが、夫を失ってかえって解放感にあふれ、たくましく生活と闘った人たちもいたのだろう。

もっとも多いのはどの世代も、窮乏と混乱の一方に希望、という肯定・否定派だが、これに肯定派を加えると三〇代以下は八割近く、四〇代は四八％、未亡人は六三％となる。四〇代を除いて大半の女性は、この時代に〈希望〉をみていたことになる。

否定派のなかで、性道徳の乱れ、ヤミの横行など価値観の転換による混乱をもっともつよく感じたのは四〇代、逆にもっとも少ないのが三〇代。三〇代は、パンパン、混血児問題等占領にともなう屈辱の時代という否定的見解を合わせても一〇代についで少なく、意気軒昂として窮乏の時代を生きぬいていたことが感じられる。8・15当時三〇代と四〇代の人たちの間の意識の落差は、戦後改革の受けとめ方でも出ていたが、敗戦の受けとめ方のなかにも歴然とあらわれていた。幼いころに日清・日露の戦勝を体験し、〈大日本帝国〉の発展とともに成長した世代と、〈大正デモクラシー〉のなかで育った世代のちがいだろうか。

ともあれ、四〇代を除いて大半の女たちは、敗戦後の窮乏と価値観の転換による混乱の三年間を、〈希望〉をもって生きたといえる。少なくともこの時期を、敗戦・占領にともなう屈辱の時代とみている人は非常に少ない。8・15以前は、敗けたら死ぬ、ひどい目にあうと思っていた女たちのほとんどが、「敗けてよかった」としているのもこれをうらづける。

その〈希望〉は何だったのだろう。

もう戦争は二度とないのだという希望――さきにみた憲法九条に対する高い評価はそれを示している。そして、女性参政権に象徴される〈女性解放〉の希望――。

それ以上に、もはや戦争のための〈銃後の女〉ではなく、生きるための闘いの〈前線の女〉であるという自信が、女たちに希望をもってこの時代を生き抜かせたのかもしれない。

女は強くなったか

戦後三年間に矢つぎばやにうち出された「婦人解放」政策、飢餓との闘いは、女たちに何をもたらしただろうか。これについてはキメ細かな検討が必要だが、今回は私たちは、「「戦後女は強くなった」といわれますが、このことばをどう思いますか」（設問G―3）と問うにとどめた。

戦後強くなったものは女と靴下――とは、大宅壮一のことばだったろうか。そこには、相対的に〈弱くなった〉男のヤッカミ半分の揶揄がこめられているが、女たち自身は、どう思っているのか。戦後女は、ほんとうに強くなったのだろうか。

これに対する答は、肯定・否定ともさまざまだった。その通り、戦後女は強くなったと肯定するのがもっとも多くて三割を占めるが、〈強さ〉の中身とそれに対する評価については、微妙なニュアンスのちがいがある。「経済的自立が可能になった、主体的にものを考えるようになった、男のヘリクツに泣寝入りしなくなった」と積極的に評価する人の一方で、「強くなりすぎた、自己主張ばかりが強くなった」と、否定的にみている人もいる。これは四〇代以上に多い。

たしかに強くはなったが弱くなった点もある、と肯定否定相半ば、という人が約一割。この人たちは、経済的自立や積極的に発言するようになった点では強くなったが、耐える強さ、芯の強さがなくなったという。これは三〇代に多い。

強くなったようにみえるのは表面だけ、ほんとうの強さではない、と否定する人がこれまた一割。一〇代に多いのは、戦後の「婦人解放」への期待がつよかったためだろうか。あとは、女はもともと強かった、戦後はじめて強くなったわけではないと否定する人、靴下と並べていわれることに反発する人――これがそれぞれ一割弱。

全体的にみると、「戦後女は強くなった」ということばを肯定し、それを評価する人は約四分の一。けっして多いとはいえない。七割以上の人が、〈希望〉をもって戦後を歩みだしたにもかかわらず――。

もちろん「強くなった」ということばに対する評価だけで女にとっての〈戦後〉を云々することはできないが、戦後の出発点にあたって女たちが抱いた〈希望〉――それが四〇年後の現在、輝きを減じていることはたしかなようだ。

終らない戦後

最後に、「あなたにとって「戦後は終った」といえるのはいつごろですか」と問うた（設問I）。『経済白書』が、「もはや戦後ではない」と謳ったのは一九五六年（昭和三一）年である。前年、国民生活は住宅を除いて戦前水準に回復し、この年は神武景気といわれる好況にわいている。戦争による日本経済の傷あとは回復した、もはや「戦後」ではない、というわけだった。

そのあとすぐ神武景気を上まわる岩戸景気がつづき、六〇年代の高度成長になだれこんでゆく。その意味では、昭和三〇年代初めから、「もはや戦後ではない」ということはできる。

しかし、女たちの実感においてはどうだったのだろうか。この場合の「戦後」は、戦前とは画然と分かたれる戦後体制・価値観という意味ではなくて、日本人のだれもが多少の差はあれ心身に負った戦争の傷あとが、いつごろ消えたのかということだ。

これには、個人的な生活の節目――結婚、家の建築、子どもの成長等々で答えている人と、一般状況で答えている人がいて時期の確定はむずかしかったが、あえて区分すると次のようになる。

一九五〇（昭和二五）年ごろ	五七人　（八％）
～五五年	八六人（一三％）
～六五年	八〇人（一二％）
～七五年	二五人　（四％）
～八五年	四人　（一％）
まだ終わらない	二〇六人（三二％）

『経済白書』のいう一九五〇年代後半から六〇年代の高度成長の時期に「戦後は終った」とする人が二五％を占めるが、いちばん多いのは、「まだ終らない」という人たちである。外地から引揚げた人、「戦争未亡人」にこの答が多いのは、傷の深さを示すものだろう。一九四四年九月、

夫戦死の公報が戦後入ったという三宅ツカネ氏（敗戦当時二七歳）は、次のような歌を記している。

征きて未だ還らぬ夫を待つ吾に命尽くまで終戦はなし

小川あい子氏（三〇歳）も、「夫の戦死が確認出来た時、すべての戦後処理がすんだ時」戦後は終ったといえるとされている。紙キレ一枚で夫の死を告げられても信じられない、信じたくない――。気持の整理がつかないまま、戦後四〇年を過してこられたのだろう。

外地から引揚げてきた人は、「残留孤児」の問題が片づくまでは戦後は終らないとする人が圧倒的に多い。

その他、「天皇制が廃止されたとき」、「天皇が責任をとるまで」と、天皇制に触れた人が一〇代二〇代に三人。「放射能汚染から解放された日」「原爆被害者」の問題がきちんとされたとき、など核の問題を書いている人が五人。

東京都立川市に住む山上はる氏（三七歳）は、「立川基地が返かんされた後」に戦後は終ったと思ったが、横須賀に住む里見有美枝氏（同）は、「日本に米軍基地がある限り戦後はおわったとはいえない」と書かれている。滝沢たけ子氏（三六歳）は、「本当に平和憲法が正しく守られた時」という。

そして、「戦後」が終らないのに再び「戦前」になりつつあるのではないかという恐れを書いている人も何人かいた。

「このごろ戦後どころか戦前も終っていないのではないかという感じがときどきチラッとうごく事があります」（宮下喜代氏　三〇歳）
「戦後に引き続き戦前が来ていることを、恐怖の思いで見聞きしています」（橋田浜子氏　三一歳）
だとすれば、〈希望〉、〈戦後〉はいったい何だったのだろうか。敗戦直後の窮乏と混乱のなかで女たちが抱いた〈希望〉、それは、もう二度と〈戦前〉はないという確信に支えられていたはずだった。なぜこんなことになってしまったのか。
アンケート六四四人の声を通して、〈戦後〉の出発点における女たちの解放感と希望にみちた姿を実感しただけに、疑問はふくれ上る。

注
（1）本稿も「女たちの現在を問う会」によるアンケート調査にもとづいている。配布先は、前年の8・15アンケートの回答者五八一人に加え、東京都立川市・稲城市、千葉県松戸市の老人クラブのメンバーが約四〇〇人、川崎市、東京都港区・練馬区、福岡市で開催された女性史講座や集会の参加者約七〇人、その他会員の家族・知人等計一一四二人である。アンケート用紙配布にあたっては、立川市中央公民館の吉沢孝一氏、木下ふみ子氏、稲城市中央公民館の霜島義和氏、山脇女子短大の吉見周子先生、練馬区の梁田淑子氏等、たくさんの方々にお世話になった。
今回は時間の関係もあり、対象を日本人女性に限ったが、同じ質問を在日朝鮮・韓国人の一世女性に対して行なったらどうなるか――。この時期彼女たちは、日本敗戦によるあふれるばかりの解放の喜びと帰国への希望が、暗転しはじめるのを感じていたのではないか。おそらく、ほとんど白紙のまま返されるだろうアンケート用紙から、私たち日本人にはみえない〈戦後〉が浮かび上がってきたかもしれない。今後の課題としたい。

（2）アンケートの敗戦直後の生活の実態については、『銃後史ノート』復刊7号所収、加納実紀代「女たちの戦後」を参照されたい。

アンケート・敗戦直後の状況についてお聞かせ下さい

〈A〉昭和20年8月15日、敗戦当時のあなたの状況について

1．当時の住所　　都・府・県　　郡・市　　年令　　才

2．住居の形態（一戸建の自宅、疎開先で間借り、焼跡のバラック住宅等）

3．家族構成（夫34才出征中、長男8才学童疎開　等）

4．世帯主（夫・父等）の職業

5．あなたの職業（在学中・勤労動員中の方はその旨書いて下さい）

〈B〉敗戦後3年間（昭和23年末まで）の変化についてうかがいます。

1．敗戦後3年間に住所は　　（イ）変わった　　（ロ）変わらない

2．住所が変わった方は移住先、住居の形態、理由を書いて下さい。

（イ）移住先　　（ロ）形態　　（ハ）理由（例：結婚、引揚げ等）

3．住所は変わらなかったが、住居の形態が変わった方はその旨お書き下さい。（例：バラックから本建築へ）

4．敗戦後3年間で家族構成は　　（イ）変わった　　（ロ）変わらない

5．（イ）の方は、その理由をお書き下さい。（例：父復員、姉結婚等）

6．世帯主の職業は　（イ）変わった　（ロ）変わらない
7．（イ）の方はどう変わったか、またその理由（会社解散等）
8．あなたの職業は　（イ）変わった　（ロ）変わらない
9．（イ）の方はどう変わったか、又その理由は何ですか。

〈C〉敗戦直後（20年8月～23年末）の生活についてうかがいます。
1．当時あなた及び御家族の生計は何で立てていましたか。（○をつけて下さい）
（イ）世帯主の収入　（ロ）家業（農業・商業）　（ハ）あなたの収入　（ニ）その他の家族（姉等）の収入　（ホ）小作料等不動産収入　（へ）洋裁等あなたの内職　（ト）売り食い（タケノコ生活）　（チ）貯金等の動産　（リ）親せき等の援助　（ヌ）恩給・年金等　（ル）その他（　）
2．敗戦直後の暮らしむきは、戦時中と比べてどうでしたか。
（イ）敗戦前より非常に困った　（ロ）あまり変わらなかった　（ハ）かえってよかった　（ニ）その他
その理由（　）
3．（イ）の方は、何に最も困りましたか。（例：食糧不足）
4．敗戦直後の消費物資の不足や生活の窮乏に対してどんなことをなさいましたか。（○をつけて下さい）
（イ）買出し　（ロ）物々交換　（ハ）自給農園づくり　（ニ）衣料の更生　（ホ）隠とく物資の摘発　（へ）陳情やデモに参加する　（ト）内職をする　（チ）就職をする　（リ）労働組合・消費組合・農民組合に加入する　（ヌ）その他（　）
5．敗戦直後、一切ヤミをしないで餓死した裁判官のことを聞いたことがありますか。

（イ）はい　（ロ）いいえ

6.「はい」の方、当時それをどう思いましたか。（○をつける）

（イ）非常に立派だ、みんな見ならうべきだ。　（ロ）立派だと思うがとてもマネできない。

（ハ）バカなことだと思う。　（ニ）その他（　）

7. 昭和21年5月、皇居前で食糧不足を訴えるメーデー（食糧メーデー）がありましたが、知っていましたか。　（イ）はい　（ロ）いいえ

8.「はい」の方、当時それについてどう思いましたか。

（イ）すばらしいことだ、大いにやるべきだ。　（ロ）デモをやるのはいいが、場所、秩序を考えるべきだ。　（ハ）やりすぎだ、おそれおおいことだ。　（ニ）その他（　）

9. 敗戦直後の生活で、とくに印象に残っていることがあったら書いて下さい。

〈D〉戦後世の中が変化しましたが、以下のうち、当時あなたが「嬉しい、ありがたい」と思ったことに○印、「いやだ、困った」と思ったことに×印、どちらでもないものに△印をつけて下さい。

（イ）婦人参政権　（ロ）農地改革　（ハ）男女共学　（ニ）天皇の人間宣言　（ホ）財閥解体

（ヘ）労働組合ができたこと　（ト）6・3制　（チ）結婚・恋愛の自由　（リ）憲法に戦争放棄が謳われたこと　（ヌ）婦人代議士の登場　（ル）天皇の地方巡幸　（ヲ）新円切替・預金封鎖　（ワ）東京裁判・戦犯処刑　（カ）社会党連立内閣の成立　（ヨ）戸主権の廃止、婦人の財産相続権　（タ）産児制限・中絶の解禁　（レ）修身の廃止等教育の変化　（ソ）サマータイム　（ツ）PTA　（ネ）その他（　）

〈E〉婦人参政権獲得後はじめての総選挙について

1. 昭和21年4月、当時20才以上だった方にうかがいます。

①婦人参政権ができてはじめての選挙に投票しましたか。

②（イ）はい　（ロ）いいえ　（ハ）忘れた
「はい」の方はなぜですか。（○をつけて下さい）
（イ）ようやく獲得した権利だから　（ロ）投票することは婦人の地位・生活改善に役立つから
（ハ）決められた国民の義務だから　（ニ）夫やまわりの人に言われたから　（ホ）その他（　）
③「いいえ」の方はなぜですか。
（イ）知らなかった　（ロ）関心がなかった　（ハ）関心はあったが、夫・姑などまわりに反対された。　（ニ）忙しくて投票に行けなかった　（ホ）その他（　）
④投票した方は、その時書いた候補者のなかに婦人候補がいましたか。
（イ）はい　（ロ）いいえ　（ハ）忘れた
⑤「はい」の方、婦人候補に投票したのはなぜですか。
（イ）女性のかかえる問題解決のために働いてくれると思った　（ロ）その候補者の人格・政見が立派だから　（ハ）その候補者の属する政党に共鳴して　（ニ）夫やまわりの人からすすめられて　（ホ）その他（　）
⑥「いいえ」の方、それはなぜですか。
（イ）女性では頼りないと思ったから　（ロ）選挙区に婦人候補がいなかった　（ハ）女性はダメだとまわりに言われたから　（ニ）その他（　）
⑦投票するとき、何を参考にしましたか
（イ）ポスター　（ロ）選挙公報　（ハ）立会演説会　（ニ）新聞やラジオ　（ホ）夫等家族の意見　（へ）親せき・知人等の依頼　（ト）その他（　）
⑧この時の選挙でとくに印象に残っていることがあったら書いて下さい。
2．昭和21年4月、当時20才未満だった方にうかがいます。

①あなたの家族の母、姉等選挙権のある女性は、はじめての選挙に投票しましたか。
（イ）はい　（ロ）いいえ　（ハ）わからない
②はじめての選挙で、あなたの見出したことで印象に残っていることがあったら書いて下さい。

〈F〉戦後の教育改革について
1．あなたは男女共学を体験しましたか。
（イ）はい　（ロ）いいえ
2．「はい」の方、男女共学に伴う体験・印象などお書き下さい。
3．学校制度の新制への切りかえにあたって、あなた自身、又はお子さん等の体験で印象に残っていることがあったら書いて下さい。
4．戦後教育の男女平等の理念は、あなた御自身又は、女の子の育て方を変えたと思いますか。
（イ）はい　（ロ）いいえ
5．「はい」の方、それは具体的にどんなことですか。

〈G〉民法改正、家庭の民主化について
1．戦後民法が改正され、「家庭の民主化」がいわれましたが、それであなたの家庭は変わりましたか。
（イ）はい　（ロ）いいえ　（ハ）その他（　　）
2．「はい」の方、それは具体的にどんなことですか。（例：嫁が強くなった。女きょうだいも財産を相続した等）
3．戦後「女は強くなった」といわれますが、このことばをどう思いますか。

〈H〉全体的にみて、戦後の3年間は、あなたにとってどういう時代でしたか。（一つだけ選んで下さい）
（イ）解放感と希望に満ちた時代
（ロ）窮乏と混乱の時代であったが、一方に希望があった。

（ハ）性道徳の乱れ、ヤミの横行等、価値観の転換による混乱の時代
（ニ）パンパン、混血児問題等占領下に伴う屈辱の時代
（ホ）その他（　）
〈Ｉ〉あなたにとって「戦後は終った」といえるのはいつごろですか。

（初出タイトル「女たちの戦後――その出発点をアンケート六四四人の声にさぐる」の前半削除修正、『銃後史ノート復刊７号　女たちの戦後・その原点』ＪＣＡ出版、一九八五年八月刊）

占領と女の〈解放〉

二〇〇四年春、「アフガン零年」を見た。タリバン崩壊後、はじめてつくられたというアフガン映画である。

タリバン政権下、女性は身内の男性といっしょでなければ外出できない。しかし戦争で一家の男性を失なった主人公の少女は、生きるために少年の姿になって働きはじめる。一二歳という微妙な年齢にある彼女は、短く髪を切り、きっちり襟元まで留めた長い上着に身をつつめば、一見少年と変わらない。しかし雑踏を歩く少女の全身のおびえが、見るものに伝わってくる。

強制的に入れられたタリバンの学校での水溶びは、試練の場だった。身体を清浄に保つためと称して、老教師は少年たちに性器の洗い方を教える。みずから上半身裸になってみせ、たるんだ腹の下の布の中をまさぐりつつ言う。

「まず右の睾丸を三回、つぎに左を三回、最後に真ん中を三回洗いなさい」

少年たちは照れくさそうに、しかし〈男性〉であることの誇りに顔を輝かせて、いっせいに腰布の中をまさぐりはじめる。

しかし少女は？　上半身裸になれば、ふくらみはじめた胸のツンと天をつきあげる乳首がむき出しになるだろう。下半身に巻いた布のなかの〈不在〉が明らかになるだろう。どうすればいい？　息詰まるような緊張！　そして井戸に吊された少女の足の間から、流れ出す初潮の血……。ある状況では、女の身体はみずからを殺す凶器になるのだ。

もちろん、そんな状況はあってはならない。映画は救いのないかたちで終わるが、しかし現実にはタリバン政権は崩壊した。もう少女たちは少年にならなくても生きて行ける（はずだ）。ふくらむ胸、流れ出す初潮を喜びをもって受け入れることができる（はずだ）。それをもたらしたのはアメリカの空爆だった――？

イラクでも同様のはずだった。昨年二〇〇三年、イラクへの先制攻撃開始にあたって、アメリカは「大量破壊兵器の存在」とともにフセイン政権の圧政からの解放をかかげた。そのとき言われたのが「日本モデル」である。つまり、成功した占領政策の例として半世紀以上も前の日本占領があげられ、占領後のイラクへの適用がいわれたのだ。

それに対してはさまざまな批判があった。とくに日本占領史の研究者たちは、「歴史の無視」だとして連名で抗議声明を出した。[1]その批判は大まかにいって四点ある。

まず第一に、日本占領はポツダム宣言にもとづく連合国軍によるもので、周辺アジア諸国の支持もあった。しかしイラクの場合は、国際的合意のないアメリカの単独占領、周辺アラブ諸国の支持もない。

第二に、日本の場合は、天皇はじめ日本政府がすみやかに武装解除に応じ、「非軍事化と民主化」を柱とする占領政策によく協力した。しかしイラクではそれは考えられない。

第三に、日本には天然資源はないがイラクは世界有数の産油国である。したがって資源獲得のための占領とみなされても不思議はない。

第四、日本占領にあたってアメリカは、占領要員に対して日本の歴史や政治・文化について教育した。マッカーサー元帥自身も「日本をきわめてよく理解した軍人」であり、日本人に絶大な信頼があった。しかしブッシュはそうではない。

わたしはアメリカのイラク攻撃・占領に反対だが、この声明には違和感がある。これでは「国際的合意」があれば、先制攻撃も許されることになりかねない。また、天皇はじめ日本政府が武装解除に応じ、占領政策に協力した点についても疑問がある。

たしかに五九年前、日本は平和的に武装解除した。一九四五年九月二日、降服文書調印の段階で、日本は陸軍一五四師団、一三六旅団、主要海軍部隊二〇個部隊、合計六九八万三〇〇〇人の兵力を保持していた。そのうち二五七万六〇〇〇人は本土に存在していた。それが約一か月半後には完全に解体されている。一〇月一六日、マッカーサーは、誇らかにつぎのように声明した。


日本本土全域にわたる武装兵力の解体は本日をもって完了し、日本軍隊としての存在はもはやなくなった。（略）予は古今東西の歴史を通じて、戦時たると平時たるとを問わず、また米国によると他のいかなる国によるとを問わず、かかる大部隊の解体が、かくも迅速に、しかも何らの摩擦なしに行われたことを知らない。（略）歴史の記録に比類のない、極めて困難でしかも危険なこの仕事が、一発の銃声をも必要とせず、一滴の流血をも見ないで行われた(2)。

いまブッシュ大統領には、この声明は羨望の涙なくして読めないだろう。しかし天皇や日本政府が武装解除に応じたのは、彼らが平和主義者・民主主義者だったからではもちろんない。天皇制護持と彼ら自身の保身のためだったといえる。その結果天皇の戦争責任は免罪され、アジア諸国のひとびとへの戦後補償はあいまいにされたままだ。

しかし支配層だけでなく、国民の間からも占領政策への抵抗は起こらなかった。それどころか女性たちの間には、占領の継続を望む声すらあった。占領軍の重しがとれれば、公娼制度や家制度が復活するのではないかとおそれたからだ。日本の男たちへの不信は、それほど強かったということだ。

日本の敗戦や占領の受け止め方には、あきらかに性差がある。男より女の方が肯定的だ。たとえば、ある中学教師が生徒の両親に対して行った調査では、敗戦を「信じられない・くやしい」と受けとめたのは、父六七パーセントに対して母は二〇パーセント。逆に「ほっとした」は父一八パーセント、母五〇パーセント(3)。

戦後三九年の時点で、わたしたち「女たちの現在を問う会」が、敗戦時一〇歳以上だった日本女性一一七〇人（有効回答五八一人）に対して行った調査では、若い世代の圧倒的多数が「敗けてよかった」と敗戦を肯定していた。もしあのまま日本が勝っていたら、天皇制や軍国主義はますますはびこり、男は威張りかえり……というわけだ。

たしかに当時の資料をみると、象徴天皇制も憲法九条も、占領軍の押しつけなしにはまずありえなかったことがわかる。女性参政権も、四五年一〇月のいわゆるマッカーサー指令がなければもっと遅れた可能性がある。憲法に世界でもまれな男女平等条項（一四条、二四条）が入った背景には、当時ＧＨＱ民政局にいたベアテ・シロタの涙ぐましい努力があった。

しかし、こうした〈民主化〉や〈女性解放〉が、〈占領〉という強権を背景になされたことをどう考えるか。しかもアメリカは原爆投下まであえてしている。加藤典洋は『敗戦後論』でこれを「ねじれ」と呼び、論争を巻きおこした。わたしは加藤の提起に一定の意義を認めつつ、しかしそこに、ある種の〈倫理主義〉を感じた。

それは〈もてる者＝男〉の傲慢ではないか。飢えた犬にとっては、投げ与えられようが少々腐りかけていようがエサはエサ、食わざるを得ない。選挙権や教育の機会均等、家庭における男女平等は、近代の人間には不可欠の基本的人権である。それを与えない主人を懲らしめ、エサをくれた〈いいオジサン〉にシッポを振ってなにが悪い？

だとすれば、女性解放をかかげてのアメリカのアフガン空爆を支持すべきなのか。「アフガン零年」の少女の解放者として米軍を歓迎すべきなのか。いま米軍のイラク占領は酸鼻を極めているとはいえ、圧政のフセイン打倒という目的そのものは認めるべきなのか。

これは、「正義の戦争はありうるか」という問題につながる。日本国憲法は、「正義の戦争はない」ことを基本精神としている。だから九条の「戦争放棄」がある。自衛権も認めないというのが、日本政府の当初の姿勢だった。一九四六年、吉田茂首相は衆議院本会議で自衛権を否定し、その理由として「従来近年の戦争は多く自衛権の名に於て戦われたのであります。満州事変然り、大東亜戦争然りであります」と述べている。

この吉田発言にわたしは共感する。「満州事変」、「大東亜戦争」にかぎらず、おおかたの戦争は「自衛のため」をかかげるものだ。そしてわたしもまた、正義の戦争はないという立場にたつ。

そのことと、力による〈女性解放〉のあいだの矛盾をどう考えればいいだろうか。

最近、米山リサは、非西洋的な「批判的フェミニズム」によりながら、占領下の〈女性解放〉そのものに疑問を投げかけている。それは「西洋化された自由主義的産業化社会に支配的なフェミニズム」の視座によるものであり、さまざまな権力作用の「交差路」として構築されている「女性」を、「男性による女性の従属」というジェンダー関係でだけ見ようとする。そうであるかぎり欧米女性の優越は揺るがず、結果としてそれをもたらすアメリカのミリタリズムを正当化することになるというのだ(4)。

わたし自身も、戦後の〈女性解放〉に問題を感じないわけではない。それが無視・排除してきたものの重さを思うからだ。最近わたしは、日本女性が選挙権を獲得した一九四五年一二月の選挙法改正で、それまで選挙権を持っていた沖縄と日本在住の旧植民地出身男性の選挙権が剥奪されたことを知った。

二〇年ほど前、わたしたちは日本の女性が初投票をどう受けとめたかについてアンケート調査した。八八ページに見られるように、回答からは初めての一票にかける初々しい思いが伝わってきた。「はじめて投票所に行き、自分の名の葉書を出した」と、〈国民〉として認められた喜びを書いている女性もいた。しかし、その背後にあった〈排除〉についてはだれもふれていない。管見のかぎり、当時、およびその後のフェミニストの言説にもない。

当時の女性にとっては仕方のないことだったろう。飢えた犬は与えられたエサの背景など考えない。しかし私自身が最近まで知らなかった不明は、自らに問わねばならない。

もうひとつ、「パンパン」の問題がある。これは〈女性解放〉にちょくせつ関わる問題である。占領とは、領土の占領であると同時に〈女の占領〉でもある。国力なるものが領土とともに人口によって支えられるかぎり、再生産を直接になう〈女の占領〉は敵国への決定的な打撃となる。それは象徴的な意味ももつ。勝者の男たちにとって、敗者の〈女の占領〉は勝利の確認でもあるのだ。だからこそ敗者の男たちにとって、勝者になびく自国の女は屈辱を再生産する耐え難い存在となる。

女性たちにとってはどうか。さきの調査でわたしたちは、「敗戦国のみじめさを感じたことがありますか」という質問を立て、その理由として「進駐軍との差別待遇」「中国人や朝鮮人が威張りだしたこと」「天皇とマッカーサーが並んだ写真」といった項目とともに、「アメリカ人に日本女性が媚びを売る」を選択肢にくわえた。「パンパン」を想定してのことである。結果は八〇パーセントが「みじめさを感じた」としているが、その理由としてダントツで多かったのがこの「媚びを売る」だった（四八ページ参照）。

フェミニストの目もきわめてきびしい。明治以来、積極的に廃娼運動を進めてきた基督教婦人矯風会は、ふえる一方の「闇の女＝パンパン」の取り締まりを要求する意見書を出したが、そのなかにはこんな文言がある。

「終戦後発生した幾多の憂慮すべき社会現象の中特に街頭に徘徊する「闇の女」の進駐軍に対する醜状はこれが長年婦徳と貞操とをつよく教え込まれた同胞女性であろうかと痛嘆に堪えない次第であります(5)」

また平塚らいてうは、一九四八年六月、第二国会に提出された「売春等処罰法案」について次のように述べている。

「売春婦は、性病の病原体として、触れるものすべてに病毒をまき散らし、個人に、家庭に、社会に、民族に、大きな不幸と損害を与えるものですから、その罪の重さたるやはかりがたいものがあります。こう考えるとき、「五千円以下の罰金、もしくは六か月以下の懲役」とは何という軽い処罰であることか！(6)」

国会議員として売春防止法制定に尽力した神近市子は、「四千万の主婦の生活を守るために五十万と想定される売春婦の処罰はやむを得ない」と言い切っている(7)。

戦後〈女性解放〉にとって、「パンパン」、売春婦は隔離・処罰、あるいは救済・補導するべき〈他者〉だったのだ。家父長制は生殖用の女（妻）と快楽用の女（娼婦）の分断の上に成り立っているが、戦後〈女性解放〉は、それに無自覚どころか、分断を強化するものだったとさえいえる。

「パンパン」はナショナリズム賞揚の手段でもあった。一九五〇年、朝鮮戦争が始まると各地で反基地闘争が活発化するが、そのとき負のシンボルとされたのが「パンパン」である。共産党が民主民族路線を掲げたこともあり、「米兵といちゃつくパンパン」が、いかに「民族の誇り」を傷つけるか、子どもの心をむしばむかが叫ばれた。そのなかで大きな衝撃を与えた一枚の写真がある。

『売春　決定版・神崎レポート』より

三人の全裸の女性が米兵に囲まれて後ろ姿で立っているというもの。わたしは二〇年ほど前、神崎清『夜の基地』（河出書房　一九五三年）ではじめて目にしたが、もとは『平和新聞』一九五三年六月一一日号に載ったものだという。『平和新聞』は共産党系の日本平和委員会発行の文字通り平和のための週刊新聞である。そこでは、「立川基地で朝鮮出動前の米兵が日本の女をハダカにしている」と説明されていた。

写真にみられるように、女性たちが痛々しくも素っ裸であるのに対して、米兵たちは軍装でヘルメットに銃まで着用、バンザイしている兵士もいる。まさに性的虐待、〈女の占領〉の表象といえる。戦場に向かう米兵たちの荒れた心象もうかがえる。反米闘争に〈日本人〉を駆りたてるにあたって、この写真がもった意義は小さくなかったのではないか。

二〇〇四年四月下旬、米兵によるイラク人への性的虐待が明らかになった。じつはわたしは最初にその報道に接したとき、反射的にこの写真を思いうかべた。しかし今回の場合は、犠牲者は女ではなくて男である。しかも加害者として二人の若い女性の姿がある！　彼女たちは何ともあっけらかんと笑顔をみせているのだ。

ここには、戦争とジェンダーをめぐるこれまでの議論の根幹を揺るがすものがある。わたしは混乱した。

しかし考えてみれば、国民国家の再生産力にダメージを与えるためなら、〈女の占領〉でなくて〈男の占領〉でもいいわけだ。そういえば敗戦直前の日本では、「負けたら男は去勢され、女は強姦される」といわれていた。なんたるジェンダー対称性！

しかし実際には、このジェンダー対称性は作動しなかった。占領を前に、女性だけが「婦女暴行」の流言に右往左往し、「良家の子女」を守るためとして占領軍用性的慰安施設（ＲＡＡ）が用意されたのだ。

それはたんに当時の女性が武器を持たず、肉体的弱者だったからだろうか？　現在の米軍のように、女性が武装して占領軍としてのぞめば、敗者の男を素っ裸にしてなぶり者にすることもできる――？

まだ結論を出せる状況ではない。おそらくこの問題の背景にはジェンダーだけでなく、命令の連鎖で維持される軍隊の問題、宗教や民族差別などさまざまな権力作用の交錯がある。女性兵士を焦点化する報道のあり方にも問題を感じる。

しかし、ひょっとすればブッシュのいう二一世紀の「新しい戦争」は、国民国家の枠とともにジェンダーの境界をも揺るがす可能性があるのではないか。わたしはそこにけっして明るい展望を描けないのだが、どうだろうか。

ついでに付け加えれば、もう一つ驚いたことがある。今回の虐待事件を契機に、わたしはさきの朝鮮戦争下の全裸の女性の写真を見直してみた。『夜の基地』ではなく、同じ著者が二〇年後に出した『売春　決定版・神崎レポート』（現代史出版会　一九七四年）である。同じ写真が載っていたが、キャプションによれば全裸の女性は日本人ではないという。「その後の調査で、朝鮮で朝鮮女性をハダカにしたものだということが判明した」とある。

一九五三年当時の『平和新聞』の編集者によれば、この写真は立川の写真屋が持ちこんできたもので、「義憤にかられて」掲載したという。朝鮮女性だと知っていたらどうだったろうか。

いずれにしろ、結果的に日本の平和運動が朝鮮女性の身体を手段として利用したことになる。かつて戦時下において、「慰安婦」として利用したこととの反省もないまま——。

注

（1）栗屋憲太郎、ハーバード・ビックスら二五人「日本占領研究者の訴え　イラク戦争・占領は歴史を無視する計画である」『世界』二〇〇三年四月号

（2）パシフィカス『マッカーサー元帥の日本再建構想』

（3）加藤文三「近・現代史の学習」『歴史地理教育』一九五九年三月号

（4）米山リサ「批判的フェミニズムの系譜からみる日本占領」『思想』二〇〇三年一一月号

（5）『婦人新報』一九四六年一一月号

（6）平塚らいてう「民族の未来のために」『女性改造』一九四九年四月号

（7）神近市子『サヨナラ人間売買』現代社　一九五六年

（初出タイトル「女の〈占領〉と〈解放〉」、『現代思想』二〇〇四年六月号）

サンマタイム

「サンマタイム」は、「サンキュー」「グッバイ」に次いで、わたしが覚えた英語（？）ではなかったかと思う。

敗戦直後、飢えた日本の子どもにとって、「サンキュー」「グッバイ」は、ぜひとも知っておくべき英語であった。

これらのことばを唱えながら「進駐軍」のジープを追っかけると、ときたま、ガムやチョコレートが投げ与えられたからである。

「サンマタイム」は、いくら唱えてもお腹のたしにはならなかったが、「進駐軍」の威力を、あらためてわたしに感じさせるものではあった。

明日からその「サンマタイム」が始まるという日の夜、寝る前に兄は、もったいぶった手つきで、柱時計の長針をぐるり一回転。そうしたら、たった今まで九時だったのに、もう一〇時になっている。

あわててふとんにもぐりこみ、わたしはしきりに考えた。

九時から一〇時までの「時間」は、どこに行ってしまったんだろう。着がえをし、父の位牌に「おやすみなさい」を言い、それから、ふとんの中で兄とふざけ合ったり、「お話」を考えたりする九時から一〇時までのわたしの時間、大好きなあの時間は、いったい、どこへ消えてしまったんだ？

同時にわたしは、あのマカ不思議な「時間」なるものを消したり出したりする「進駐軍」に、あらためて畏怖を抱いたのだった。

「サンマタイム」、つまりサマータイムは、daylight saving time ともいわれるように、夏の日照を有効に利用するために、夏期の一定期間、時計を一～二時間進めるというもの。欧米諸国では、つとに実施されていたらしいが、日本では、「進駐軍」の意を体して、一九四八年五月二日、午前零時を期して、実施された。

これは、悪評ふんぷんであったらしい。四八年九月二日の『朝日新聞』によれば、政府は、節電効果を謳い上げ、二交替制の繊維労働者や炭坑夫を除き、国民の大半は、サマータイム支持である、としている。

しかし、同じ紙面に収録されている民衆の声は、必ずしもそうではない。

お役人や銀行員等、勤務時間のきっちりしたホワイトカラー族は、明るいうちに家に帰ると喜んでいるが、学校の先生は、半分賛成、半分反対。始業時間が早いので、涼しいのはいいが、朝早く起こされる子どもは、機嫌が悪い、と。

飲食店等のサービス関係者は反対派。明るいうちから「一杯」でもあるまいと、客足とみに遠のき、商売上がったり……という。

しかし何といっても、いちばんの反対派は、主婦である。朝早くから夜遅くまで、仕事に追われどおし。やっとヒマになって配給所にかけつけると、まだ日は高いのにすでに閉店。空腹と労働過重に加え、睡眠不足で身がもたない、と悲鳴をあげている。

わたしには、開始前夜の「失われた時」に対する違和感を除いて、とくにサマータイムを意識した記憶はない。朝早く起こされて機嫌が悪かった自覚も、もちろんない。しかし、この主婦の悲鳴には、思いあたるふしがある。

小学生時代、夏の一日は、うんざりするほど長かった。いわゆる戦争未亡人の母は、一家を支えるために、九時から五時まで（つまり、八時から四時まで）会社づとめ。帰って、そそくさと夕食をすませ、わたしと兄を引きつれて畑に行く。暗くなるまでには、まだ充分時間があるからだ。

麦刈りをし、さつまいもの苗を植え、大きな肥桶をかついで自宅の便所から糞尿を運び、小川と畑の間を何度も往復して水をやり……。早く真暗になって、帰ろうと母が声をかけてくれないか、それ以上に、夕涼みの同級生の眼から、ヨタヨタと肥桶をかつぐわたしと兄の姿を、早く闇が包みかくしてくれないものか——と、どれほど願ったことだろう。

時間通りにきっちり働く勤め人の生まじめさと、真暗になるまで身を粉にして働く農民の勤勉さ——この両者を結合したのが、日本のサマータイム制ではなかったか。日本の戦後復興は、それによって、大きく促されたのだったろう。

時計の針をどう進めようと、もちろん「時間」がなくなるわけではない。過去から未来へ、時は悠久に流れつづける。その流れにしたがって、太陽とともに起き伏ししていた人びとを、近代国家は、時計の針にしばりつけた。

獲物を追い、あるいは豊かな土地を求めて自由に移動していた人びとを、国境なるものでしばりつけたのと同様に。

したがって、国境が動けば、時計の針も動く。日本が、「独立」をかちとるや否や、サマータイム制を廃止したのは、その小さなあらわれであろう。

小笠原諸島では、日本復帰後、夏の時間は二時間遅らされたと聞く。サマータイム制と時差の関係かと思うが、それが、そこに住む人びとに、どんな意味をもつだろうか。

四六時中電灯をつけ、空調フル回転の東京の暮しに、人びとを近づけることにならねばいいが——と、はるか洋上の、陽光さんさんたる島に思いを馳せている。


（『エミターメ』一九八二年一一月号）

〈善行少女〉の朝鮮戦争

一九五一年五月の第二日曜日。同級生のみさちゃんと山の麓の病院へ向かうわたしの足どりは、いつになくはずんでいた。

その病院には母が入院していたので、これまでも何度か訪ねていたが、あまり楽しいものではなかった。遠くて、子どもの足では一時間はかかるうえに、いかにも重症の結核患者を隔離した病院らしく、粗末な木造の病棟が繁りに繁った樹々の間に建ちならび、強烈な消毒液のにおいがする。町の人びとは、近くを通るときには、顔をそむけ息をつめて、足早に通りすぎるのだった。

戦後六年、「戦争未亡人」の母は、慣れない百姓仕事に会社づとめと、二足のわらじをはいてガムシャラに働いた無理の上に、前年秋からわたしが病気で休学するという心労も重なって、わたしが復学したのと入れかわりに、四月からこの病院に入院していた。かなり進行した結核で、胸に大きな空洞ができているということだった。

その日は、母の日だった。わたしとみさちゃんが持つ手提げの中には、母の日のプレゼントがはいっていた。母だけでなく、同室の八人全部におまんじゅうが一つずつと、四葉のクローバーの押し花入りの手紙である。

このプレゼントを用意するには、友人たちの涙ぐましい努力があった。

母は会社づとめ、兄は学校。半年間の自宅療養中、わたしはいつもひとりだった。その孤独を慰めるため、わたしはあれこれ勝手な想像をふくらませ、ドラマをつくりあげては、学校の帰りに見舞に立寄る友人たちに吹聴していた。

「善行」のための霞グループの結成もその一つである。なぜ霞グループかと言えば、姿を見せずに人助けをするからだ。ラジオの連続ドラマ「鐘の鳴る丘」に登場する霞夫人からとったものだ。

母の日の隔離病院慰問は、霞グループの初仕事だった。いま思えば公私混同もいいところだが、メンバーは文句も言わず、四葉のクローバーを探し、手紙を書き、折紙で封筒をつくってくれた。

しかしそれだけでは物足りない。「善行少女」として世間を感心させるようなことをしなければ——。

そこで始めたのが、鉄クズ拾いである。学校の帰り、霞グループの面々は、ひたすら地面を見て歩き、釘だのネジだの真鋳の切れっぱしだのを拾い集めた。お小遣いもろくにもらえない小学生が、母の日のプレゼントに八人分のおまんじゅうが買えたのは、その鉄クズのおかげである。

拾い集めた鉄クズを廃品回収業者に持って行ったら、八個のおまんじゅうを買って、なお一〇〇円あまりの余裕があった。学校の寄附集めで、ほかの子がせいぜい一円程度なのに、霞グループ六人は、ポンと一〇〇円寄附して、大いにいい気分だった。

しかし、この日いっしょに病院に行ったのは、結局みさちゃんだけだった。ほかのメンバーは、急に用事ができたとその日になって断ってきた。たぶん、「うつるから行っちゃいけない」と親に止められたのだろう。

そのことは、かえって二人の「善行少女」の意気を高めたようなものだったが、気抜けしたのは、プレゼントをもらった患者たちの反応だった。みんな口々にお礼を言うものの、どこか、この「善行少女」をもてあましているふうもあった。母も、娘の「善行」に鼻高々と思いきや、間が悪そうな微笑を浮べて、わが娘と同室者のやりとりをうかがっていたように思う。


さて、それから三十年余りたって、かつての「善行少女」は、間が悪いどころか、顔から火が出るような恥ずかしさにいたたまれない思いをしている。

仲間とともに続けている「女たちの現在を問う会」で、朝鮮戦争と日本の戦後復興について検討した。そのなかで、霞グループの鉄クズ拾いによる「善行」が、朝鮮戦争による金へん景気に乗っかったものであったことに、はじめて気がついたからだ。

調べてみると、この時期鉄クズ拾いをしたという日本人は多い。当時東京大田区の工場街に住んでいた人は、家の前のドブをさらってふるいにかけ、鉄クズ集めをしたという。霞グループの鉄クズ拾いも、こうした日本全体の空気に促されてのことだったろう。

一方、在日朝鮮人は、日本の基地から次々と朝鮮半島に飛び立っていく飛行機に、「故郷の人はどうしているだろう」と、いたたまれない思いをしたと、何人もが言う。

当時小学生だった女性は、雪の日、品川から相模原の米軍の飛行場まで足をグチョグチョにぬらして歩いて行き、飛行場の金網の外から中の飛行機にむかって、力いっぱい石を投げたと話してくれた。飛行機が故障して、少しでも同胞が殺されるのを止められないかと必死だったという。

考えてみれば、わたしの住んでいた町にも朝鮮人はいた。そして、飛行基地ではなかったけれど、かつて軍都で、戦後はすっかりさびれていた町は、朝鮮戦争勃発によって警察予備隊が復活し、賑わいを取り戻しつつあった。

警察予備隊の塀の外から戦車に石をぶつけ、鉄クズ拾いの「善行少女」に唾を吐きかけたい思いの朝鮮人が、わたしの身近にもいたかもしれない。

なぜ、出会えなかったのだろう?

この問いは、では、いまは出会えているか、という問いにもつながってくる。


（初出タイトル「『出会えなかった』ことへの問い」、『民濤』八号、一九八九年九月刊）

2章◆

〈独立〉から高度成長へ

苦《にが》い〈独立〉

なんとも恥ずかしい話である。
「民族独立行動隊の歌」という歌がある。作詞きし・あきら、作曲岡田和夫。一九五〇年の作、と歌集にはある。

民族の自由を守れ
蹶起せよ　祖国の労働者
栄ある革命の伝統を守れ

この歌は、いわゆる六〇年安保世代であるわたしにとって、「インタナショナル」や「国際学連の歌」とともになじみ深いものだった。子どもたちは幼いころ、子守歌がわりにこの歌を聞かされている。眠たいときに、「ケッキせよ……」などといい気分でやられて、さぞ迷惑だったろう。

しかし今にして思えば、六〇年安保のデモのときも、子守歌がわりにうたったときも、わたしはこの歌を、日本の歌だとは思っていなかったようだ。「インタナショナル」や「国際学連の歌」同様、どこか遠くの、海の彼方の労働者の歌だと思っていたフシがある。恥ずかしい、というのは、まずはそのことだ。つまり、今回日本の〈講和・独立〉を自分の眼で見直してみるまで、日本の〈民族独立〉問題に、わたしはまったく無自覚だったということになる。

この歌がつくられた一九五〇年といえば、たしかに日本はまだ占領下、六月の朝鮮戦争勃発を契機として〈日本独立〉がにわかに現実問題になり、「全面講和か単独講和か」が議論されていた時期だ。

「全面講和」「単独講和」(又は「片面講和」)ということばは、当時小学生だったわたしにも記憶がある。そして結局日本は、その「単独講和」をして独立した、ということも知っていた。しかし、ということはそれ以前は日本は被占領状態にあり、したがって〈民族独立〉が問題であったということについては、まったく実感がない。〈独立〉にともなう記憶も、何一つない。

もちろん、田舎の小学生であったわたしに自覚がないのは仕方ないにしても、その後、少しは歴史的な視点でものごとをみるようになってからも、日本の〈民族独立〉問題はわたしの視野に入っていない。「民族独立」「民族意識」といえば、日本侵略下の中国人民の問題であり、「第三世界」の問題であった。そしてそうした民族問題に、日本はつねに、〈加害者〉として位置していた。

ところが――、この「民族独立行動隊の歌」は、あきらかに被害者の立場からうたわれている。

民族の独立、自由を奪われた人民が、怒りに燃えて同胞に闘いを呼びかける歌だ。

血潮には　正義の血潮もて叩きだせ
民族の敵　国を売るいぬどもを

さしあたりの「敵」は「国を売るいぬども」、売国奴、あるいは中国流にいえば「売弁」だが、その背後には当然、占領国アメリカがある。恥ずかしいことにわたしは、加害者日本を批判しながら、被害者の歌をいい気になってうたっていたわけだ。

さらに困ったことがある。

この歌をあらためて占領下の日本に置いてみても、もう一つすっきりと胸に落ちないのだ。ほんとうにこの歌は、当時の日本民衆の気持をあらわしていたのだろうか。ここにあるストレートな被占領国民の怒り、独立への願いは、当時の日本社会にどれほどの深さとひろがりを持っていたのだろうか。

一般的にいえば、他国の占領下にあることは、その国の民衆にとって〈悪〉であり、そこからの解放である〈独立〉は〈善〉である。この〈善〉を求めて「第三世界」のひとびとは、長い苦しい闘いを続けてきた。その結果ようやく獲得した〈独立〉が、必ずしも民衆にとって〈善〉なるものとして機能していない場合もあるが、〈占領＝悪、独立＝善〉の図式は生きているはずだ。「民族独立行動隊の歌」も、この図式のなかにある。

しかし〈日本独立〉には、どうもこの図式ではとらえきれないものがあるように思う。とくに女たちにとってはそうだ。

一つには、一九四五年八月一五日から五二年四月二八日まで、七年間の日本の被占領状態が、「第三世界」のような一方的な侵略によってもたらされたものではないということがある。逆に、日本がしかけた侵略戦争（最近これについては異論がまかり通っているが）の敗北の結果、いわば身から出たサビとしての被占領であったということだ。日本があの侵略戦争によってもっとも被害を与えた中国ではなくて、実質アメリカの単独占領になった点は問題だが、そのアメリカに対しても、日本人は一方的な被害者とはいえない。

さらに、占領政策の問題がある。アメリカの対日占領政策は、戦後二年目あたりから冷戦激化によって逆コースを辿るが、それでも「軍国主義打破」を目的とした占領政策は、おおかたの日本民衆にとって、とりわけ女たちにとっては〈善〉であった。最近わたしたちが行なったアンケート調査でも、圧倒的多数の女性が「敗けてよかった」と戦後を肯定し、「解放感と希望に満ちた時代」と初期占領時代を評価している（六四ページ参照）。

逆にいえば、それほど8・15以前の日本はひどかったということだ。「占領軍の押しつけ」を理由に「戦後政治の総決算」をいう男たちのことばよりも、わたしはこの女たちの声に戦後史の原点をみる。

しかし何といっても、日本の戦後史において、〈独立＝善〉が自明のものとして成りたちにくいのは、独立のあり方に問題があったからだろう。日本の〈独立〉には、内外からつよい批判、反対があった。一九五二年四月二八日の〈独立日本〉誕生は、歓呼と祝福よりは不安と警戒で迎えられている。なぜそうだったのか。そしてその〈独立〉は、女たちに何をもたらしたのか。

〈独立〉への道

――午後十時半ラジオは久しぶりに君が代を放送、東京の街には増上寺と浅草寺のカネの音が流れた。とにかく歴史的一瞬である。

一九五二年四月二八日、日本独立の瞬間を『朝日新聞』はこうつたえている。しかしこの「歴史的一瞬」に対して、ひとびとの反応は冷ややかだったようだ。銀座通りの商店は戸を閉ざしたまま、「独立景気」をあてこんでシャンパンを山と積んだバーも当てはずれ――。この記事の見出しは「街は案外ひっそり」となっている。

ワシントン時間午前九時半、トルーマン大統領の批准書寄託をもって講和条約発効・独立となったわけだが、日本時間では夜の十時半、たしかにお祭り騒ぎをするのには遅すぎる時間ではあった。しかし「ひっそり」の原因はそれだけではなかったようだ。

国土は半減、人口は二割増、産業施設は老朽化――といった厳しい状況での〈経済的自立〉に対する不安、それ以上に、平和の回復であるはずの日本の講和・独立が、あらたな戦争を招き寄せるのではないかという不安――。こうした不安が、ひとびとの足をとどめていたのだろう。

米ソ対立の片棒をかつぐ「単独講和」、それと抱き合わせになった日米安全保障条約、その結果としての米軍基地拡大と日本再軍備――。経済学者都留重人が「講和と平和」で言うように、

「講和」と「平和」は英語ではともにpeace。にもかかわらずこの日発効したpeace（講和）は、peace（平和）を脅かす恐れを抱かせるものだった。

作家野上弥生子は、皮肉な口調で書いている。

「講和条約と抱き合はせに渡された、マーケットから提げて帰った買物籠に、思はぬものが入ってゐた感じの安全保障条約の行政協定を読んでみるだけでも、有史以来の日本人がいまだ一度も経験しないなんとも混みいった生活の網の目の中にわたしたちは生きなければならないらしい」（「新しい経験」『婦人公論』五二年五月号）

ふつうは単純な喜びで迎えられるはずの〈独立〉に、「なんとも混みいった生活の網の目」を予感しなければならないのは、日本の講和・独立が、「なんとも混みいった網の目」のなかで、不透明なまま強行されたからだ。

〈独立〉とは国家の主権回復であり、国際法上の能力の回復である。「主権在民」の民主主義国家のもとでは、それは主権者である国民が、他国の命令・干渉を受けることなく、国の内外政策を決定できるようになる、ということだ。

敗戦による被占領国がこの〈独立〉を達成するためには、「講和」、つまり戦争終結・平和回復について交戦国間の合意が必要であり、それが講和条約の調印だ。日本独立の場合、それは一九五一年九月八日、サンフランシスコ講和会議で、交戦国五四ヵ国中四八ヵ国とのあいだになされている。この日調印しなかった六ヵ国は、「二つの中国」を理由に最初から招請されなかった中国、招請されながら参加を拒否したインド・ビルマ、出席の上調印を拒否したソ連・ポーランド・チェコである（国名は当時。以下同様）。

その上で、調印国それぞれにおいて講和条約が確認・了承（批准）されてはじめて条約発効＝独立となるわけだが、日本の独立は、日本及び、極東委員会構成国で講和条約に調印した一一ヵ国（米・英・仏・カナダ・オーストラリア・セイロン・インドネシア・フィリピン・パキスタン・ニュージーランド・オランダ）のうち、アメリカを含む過半数が批准書を寄託した段階で発効と、講和条約第二二条によって規定された。日本の国会批准は、衆議院五一年一〇月二六日、参議院一一月一八日。切札を握るアメリカの上院批准は五二年三月二〇日、批准書寄託は四月二八日。もっと早く寄託できる条件があったにもかかわらずこの日になったのは、天皇誕生日を意識しての「天皇へのプレゼント」という説もある。

ここに至る過程には、国内外からのさまざまな批判・対立があった。日本の〈独立〉は、その批判をかわし対立をごまかしつつ、「なんとも混み入った網の目」として織りあげられたのだ。

全面講和か、単独講和か

対立の第一は、「全面講和か単独講和か」という、講和のあり方の問題だった。「全面講和」とは、太平洋戦争における日本の交戦国五四ヵ国すべてとの戦争終結・友好回復であり、「単独講和」とは、米ソを中心とする東西冷戦を前提として、西側とだけ講和条約を結ぶというものだ。

この「単独講和」のかわりに「片面講和」「多数講和」ということばも使われている。たしかにことばの本来の意味からいえば、交戦国五四ヵ国中多数を占める西側陣営との講和を「単独」

というのはおかしい。五一年一月二九日、来日中のダレスに対して日本の経済八団体が提出した「講和条約に関する基本要望書」には、多数国との講和締結不可能な場合には、「アメリカとの単独講和」を望むといった表現があり、「単独講和」の使い方は、必ずしも統一されていたわけではないようだ。しかしここでは、一般認識にしたがって、西側陣営とだけの講和を「単独講和」としておく。

こうした対立が生まれた背景には、もちろん米ソ対立の激化がある。占領当初マッカーサーは早期講和を考えており、四七年にはアメリカ国内でも対日講和問題がとり上げられている。しかし本格的に動きだすのは四九年後半からである。ソ連の原爆実験、人民中国の成立等によって、日本を「共産主義の防壁」として確保する必要がますます高まったからだ。したがって当然、ここに出てきた講和は、東側を除外した単独講和である。

全面講和論は、こうして急速に高まったアメリカ主導による単独講和批判として出てきた。共産党はすでに四九年六月、第一五回拡大中央委員会で全面講和を求める声明を発し、運動を展開していた。五〇年一月には、安倍能成、大内兵衛ら学者・文化人を中心とする平和問題談話会が講和問題についての声明を出して、全面講和を要求している。

この声明には武田清子、鶴見和子の二人の女性が名前をつらねているが、全面講和を求める女たちの声が大きくなるのは、五〇年六月、この平和問題談話会の声明に心を動かされた平塚らいてうが音頭をとって、野上弥生子、ガントレット・恒（矯風会）、植村環（ＹＷＣＡ）、上代たの（日本女子大学教授）とともに、来日中のダレスに「非武装国女性の講和問題についての希望事項」

という声明書を手渡して以後である。

この声明書では、まず「われわれは日本国憲法に定められた非武装、非交戦をあくまで守りぬく決意である」と憲法第九条厳守の姿勢をうちだした上で、絶対中立、全面講和、軍事基地反対等七項目の要求を掲げている。

全面講和を要求する理由は二つある。一つは、憲法九条のもと、非武装中立国日本の安全が保障されるためには、「連合国のすべてから、同時に日本の中立が確認され、不可侵が保障されること」が必要だからだ（傍点引用者 以下同）。たしかにかつての交戦国（連合国）のあいだの対立が激化した今日、その一方とだけ平和回復をはかる単独講和では、非武装日本の安全は保障されない。

ここにあえて「同時に」を入れたのは、全面講和論者のあいだにある日和見主義を意識してのことではないか。『朝日新聞』はこの時期、全面講和と中立の立場に立ち、三回にわたって「講和に対する態度」と題した長文の社説を掲げていたが、「不幸にして連合国の見解が一致せず、一、二国と同時に平和をむすびえない事態が到来するとしても、それによってこれらの国々と日本との和平がたとえ時間的におくれたとしても、いつ何時でもできる条件と態勢を持していかなければならぬ」（五〇年五月二〇日）と、単独講和への抜け道を用意していた。一年後、同じ『朝日新聞』社説で、全面講和の主張を「とうてい実現しそうもない」（五一年六月五日）として単独講和に傾く布石は、この段階ですでに打たれていたわけだ。五人の女性の声明書は、こうした日和見を許さない断固たる姿勢につらぬかれている。

さらに彼女たちは、全面講和要求の理由として、もう一つ中国との友好を掲げている。これは、他の全面講和論にはみえない特徴だ。この声明の署名者の一人野上弥生子は、この時期たびたび婦人雑誌等でも全面講和論を展開しているが、『婦人公論』五一年一〇月号、安倍能成、岸田国士、谷川徹三、杉捷夫といった学者・文化人との座談会「講和と日本人」には次のような発言がみえる。

「私は平ったく言いますが、講和というのは喧嘩をした人が仲よくしようということになるんじゃないでしょうか。今まで、叩き合ったり、打ち合ったりした一番永い喧嘩相手は中国ですね。すると、その中国と仲よくしないで、大した関係のない国、ちょっと叩き合ったりしただけのところが大勢出てきて、仲よくしようということは、考えてみると本当におかしい。問題はまず、そこにあると思うのです。仲よくするのなら十年以上も喧嘩をしていた国と仲よくしなければならないわけです」

この野上の単純素朴な単独講和批判は、まさに本質をついている。五一年九月八日調印された講和条約の最後にずらりと署名された四八ヵ国のなかには、コスタリカ、グアテマラ、ニカラグア等々、たぶん当時の日本人にとっては交戦国であったことすら知らなかった国々の名前がある。そうした国々と「平和回復」をするなら、なぜ日本の側から攻めこんで、一〇年以上も戦争した中国を除外するのか——。

野上らは、この「非武装国女性の講和についての希望事項」をダレスに手渡したあとも、二度にわたって同様の声明を出している。五一年八月の「三たび非武装国日本女性の平和声明」第三項にみられるように、(1)彼女たちの全面講和論は、たんに日本の平和を守るという観点からだけではなく、アジアに対する日本の侵略責任の自覚の上に立ったものであった。

この自覚の上に立って、全面講和論を展開したものは多くはない。五一年七月、単独講和条約草案発表直後、社会党、総評を中心に日本平和推進国民会議が結成され、全面講和、再軍備反対の国民運動にのりだすが、その結成大会宣言には、冒頭に次のようなことばがある。

「われら日本民族は過去半世紀間帝国主義的侵略を行い、武力をもってアジアの隣国を侵してきたのであるが、今こそアジア同胞に捧げる懺悔の精神をもって、全世界人類の戦争防止に努めねばならぬ。この際われわれ日本国民は迷うことなく、非暴力非武装に徹すべきである」

ここにはたしかに、侵略責任自覚のことばがある。しかしもう一つ、心にひびくものがない。宣言文という制約はあるものの「アジア同胞に捧げる懺悔の精神」だの「全世界人類」だのと大ゲサなことばをふりまわす前に、野上のような「平ったい」ことばで、中国を除外した単独講和の問題点を、ていねいに民衆に訴えるべきではなかったか。

社会党、総評の右派部分は、この平和推進国民会議結成以前から単独講和に傾いており、社会党は一〇月二四日、講和・安保両条約批准をめぐってついに左右に分裂する。両条約反対の左派社会党は、分裂後の第一声で、「全国労働者、農民、インテリゲンチア、一般市民諸君！　わが党は直面する日本民族の重大危機にあたって、苦悩し搾取されている全勤労大衆とともに、国会の内外にわたって、強力なる大衆闘争をまきおこし……」と声明したあと、「侵略戦争を止めるどころか積極的に加担してしまった」戦前社会党（社会民衆党、社会大衆党）批判を展開している。

講和条約賛成は、「またしてもわが社会党員をして救いがたい過失を犯させるものである」とした上で、その過去の過失として、一九三一年の満州事変に際し、当時の社会民衆党が「やがて日華無産階級の生存のために、あますところなく利用し得られるであろうところのものの確保のために、銃剣をとるのである」と、日本の満州侵略を肯定したこと等をあげている。

この批判は正しい。しかしそれは、自らにつきつける刃ではなくて、分裂の一方である右派社会党批判のためであった。

戦後四十余年のいま、中国「残留孤児」問題等を見聞きするにつけ、良きにつけ悪しきにつけ戦前日本と最も関係の深かった中国を除外した単独講和の問題性を、あらためてつよく感じる。当時の全面講和運動が中国への侵略責任の自覚の上に立って、その自覚の輪をひろげるようなかたちで展開されていたならば、全面講和は無理だったとしても、もっと早く日本人自身の手で（キッシンジャーによる米中国交回復という外圧によるのではなく）、日中国交回復は可能だったのではないか。そうすれば、少くとも「残留孤児」問題はもっと早く顕在化し、親さがしや帰国後の定着にともなう困難はより少くてすんだのではないか。

当時は中華人民共和国成立直後、「二つの中国」の帰趨にはまだ不確定な要素があったとはいえ、最初から中国を除外し（イギリスは大陸の北京政府をサンフランシスコ講和会議に招請することを主張したが、アメリカの反対によって、台湾・北京のいずれも招かず、講和後日本に選択させるという結論になる）、しかも、講和条約発効の五二年四月二八日、台湾政府との間に日華平和条約を締結して、大陸数億の中国民衆との交流の道を閉ざした。それに対して日本のなかから大きな反対の声もあがっていないのは、日本人の対中国意識を示すものだろう。信夫清三郎が『戦後日本政治史』でいうように、敗戦国日本が戦勝国中国の政府を選択して講和（平和）条約を結ぶなどということは、異常きわまりないことであったが、日本人の多くは、中国と戦争して、中国に敗けたということすら、じゅうぶん認識してはいなかったのだ。

全面講和運動に対して政府は、「非現実的な空論、アメリカを中心とする多数講和が唯一の可能性」といった〈現実〉論で対応した。新聞では、毎日新聞、読売新聞が最初からこの立場に立ち、全面講和が不可能な場合はどうするのか、「単独講和は拒否するか」（『毎日』五〇年五月一〇日社説）と、暗に〈占領継続〉と単独講和による〈独立〉の二者択一を迫っている。

この二者択一に対して、単独講和による〈独立〉よりは〈占領継続〉を選ぶ、と言い切ることはむずかしい。〈占領＝悪、独立＝善〉の一般図式を否定することになるからだ。五一年四月の統一地方選挙では、自由党は「講和をジャマする社会党」をスローガンにして圧勝している。

この地方選挙において女性の投票率は県議・知事選八〇〜八二％、市町村議・市町村長選九二〜九三％と、戦後四十余年における最高を示し、七七五人という女性町村議員が誕生している。この女性の積極的な選挙行動が、全面講和推進につながらなかったのは、いったいどうしたわけか。女性たちは講和だの平和だのといった抽象的な問題よりは、まずは身のまわりの問題解決を求めて、地域ボスに投票してしまったのだろうか。それとも〈占領＝悪、独立＝善〉の一般図式のなかで、単独講和による早期独立を求めたのだろうか。

朝日新聞社の五〇年九月の世論調査によると、全面講和二一・四％、単独講和四五・六％、わからない三三・〇%。一二月の毎日新聞社の調査では、全面講和一四・三%、単独講和六六・三%、わからない一七・五%となっている。これらの結果から、吉田首相のいう「政府ならびに日本国民の圧倒的多数」が単独講和を望んでいる（五〇年一〇月、吉田首相がアメリカの国際問題評論誌『フォーリン・アフェアーズ』に書いた「日本およびアジアの基地」中の発言）とはいえないにしろ、全面講和論の草の根への浸透は不充分だったようだ。

何はともあれ〈占領〉よりは〈独立〉の方がよい、という一般的空気がつよいなかで、さきの平塚・野上らの「非武装国女性の平和についての希望事項」が、「われわれの望むような講和がいかなる努力をもっても、今日の国際状勢で不可能な場合、われわれは必ずしも早期講和を望むものではない」と、はっきり単独講和拒否をうちだしているのは注目に価する。彼女たちが〈占領＝悪、独立＝善〉の一般図式を越えた姿勢をうちだし得たのは、被占領国民としてただ被害者に安住することを、自らに許さなかったためではなかろうか。

非武装・中立をめぐって

〈日本独立〉にともなうさらに大きな問題は、独立後の安全保障についてだった。全面講和論のおおかたは、さきの女性たちの声明にもみられるように、敗戦という高い代償の結果獲得した日本国憲法の「武装放棄」の原則に立ち、非武装・中立こそが日本の平和を守る道とした。交戦国すべてとの平和回復をはかる全面講和は、そのための前提であった。

しかし全面講和論のすべてが、この非武装・中立で一致していたわけではない。〈中立〉については共産党は反対の立場をとった。五〇年四月、徳田球一書記長は「われわれの方針には中立主義というものはありえない」、「大衆が中立を要求しているのは、『民族の独立』のためだから（略）われわれこそ、これを実現しうるものであることを示すため、真の要求、すなわち『民族の独立』を示して、これを支持し、事実において中立をけとばして国際的人民勢力との緊密な提携にまで、ひきあげていかなければならない」と主張した。

この時期共産党は、五〇年一月のコミンフォルム批判に端を発する分裂騒ぎのなかにあり、この徳田の見解が党の見解とは必ずしもいえなかったが、統一的な平和闘争の動きが出た五一年五月にも、「中立政策は、帝国主義の手先になりさがった社会党および総評の幹部のソ同盟や中華人民共和国の『侵略』というデマ」に発しているとし、「善意の中立主義者――全面講和支持者および無意識の単独講和支持者」を「われわれの工作の対象」にしなければならない、としている（非合法機関誌『造林』）。

この共産党の見方に立てば、平塚・野上らは「善意の中立主義者」ということになるのだろうが、それを「帝国主義の手先になりさがった社会党および総評の幹部の」デマに踊らされているとするのはまちがっている。彼女らをはじめとする全面講和論者の多くが〈中立〉をいうのは、まずは対立する陣営の一方にだけ与しない講和を達成しようということであって、その後のことは、独立後国民が決めればよい、ということだった。共産党が〈中立〉批判によって全面講和運動のなかに対立をもちこんだのは、明らかにまちがいだった。

〈非武装〉にも対立があった。非武装とは、外国の軍事基地を置かず、自国の軍隊も持たず

――、つまり当時のスローガンによれば「軍事基地反対」、「再軍備反対」ということになる。この「軍事基地反対」については、全面講和論者は一致していた。しかし「再軍備反対」を掲げることについては、社会党、総評の右派部分に抵抗があった。社会党は、五一年一月の第七回党大会において、それまでの「全面講和、中立、軍事基地反対」のいわゆる平和三原則に「再軍備反対」を加えて平和四原則としたが、これは左・右・中間派三つ巴の争いのなかで、左派の中心を占める青年部婦人部の提案がからくも通った、ということだ。

総評も五一年三月の第二回大会で、「再軍備反対」を加えて四原則としたが、すでに朝鮮戦争にも協力していた海員組合は「わが国が独立を主張するかぎり、自衛権なしとする論拠は失われる」と再軍備容認をうちだしており、四原則の背景には内部対立をはらんでいた。社会党、総評における この対立は、講和条約調印後表面化する。

共産党は、五一年一月に全面講和愛国運動協議会（全愛協）を結成し、再軍備反対と全面講和を掲げて運動を展開していた。しかしその一方では五一年秋、「力には力を」の軍事方針をうちだしており、講和条約調印後にはこれをさらに発展させ、のちに「極左冒険主義」と自己批判することになる山村工作隊等の武装闘争を展開する。

それにともなって再軍備反対のスローガンはまったくかげをひそめる。そもそも、五一年九月五日のサンフランシスコ講和会議席上、ソ連のグロムイコ外相は米英起草になる対日講和条約草案の修正を求め、「日本の陸・空・海軍軍備はまったく自衛のため必要な限度に厳重に限られるべきである」と、「自衛のため」の日本再軍備を容認する発言をしていたから、共産党としては、

「再軍備反対」をいうわけにはいかなかったろう。

女性たちの「再軍備反対」の動きが高まったのは、造船疑獄事件で首相を辞任した民主党の芦田均が、五一年一月、憲法九条は自衛権を否定していない、「日本の再軍備のためには本来なら憲法改正は望ましいが、そのための国民投票では婦人の反対は明らかで投票の結果は敗れるだろうから、憲法改正はある時期まで待つことが必要だ」と述べたことが契機になっている。これに対して女たちは敏感に反応し、日本平和婦人懇談会、婦人民主クラブなど六つの女性団体は共同して、次のような抗議声明を出している。

「戦争の悲劇をまざまざと体験して、再軍備に反対する多くの日本婦人の意志をじゅうりんし、貴方は日本の再軍備を肯定するのみならず、更にこの実施のために憲法をも侵犯しようとしていることを知りました。(略) 日本婦人は平和のため日本の再軍備に反対し、全世界の国々と完全な講和条約が結ばれるよう貴方が活動してくれることを要求します」

しかしこの女たちの声は、芦田には何の痛痒も与えなかったようで、『芦田日記』には一行の記載もない。逆に、この発言をきっかけに「再軍備論者」としてマスコミの寵児となったことを、得々として記してあるのみだ。二月二〇日には『主婦之友』の座談会で、宮崎白蓮、高良とみ、深川タマエ、堤ツルヨ、平林たい子、植村環らと再軍備をめぐって討論をしたが(「座談会・芦田均氏にもの申す」『主婦之友』五一年五月号)、それについて『芦田日記』には、同じ民主党の深川タマエを除き、「此婦人達は平和論を食ひものにしてゐる」と記されている。

五一年一月中旬、講和交渉のためにダレスが来日すると、女たちの動きはさらに活発化する。

二月六日、参議院議員高良とみの提唱で、女性議員十数人が全面講和・非武装中立を求める要望書をダレスに手交する。その中には、つぎの一項がある。

「再軍備はいかに誘惑されても、道義的に経済的にかつ心理的に、日本人には不可能であり、違憲である。かつ、日本が侵略した中国、フィリピン、オーストラリア等の隣邦に、脅威を与えることである」

しかし、女性議員のなかには、当然与党の自由党員もいれば民主党員もいる。「党の決定だから再軍備に反対はできない」と脱落するものも出て、女性議員を統一することはむずかしかったようだ。

さきに「非武装国女性の講和についての希望事項」をダレスに手渡した平塚・野上ら五人は、各女性団体有志をかたらって、再び「日本婦人の平和の希望事項」を出す。前回は公職追放中で参加しなかった市川房枝も積極的に動き、有権者同盟として独自の声明をダレスに手交している。

「三たび非武装国日本女性の平和声明」にもみられるように、九月の単独講和調印までは、平和を求めるいわゆるノンセクト女性運動家たちは、「再軍備反対」の線で一致していた(2)。しかし、非武装・中立は、あくまで全面講和とセットになったものだった。単独講和調印によってそれが不可能になったとき、「非武装国女性」のあいだにも日本の安全保障をめぐって意見のちがいが表面化する。

「三たび……」に署名した女性たちの大半は、あくまで非武装を守るために一二月一九日、再軍備反対婦人委員会を結成する。この会には、一〇月の批准国会で講和・安保両条約に反対票を投じた女性議員中、山崎道子・高田なほ子・福田昌子（以上左派社会党）、高良とみ（緑風会）の四人に、日教組婦人部副部長林雅代、国鉄労組婦人部長丸沢美千代も加わっている。委員長平塚らいてう、副委員長市川房枝・上代たの。

この会は、五二年一月八日のアメリカでの批准に向けて、上院議員九六名それぞれに「非武装国日本女性より米国上院議員諸氏に訴える」という書簡を送った。また、講和発効・独立の四月二八日には、「講和発効の日を迎え、女性は再軍備に反対する」の声明を出した。

「日本には絶対平和主義と民主主義を二大原則とする憲法が厳存しています。その第九条は各国に魁けて一切の軍備を廃し、交戦権を放棄する事を誓ったもので、私共はこれをアメリカの勧奨によって決定したものであります。世界を暴力のない一つの法治社会とする事こそ敗戦によって私共があがないえた一大理想であったのであります。今この条文に違反し再び軍備を強行する事は新しい日本の理想の喪失を意味し、国民に生きる目標を失わせる事だと思います」

これに対して、再軍備論の女性立役者として論陣を張ったのは作家平林たい子だった。五一年はじめから、すでに彼女は、米ソいずれの国によっても「植民地化」されないようにするためには自衛力が必要、「自分の平和は自分でまもる、これがほんとうの平和主義である」と言い切っていた（そのくせ彼女は、五一年八月の「三たび非武装国日本女性の平和声明」に名をつらねている）。講和条約調印後はますますその姿勢がつよくなり、再軍備反対は「空論」だ、女が再軍備をいやがるのは「合理性」に欠けているからだ――等々と、「再軍備反対」をいう女たちに非難を浴びせている（『主婦之友』五二年七月号、五三年一月号の対談）。

こうした批判に対して、非合理的、感情的と罵られようと「いやなものはいやだ」でいい、と市川房枝は言い切る（『婦人有権者』一九五二年三月一日号）。これは大衆運動家としての一つの見識だと思う。「自分が産み育てた子供を兵隊にとられる事はいやだ、戦争で殺すのはいやだ」――たしかにエゴイズムだが、これをつらぬき通すことからひらけるものは大きい。

安保条約の成立

しかし、こうした非武装・中立を求める声は踏みにじられる。日米両政府が、全面講和を求める声にいっさい耳をかさず、何が何でも単独講和を押し進めたのは、「共産主義の防壁」として日本を位置づけるためであったから、日本独立にあたってのいちばんの問題は、中ソを仮想敵国とする日本再武装だった。

アメリカは最初、独立後の日本の安全保障のためにヨーロッパのＮＡＴＯ（北大西洋条約機構）のような環太平洋集団防衛機構を考えていた。しかしこれは日本侵略の恐怖の記憶生々しいフィリピン、オーストラリア等が反対して立ち消え、結局、米軍駐留・日本再軍備による日米二国間の軍事同盟となる。

これがいまに続く日米安全保障条約だが、この安保が、その後の日本のあり方を大きく規定したことは周知のとおりだ。今年一九八七年、ついに歯どめなき軍拡への道がひらかれたかにみえるその原点は、ここにあった。それだけでなく、憲法前文及び第九条を有名無実にすることによって、その後の日本の政治につねに二重帳簿的不透明感がつきまとうようになったのは、日本人の精神にも大きな弊害をもたらしたといえるだろう。今年一月、中曽根首相はその施政方針演説のなかで、「近年、わが国民主政治充実への努力という面で、戦争直後の燃えるような情熱が減衰し……」と述べたが、そうさせたもっとも大きな要因は、自民党によるこうしたなしくずし、二枚舌的政治のあり方ではなかったか。

そもそも安保条約成立過程そのものが二重帳簿的不透明さに満ちたものだった。その立役者は吉田首相である。

安保条約の調印は五一年九月八日夜、サンフランシスコ講和会議終了後、米第六軍司令部兵舎の殺風景な集会室で行なわれたが、この調印まで日本国民は、安保条約の具体的内容を知らされていなかった。八月一六日、講和会議のために開かれた臨時国会では、この安保条約の内容が論議の的になったが、吉田首相は、「構想がダレス特使とのあいだにおいて話されただけであって、いまなおできておらないのであります。完成いたしておらないのであります。協議中であります」とくりかえすだけだった。

これは吉田得意のおとぼけ戦術ではなかった。安保条約条文が最終的に決まったのはなんと八月二五日、吉田ら講和会議団が出発する六日前だったのだ。ダレスはソ連の攻撃を恐れて、サンフランシスコ会議中も、安保条約はまだ協議中のタテマエをとるよう示唆している。

しかも、九月八日ようやく発表された安保条約は二重底になっていた。条約はたった五条の短いもの。前文で「日本国は、その防衛のための暫定措置として日本国に対する武力攻撃を阻止するため日本国内及びその附近にアメリカ合衆国がその軍隊を維持することを希望する」と米軍の駐留を日本側から求め、「直接及び間接の侵略に対する自国の防衛のため漸増的に自ら責任を負うことを期待する」と、日本再軍備への道をうたっているが、その米軍駐留の具体的あり方、基地の場所や条件等、国民生活に直接具体的な関わりをもつことがらについては、「行政協定で決定する」（第三条）と、依然として秘密に包まれたままだった。行政協定は条約とちがって、国会の承認を必要としないから、国民がその内容を知ったのは翌五二年二月二八日、協定調印後のことだった。

その内容は驚くべきものだった。日本は「安保条約第一条にかかげる目的の遂行に必要な」、つまり、「極東における平和と安全」を守るためと称する極東全域におけるアメリカの軍事行動のための基地を、無限定に提供する義務を負った。これは、日米安保とともにアジアにおける反共軍事同盟として同じころ締結された米比協定やＡＮＺＵＳ（オーストラリア・ニュージーランド・アメリカ三国協定）にはない特殊条件だった。これによってアメリカは、日本全土を無制限に基地化することが可能になったのだ。

また、駐留軍およびその家族の犯罪についての刑事裁判権も、その本国にあるとする属人主義がとられたから、治外法権を決めた明治維新後の不平等条約の昔にかえったような「屈辱的」（右派社会党）、「国辱的」（共産党）なものだった。独立が完全な国家の主権回復を意味するなら、これは独立ではない。五〇年からはっきりと反米姿勢をうちだし、「民族の独立」を中心課題としていた共産党は、これによってますます〈植民地国〉日本の〈民族解放〉闘争にのめりこんでゆき、左派社会党も五四年、「民族独立」の主張を、その綱領に掲げることになる。

日米両政府が、日米軍事同盟を安保条約と行政協定の二段がまえにし、時間差をつけて発表したのは、もちろん国内および国際世論の反発をかわすためだが、日米間の合意が必ずしもスムーズにいかなかったことにも原因がある。とくに日本の再軍備については、憲法九条とのかねあいもあり、米軍駐留による安全保障を求める吉田首相と、再軍備を要求するダレスとの間の意見調整に手間どっている。

日本側では、すでに四七年秋、「日本国民はアメリカ軍による安全保障を希望する」旨つたえていたが、吉田首相は五〇年五月、経済視察の名目で池田大蔵大臣を渡米させ、ひそかに早期講和の希望をつたえるとともに、米軍駐留について「もしアメリカ側からそのような希望を申し出にくいならば、日本政府としては日本側からそれをオファーするような持ちだし方を研究してもよい」と、反米感情を刺激しない米軍駐留のあり方の提言までしている。

安保条約に、日本国は「アメリカ合衆国がその軍隊を維持することを希望する」（前文）、「アメリカ合衆国の陸軍、空軍及び海軍を日本国内及びその附近に配備する権利を、日本国は、許与し、アメリカ合衆国は、これを受諾する」（第一条）となっているのは、この吉田提案に見合うものだ。

軍事基地反対の国民の声を真向から踏みにじるこうした表現がとられたことについては、アメリカ側の強要で止むなく、と吉田首相を免罪する意見もあったが、当の吉田自身は、「全く双方期せずして意見が一致したというのが事実である」（『回想十年』）と、押しつけ説を否定している。

しかしアメリカ側では、日本再軍備をつよく望んでいた。すでに五〇年一月、マッカーサーは年頭の辞で、日本国憲法は自衛権を否定したものではないと再軍備を示唆していたが、朝鮮戦争の勃発は、一気にそれを現実化した。七月八日、マッカーサーは警察予備隊創設指令を出し、八月末には七万五〇〇〇の警察予備隊が誕生している。

これが現在の自衛隊の起点であることはいまでは常識だが（『自衛隊十年史』も警察予備隊誕生を起点としている）、当時の受けとめ方はそうではなかったようだ。再軍備反対の声が高まるのは五一年になってからであり、創設当初にはほとんどない。これはわたしたちには非常に不思議だった。当時は警察予備隊は軍隊ではない、国内治安のために警察力を補うものという説明が素直に受けとられたのだろうか。

しかしもちろん、警察予備隊程度ではアメリカの望む「反共の砦」の用はなさない。五〇年六月来日したダレスは、アジアの集団安全保障の一角を担いうる再軍備を要求した。しかし吉田は、敗戦の傷あと、国民の心理的反発、経済的に不可能、の三つをあげて、公然たる再軍備に反対している。

翌年一月、ダレス来日を前にした施政演説でも、「わが再軍備論は、すでに不必要な疑惑を中外に招いており、事実上強大なる軍備はわが国の耐え得ざるところである」、「国の安全独立は、一に軍備軍力のみの問題ではない」と、女たちの再軍備反対論と同じような発言をしている。

ところが一方では、同じころ、辰巳栄一元中将、河辺虎四郎元中将ら旧軍幹部に再軍備計画を練らせており、「条約調印前は再軍備不可の建前でゆくが、実際は再軍備になろう」というのが吉田の本音だったという。『評伝吉田茂』の著者猪木正道は、こうした吉田の建前と本音の使い分け、二枚舌的あり方を、まさに名宰相たるゆえんと評価している。たしかに、防衛大学校長をつとめた猪木にとっては、虚々実々のやりとりのなかで、内外の反対を抑え、なしくずし軍拡の道をひらいた吉田は、名宰相であろう。

このあと来日したダレスとのあいだにどのような話合いがなされたのか、吉田の国会報告は具体性に欠けるものだった。ダレスが帰国後アメリカ国民に述べたところでは、当面は日本に再軍備を強要せず、それにかわる共同防衛生産への寄与を要求した。

「講和条約締結後、日本は双眼鏡・光学機械その他、人的資源を最大限に利用し、原料資材が最少限ですむ一部技術製品を製造することによって自由世界の再軍備計画に参画することを確信する」

このダレスの発言は、その後の日本の産業発展のあり方とぴたり一致する。

もちろんアメリカは、ここで日本の再軍備要求を放棄したわけではない。暫定措置としてアメリカが日本の防衛にあたるが、やがては日本がみずから再軍備して集団安全保障の任に当ることを要求した。

「アメリカはいかなる国に対しても、永久に『無賃乗車』を提供することはできない。（略）安全保障にたいして頼むに足る貢献をする実力をもっている国がだまって『便乗』することはゆるされない」

最近、ますますアメリカが、「安保タダ乗り」許さずとして、日本の軍拡を要求する根っ子は、ここにあったのだ。

ともあれ、こうして米軍駐留と漸増的日本再軍備を規定した安保条約は成立した。その結果〈独立〉後の日本には、全国（沖縄・奄美を除き）六〇〇余ヵ所、一四〇〇平方キロの米軍基地が存在することになった。大阪府の八割にあたる広さである。そして警察予備隊は七万五〇〇〇から一一万に増強、保安隊と名をかえて（五二年一〇月）、再軍備への道を歩みはじめる。

賠償問題・領土問題をめぐるアジア諸国の反応

日本の講和・独立には、当然外国、とくに、日本による侵略の被害を直接受けたアジア諸国の反対がつよかった。五一年七月、米英共同起草による講和条約草案が発表されると、それらの諸国からいっせいに反対の声があがっている。

一つは日本の再武装に関するものである。中国は、当然ながら中国の交渉参加を要求し、条約は「無期限に日本をアメリカの奴隷とし、日本の侵略政策を武装するための道をひらく」ものだと批判した。オーストラリアも、日本の再軍備に制限が設けられていない点をとらえて「昔のギャングはいまやふたたび勢力をとりもどそうとしている」（労働党主エバット）と危惧を表明している。

フィリピンやビルマ、インドネシアの不満は、とくに賠償問題に集中した。一九八三年開催された日本占領に関する国際シンポジウムでのR・ディグマンの発言によると、日本の侵略によってフィリピンは、一一〇万の死者と巨大な物的損害を受けていたから（『世界史のなかの日本占領』）、当然その賠償を要求した。しかし、アメリカは、日本を共同防衛生産国として再生させるために

「懲罰的講和はしない」ことを基本原則としており、講和草案は日本に賠償義務は課したものの、支払い能力はないとして実質免責する道をひらいていた。これに対してフィリピン民衆の怒りは爆発した。キリノ大統領は、「フィリピンは、懲罰的な講和は要求しないが、犯した悪行を正直にみとめ、残酷と破壊にたいし適当な範囲でつぐなうことを要求」する声明を出し、青年たちはダレスの紙人形を燃やして反対の意志を示した。

ビルマ政府は覚書きをアメリカに送付し、「三年間の日本のビルマ占領は、ビルマの富を破壊したり、財産に筆舌に尽くせぬ損害を与えた」、「タイ・ビルマ鉄道で強制労働させられたビルマ人の死亡数は、この強制労働で死亡した連合軍の数をはるかに越えている」と述べている。わたしが竹山道雄の『ビルマの竪琴』を読んでボロボロ泣いたのは、たしか中学一年のときだった(五三年)。しかし、ビルマ人の死者のことは考えてもみなかった。

こうした反対意見を考慮して、講和条約は、金品ではなく生産・役務賠償義務を日本に課したが、ビルマは講和会議出席を拒否。フィリピンは出席調印はしたものの国内の不満がつよく、講和条約批准は、調印国四八ヵ国中の最後、五年後だった。

こうしたアジア諸国の賠償要求に対して、日本国内の世論はつめたかった。さきの平塚・野上らの「三たび非武装国日本女性の平和声明」には、「旧日本が侵略したアジアの国々に対し、日本としては当然その損害を賠償すべき」と述べているが、こうした発言は少ない。それどころか平林たい子は、戦犯を罰することによってすでに戦争責任を果たしているのだから、「あとの日本の人たちが賠償をとられたり領土をとられたりしなくても……」(「対談 独立日本の婦人に望む」

『主婦之友』五二年七月号）と不満を述べ、民主党議員深川タマエは国会質問で、「フィリピンは、事によると日本人の心理状態に対して相当認識不足の点があるのではないか」、賠償は「精神」を重んずるものだから、「民主的精神革命」をした現在の日本人を、かつて「暴虐をいたした一部の日本の軍人」と同じように考えて賠償請求するのはおかしい、と発言している（五一年一〇月一七日）。

つまり平林も深川も、戦争は一部の戦犯が引き起こしたもの、にもかかわらず自分たちが賠償を背負わされるのは納得できないとするわけだ。これが当時の、おおかたの日本人の反応だったのではないか。

領土問題については、ソ連、中国、インドがつよく反対した。講和条約はその二条で、日本が侵略によって獲得した領土、朝鮮・台湾・千島列島・樺太等を放棄することを定めたが、それぞれの帰属については明記しなかった。関係国であるソ連・中国は、かつて自国の領土であったいわゆる「北方領土」、台湾等の自国への帰属を明記するよう求めた。インドも中立国の立場から、アメリカに覚書を送って帰属を明記するよう求めている。台湾・膨湖島は中国へ、千島・南樺太はソ連へ、そして、琉球・小笠原等がアメリカ一国の信託統治下とされていることについても、これは日本が侵略によって獲得したものではないから、日本の統治に委すべきだとした。

これら諸国の提案は、いずれもアメリカの容れるところとならず、インドは、ビルマとともに講和会議出席拒否、ソ連は調印拒否（中国は最初から招請されず）。その結果、いわゆる「北方領土」問題は、いまだに日ソ友好を阻害する最大のトゲになっている。

こうした領土問題については、国内世論はほぼ沈黙している。もちろん日本独立を契機にアメリカの信託統治下におかれることになった沖縄・奄美の人たちのあいだからは反対の声があがった[3]。しかしそれに呼応する本土民衆の大きな動きはなかった。敗戦にあたってのポツダム宣言で、日本の領土は、北海道・本州・四国・九州の四島に限られるとされていたから、べつに不満はなかったのだろうか。それとも本土民衆にとっては、もともと沖縄や奄美の人たちは眼中になかったのだろうか。

女にとっての〈独立〉

ともあれ、こうした内外からのさまざまな異議申立てにもかかわらず、一九五二年四月二八日、日本は〈独立〉した。それによって、女たちの暮しはどう変わったのか。

産児制限（バースコントロール）運動の急速な高まりは、〈独立〉の結果といえる。日本の領土は四島に限られ、一方、軍事生産援助は約束されたものの、ガリオア、エロアといった民生につながる援助は打ち切り。とにもかくにもこの狭い国土で経済的に自立しなければならないとなったとき、為政者が考えたことの一つは、人口抑制だった。ここで産児制限の自由と手段を獲得したことは、その後の日本の女の人生を大きく変えたが、その出発点は「産む産まないは女の自由」のためではなくて、まずは上からの人口増加抑制策だったのだ。

五二年三月から軍人遺家族年金制度の制定や、軍人恩給の復活が問題になるのも〈独立〉の結果である。つまり、講和発効以前に国内の戦争犠牲者の補償をすると、アジア諸国の反発をかう恐れがある、日本人の被害を補償するカネがあるなら、その日本人の侵略によって被害を受けた諸国への償いを先にすべきだと、賠償要求が高まる可能性がある。したがって日本に有利な賠償をとりきめた講和発効までは遺族補償や軍人恩給は凍結。しかしいまや、そのときが来た——というわけだった。

不充分な額だとはいえ、いわゆる戦争未亡人や息子を戦争で失った老母にとって、これは福音だった。わが家でも、当時母は「戦争未亡人」としての苦労が祟って結核療養中、遺族年金や軍人恩給の復活がどれほどありがたかったかは想像がつく。たぶんわたしが、貧しいながらも大学に行けたのはそのおかげなのだろう。

日本の女たちが核兵器の恐しさを生々しく実感するようになったのは、〈独立〉によってGHQの言論統制（プレスコード）が解けたからだ。[4] 内灘闘争はじめ、各地の基地周辺で反対運動が活発化するのも〈独立〉の結果だろう。

しかし全体としてみれば、〈独立〉によって日本の逆コースはいちだんと進み、そして定着した。〈独立〉以前から占領政策の見直しを考えていた吉田首相は、五一年四月、政令審議会を設けて、労働基準法等の労働三法や家族制度等の見直しを指示している。吉田にとっては、とくに「両性の平等」の理念にもとづく戦後の家族制度は、日本人の民族性に合わずとして、気に入らなかったようだ。

労働三法や家族制度の改悪は、労働者、女性たちの反対でなんとか阻止することができたが、国内治安対策としての破壊活動防止法の成立（五二年七月）、教員の政治活動を禁止する教育二法の制定（五四年二月）と、占領下にうちだされた「民主化」政策はつぎつぎに骨抜きにされていく。〈日本独立〉の三日後の五二年五月一日、当時「人民広場」と呼ばれていた皇居前広場が、独立を喜ぶ人民の歓呼で満たされるかわりに、硝煙と流血の場となった（「血のメーデー事件」）のは、〈独立〉のあり方に伴う問題と同時に、破防法の国会上程等によって、こうした逆コースがむきだしになったからでもあった。

やはり日本人は、一九五〇年の時点でも「民族独立行動隊の歌」をうたってはいけなかったのではないか。

この歌の作詞者きし・あきらは、作家山岸一章。当時彼は国鉄東京大井機工部の一労働者として、レッドパージ反対闘争をたたかっていた。しかし強大な占領軍の前に敗色は濃く、五〇年一一月一三日、彼はひとり工場の煙突に登る。二〇年前の一九三〇年一一月一六日、同じ東京南部工業地帯の労働者が首切り反対を叫んで煙突に登ったが、その「栄ある革命の伝統」にならったのだろう。仲間の呼びかけにこたえて、彼が煙突の上から落した紙片に書かれていたのが、この詩だった。

共産党の中央合唱団にいた岡田和夫が、早速この詩に曲をつけた。「ラ・マルセイエーズ」にも似た高らかなひびきをもつこの歌は、その後、急速に「民族独立」路線をつよめた共産党の闘士たちのあいだにひろまっていく。

たしかにこの時期、占領軍アメリカは、敗戦直後の「民主主義」国家の装いをかなぐり捨て、

「帝国主義」国家としての相貌をむきだしにしていた。一人の労働者山岸一章は、それに対する怒りに燃え、「民族独立」のための断固たる闘いを仲間に呼びかけたのだろう。

この山岸の怒りは、一般労働者にも共有されていたと、当時共産党文化部にいた増山太助氏は言われる。「民族独立」は、たんに共産党の上からのスローガンとしてだけでなく、労働者の願いでもあったと――。

しかし女子労働者はどうだったのだろうか。小田原在住の市川泰子さんは、一九四九年、勤めていた米軍基地で身体検査を受けた屈辱を書いておられるが[5]、こうした占領下の屈辱的労働体験を語る女性は少ない。それどころか、駐留軍農場で一〇余年働いた山屋光子さんは、アメリカ人の合理的労務管理を評価し、かえって日本人の男性労組幹部に怒りをぶつけている[6]。他にもこうした話は聞いている。

これはどういうことだろう。女は、男にくらべて民族意識が希薄なのか。それとも日本の男がひどすぎるのか。

それはともかく、たとえこの時期、アメリカ帝国主義による〈植民地〉国民としての怒りが一般にあったとしても、やはり日本人は、つい数年前の日本占領下のアジアの民衆の怒りをわが身に引き受けることなしには、この歌をうたってはいけなかったのではないか。

わたしがこの歌をうたった六〇年代はじめ、すでに日本は、講和条約に定められた生産・役務賠償をテコに、アジアへの経済侵略を開始していた。わたしが「民族独立行動隊の歌」を日本の歌ではないと思いこんでいたのは、わたしが愚かだったためばかりではなく、そうした日本の状況があったからでもあろう。

一〇年後、いわゆる全共闘運動の学生たちは、もはやこの歌をうたおうとはしなかった。八〇年代の学生たちは、こんな歌があったことすら知らないだろう。日本人にとって、〈民族独立〉は、やはり苦いことばではある。

注

(1)「三たび非武装国日本女性の平和声明」第三項は次のように書かれている。
「三、旧日本が侵略したアジアの国々に対し、日本としては当然その損害を賠償すべきであって、経済力がないということだけでは理由にならないと思うのであります。事実わたくしたちの今日の生活は非常に困窮しておりますが、これは一つの、そしてせめてもの贖罪として、苦しくとも支払うべきものです。侵略の被害をもっとも多くうけたフィリッピン人の日本人に対する憤りや、憎しみや、恐れの容易に消え去らないのは、友好関係を、望むものにとって、まことに悲しいことでありますが、これは今後の日本及び日本人のまごころとその行いとによって払拭するより外ありません。」

(2)「三たび非武装国日本女性の声明」の署名団体、個人は以下の通り。
日本婦人平和協会・会長 上代たの、日本婦人有権者同盟・会長 市川房枝、日本大学婦人協会有志 藤田たき 井上正子、日本基督教婦人矯風会有志 野宮初枝 兼常篤子、婦人民主連盟有志 高根包子 出野柳子、日本基督教女子青年会有志 伊藤輝子 田中孝子、及び個人(順序不動) 増田勢以 大原恭子 平塚らいてう 平林たい子 吉井千賀子 藤岡澄子 野上彌生子 ガントレット恒子 鶴田勝子 宮城春江 神近市子 山崎光子 西村好江 斎藤きえ

(3)佐藤のり子「資料構成 切り捨てられた島・沖縄」『銃後史ノート戦後篇 〈日本独立〉と女たち』女たちの現在を問う会編 一九八七年

（4）「原爆の図」の丸木俊は、原爆に対するプレスコードについて、次のように語っている。

「占領下に「原爆の図」を持って歩いていろいろ妨害されたりいじめられたけど、講和条約発効後の五二年八月に、『アサヒグラフ』が初めて原爆特集をやったのね。それをいつも持ち歩いて絵の横に置いといたの。それまで大げさだとかこれはほんとうだろうかとか、誇張しすぎる、こんなはずはないとか誹謗されたりしてたのが、朝日新聞でもこういうの出しているんですよっていうことで、それならほんとうねって、こうなってきたわけ。だからずいぶん助けになって、二冊か三冊、ボロボロにしましたよ。

でも新聞社ともあろうものが、どうして五二年までこれを発表しなかったのかって言ったらね、「丸木さん、それは無理だ、占領下だったんだよ」って言われて、あら、私占領下に「原爆の図」持って歩いたよって。そりゃあ新聞とは違うからって言われたけど、そこで初めて、講和条約で独立して、その前は占領下だったということがやっとわかったの。どおりで歩きにくかったって。知らなくて、向こうみずだからやれたってこともありますね。」「原爆の図とともに――丸木俊さんに聞く」『銃後史ノート戦後篇2〈日本独立〉と女たち』一九八七年

（5）市川泰子「小田原市職員として」『銃後史ノート戦後篇2〈日本独立〉と女たち』一九八七年

（6）山屋光子「駐留軍農場で働く」『銃後史ノート戦後篇1　朝鮮戦争　逆コースの中の女たち』一九八六年

この稿を書くにあたっては、伊藤晃、久米茂、増山太助、矢沢保の諸氏に、資料や当時の状況をお聞かせいただくなど、いろいろとお世話になりました。ありがとうございました。

（『銃後史ノート戦後篇2〈日本独立〉と女たち』インパクト出版会　一九八七年四月刊）

「電化生活」へ、テイク・オフ!!
主婦論争の開始

あこがれの電化生活

「朝　ラジオの爽やかな音楽を聞きながらトースター、パーコレーター、ミキサーを使って暖かい朝食。食事を終えて、美しくアイロンがけされたワイシャツやズボンを身につける爽快さ。

昼　台所では、小型ラジオに耳を傾けながら電子レンジで昼食の用意、その間に電気洗濯機が自動的にすばらしいスピードで美しくお洗濯してくれる。奥様の忙しい日課が能率よく運びます。

夜　夕食後、蛍光燈の清新な光のもと、一家そろって電気ストーブも暖かい一室でテレビや電蓄を楽しむころ、寝室では電気コタツがほんのり暖かくご家族のお寝みを待っています」

一九五三年、家電業界はこの年を「電化元年」として、本格的に家庭電化製品の売りこみを開始した。NHKと日本テレビ、二つのテレビ放送も、この年開始されている。その「電化元年」にあたって、ナショナルは、こんなふうに「電化生活」のすばらしさを謳いあげた。

いまからみると、「美しくアイロンがけされたワイシャツやズボンを身につける爽快さ」など と、男意識まる出し。昼、昼食の用意をしながら電気洗濯機がまわっているというのも、ふつうからみればおかしい。おおかたの主婦は、洗濯は朝のうちにすますものだからだ。とはいえ、ここに描き出された「電化生活」は、当時の主婦たちにとっては夢とあこがれをさそってやまないものだったろう。

日本の主婦たちは、占領下にみせつけられた〈アメリカ文化〉によって、すでにかなりの程度に電化生活へのあこがれをかきたてられていた。一九四八年二月からラジオは、週末のゴールデンアワーに「アメリカ便り」を放送したが、そこでは、アメリカの主婦の暮らしぶりが、こんなふうに紹介されている。

「コーヒーを飲みながらラジオのニュースと天気予報を聞いて、ご主人は働きにでかけ、奥さんは台所のあと片づけと洗濯と、家の中のお掃除をいっしょにやります。台所の片隅にある洗濯機の中に、シーツ、タオル、シャツ、子供の服、ハンカチなどをほうりこみ、粉石けんをいれてスイッチをひねる。（略）

チック・ヤング作「ブロンディ」の一場面。焼けるとパンが飛び出すポップアップ式トースターが登場している。

その間に奥さんは電気の真空掃除機でブーンと掃除をしてしまう」（石川弘義『欲望の戦後史』太平出版社）

また一九四九年一月からは、アメリカのチック・ヤング作の漫画「ブロンディ」が『朝日新聞』に連載され、焼けたらポンとパンが飛び出るトースターや、洗濯機・掃除機などの電化製品をフルに使った主婦ブロンディの生活を描きだしていた。そこに描かれている電化製品は、いまからみればどれもこっけいなほど大きくて旧式なものだが、井戸ばたにしゃがみこんでタライで洗濯していた日本の主婦には、ただただ溜息の出るものだったろう。それはまさに、勝者アメリカの偉大さを見せつけるものだった。

しかし「電化生活」の夢は、アメリカによってだけ与えられたのではない。日本の女性雑誌でも、敗戦直後から語られていた。とくに戦前戦中を通して「合理的な生活」を旗印に掲げてきた『婦人之友』は、一九四五年一〇月の刊行と思われる四五年八月九月合併号（これはたった三二ページの紙を折っただけというしろもの）に、早くも「家庭に農村にもっと電気を使はう」という記事を載せている。

「水力の豊富な日本で、今最も潤沢にあるのは電気だ。今春来、全発電能力の六〇％近くが剰《あま》ってすてられてゐるというのは勿体ない話である。

節電から高度の**電気利用**へと頭を切替へ、この豊富な資源を積極的に利用して、戦後の復興に建設に、能率を上げよう。

家庭電化――家庭用電気器具は今さかんに製作されてゐる。おはちの底に鉄板を敷設し、それに電流を通じて御飯を炊上げる御飯炊き、コンロと天火を兼ねたレンヂ等々、新しい器具も試作されつつある。この冬は戦災地の簡易住宅に暮らす人々も電力を用いて暖かな健康的な生活をしよう。電気器具をかしこく使いこなせるまで主婦の科学知識を向上させたい」

この記事には、コンロ、アイロン、レンジ、炊飯機、時計、それに掃除機を使う女性の絵がついている。

たしかに、空襲によって徹底的に工業が破壊されたなかで、水力発電所は比較的被害が少ないまま、敗戦を迎えている。そして敗戦後は、軍需産業の解体によって不用になった電力の使い道を民需に求めていた。それまで軍需中心できた電機産業も、民需転換に活路を求めて、さかんに家庭電化製品の開発に取りくみはじめる。その結果、まず開発されたのが、不用になった軍需用ニクロム線を利用しての電熱器（コンロ）とトースターであり、大量に余った軍需用小型モーターを使ってのミキサーだった。

考えてみれば、わが家の電化製品第一号は電熱器だった。たぶん一九四七年、発売されてすぐに購入したのだろう。いわゆる戦争未亡人の母は、この年から会社勤めをはじめたので、小学校に入ったばかりのわたしに夕食のごはんを炊かせなければならなかったからだ。電熱器は、ガスのように火加減が調節できないのでごはん炊きには不向きだが、ガスは入ってないし薪で炊かせるのは心配だし、となれば電熱器を使うよりなかったろう。それに母は、『婦人之友』の愛読者でもあった。たしかにわが家でみるかぎり、この電化製品は、こどもをかかえて必死に働かねばならない未亡人家庭の、家事の合理化に大いに役立った。

四八年には、電力会社を中心に、電機メーカー一四社などが参加して家庭電気文化会が発足し、家庭電化製品の開発普及に乗出した。そのなかで、重電機メーカーによる電気洗濯機も売出されている。その広告がふるっている。

「女性を解放する——芝浦電気洗濯機」一九四八年
「洗濯しながら本が読める——富士電気洗濯機」四九年
「主婦の読書時間はどうしてつくるか——その近道は洗濯に使われる時間の合理化である——芝浦電気洗濯機」五〇年[1]

食糧不足や戦後の混乱の一方で女性解放政策がつぎつぎうちだされ、向学心に燃える女たちが元気いっぱいの時代ならではのコピーである。それだけに、朝鮮戦争勃発によって、企業が新しい販路を見出したとたん、「女性解放」は広告のコピーから、ぱったり姿を消す。時代の空気もまた急速に「逆コース」に向かったのだった。[2]

そして、朝鮮戦争の停戦（五三年七月）によってふたたび内需拡大の必要に迫られた重電機メーカーは、手取りばやく日銭を稼ぐために、ふたたび家庭電化製品の生産に励むことになる。その結果うちだされたのが、五三年の「電化元年」であった。冒頭のナショナルの広告にみられるように、そこではもう、「女性解放」だの「読書時間」だのといった堅苦しいことはいわれない。ひたすら製品の名前をならべたて、その数の多さイコール「豊かな生活」「便利な生活」としてうたいあげられている。

広告だけでなく、メーカーはあの手この手で主婦に働きかけている。

五一年三月、川崎市内の婦人会の主婦たちは、東芝工場に招待された。これについて、ある婦人会の日誌にはつぎのように記載されている。

「東芝の特別の御好意により、市内の婦人団体が工場見学に招待され、今日はその第三日目である。天幕に少憩の後此の会社の製品の展示会を見る。

電気洗濯機、冷蔵庫、メートル器、各種真空管、電球、電気剃刀、果汁絞り器、蛍光灯、等々、今直ぐにも我々の家庭にとり入れたいものが沢山あるが、如何せん高価な品許り。（略）暗室に案内されテレビジョンを見学する。佐藤美子や工場従業員の咽喉自慢は声と共に姿が映し出され興味尽きないものがあった。正に科学の驚異である。（略）一般家庭にこれが普及されればどんなに便利な事であろうか。早く其の日が来る事を願ってやまない」（境町婦人会記録『あゆみ』）

主婦たちは「お土産にマツダランプ一個づつを戴いて」、大感激でバスで送られて帰ったのだった。

こうした企業の宣伝を兼ねた見学会は、その後さかんに行われるようになるが、この婦人会の日誌を見るかぎりこのときが最初である。たぶんこの時期から、日本の企業はこうしたかたちでの主婦への働きかけを開始したのだろう。

東芝見学は、絶大な効果をあらわしている。電化生活のすばらしさを痛感した川崎の主婦たちは、五二年一一月から、全市の婦人会をあげて「電源開発愛国貯金運動」を開始する。

「生活がおいおい落着いてくるにつけ、私たちが夢にまで見るようにほしいのは、電気洗濯機や電気冷蔵庫です。こんな機械が私たちの家庭にあったら、私たちの労働と時間は大いに節約され、教養や娯楽によってどんなに楽しい充実した日々を送れることでしょうか。

けれども、それにはまず、私たちの国が富まなければなりません。せっかく電気洗濯機がデンとおかれても、毎日毎日停電の現状では、電気洗濯機が泣きだすでしょう」（川崎市婦人団体連絡協議会会長薄井こと「一ヵ月一人十円が積り積もって　電源開発の愛国貯金七百万円」『主婦之友』五三年一二月号）

というわけで主婦たちは、五一年から開始された「電源開発五ヵ年計画」の資金確保のため、一ヵ月一人一〇円の貯金運動を開始する。日本の電力資源は、六〇年代にはいって急速に石油に転換されるが、五〇年代はじめの段階では、戦後復興のなかで不足する電力の資源を水力に求め、大規模ダム建設のための「電源開発五ヵ年計画」に着手していたのだ。

「もし五ヵ年計画が計画通りにいって、五百四十万キロワットの電源が開発されたら、日本中の鉄道は全部電化されます。石炭はいらなくなり、むろん停電もなくなる。カーバイト工業が盛んになり、化学繊維がどんどんできて、綿の輸入は必要なくなります。そのうえ、肥料工業が活発になれば、日本の農業に、どれだけ利益を与えるか判りません。（略）丘の上の駐留軍兵舎の煌々たる電灯と、私たちの薄ぼんやりした暗い生活、これを明るくするのは、私たちでなくて誰でしょう。電気洗濯機とダムは、すぐ結びついているのです」(同)

化学肥料の問題や、高度成長による公害多発を見てしまったいまの私たちには、犯罪的とも思える文章だが、ともあれこの時期、「電化」は日本の主婦たちにとって、すべての問題を解決する打手の小槌のように思われたのだろう。

この「電源開発愛国貯金運動」には、通産省・東京電力・日本銀行・郵便局が講師を派遣して講演会を開くなどの協力をしている。電機メーカーも非常に積極的だった。さきの婦人会の日誌には、五三年七月、電源開発貯金奨励のために劇「電化家庭の午後」を上演したことが記されているが、その脚本は東芝の職員が書いたものだった。

主婦たちは、一週間の猛稽古ののち晴の舞台に立ち、「観衆をして感嘆の声を発せさせるほどの名演技であった」。そしてこの劇の上演によって、「電化家庭は主婦に幸福をもたらし、よりよき生活をするための文化施設である。電気洗濯機、電気冷蔵庫、トースター、扇風機、アイロン、ミキサー等々の完備された台所――我々は此の夢実現のため一層電源貯金に励まなくてはならない」と、決意をあらたにしている。

この「電化元年」をうたわれた一九五三年は、秋以来貿易収支の悪化を理由に、「吉田デフレ」と呼ばれる緊縮財政・金融引締政策がとられ、不景気風が吹いている。それは翌五四年もつづく。にもかかわらず、洗濯機をはじめとする家庭電化製品は、じりじりと普及しはじめ、五四年一一月には、洗濯機の生産台数は月産二万三〇〇〇台となっている。

『主婦の友』(3)には、五四年七月号にはじめて洗濯機の紹介記事が登場する。まだ搾り機がついていないものが大半だが、「もし、搾り機のあるものは、大きなボタンは、洗濯物の内側に包んで直接ローラーに触れないようにすると、ちぎれたり割れたりしません。ざっとたたんで搾るとよい」と、いまからみれば、なかなかめんどうだ。

この記事のなかにサンヨー電気洗濯機の広告が載っているが、搾り機・スイッチ付きで二万九八〇〇円とある。当時の平均賃金は一万四〇〇〇円から一万五〇〇〇円。月給の二倍したわけだ。ちなみにサンヨーは、この年から人気女優の木暮実千代をイメージ・キャラクターに使い、積極的な宣伝を開始している。

テレビはもっと高価だった。シャープのテレビ（もちろん白黒）は、五二年開発当時一七万五〇〇〇円もした。五三年には一四万五〇〇〇円、五四年には九万九五〇〇円と、技術革新と大量生産化によって急速に値を下げたが、それでもまだ、七、八ヵ月分の給料に相当する。

『主婦の友』よりは生活程度も知的レベルも高い読者を対象にしているはずの『暮しの手帖』には、五四年には洗濯機の記事はない。五五年夏発行の三〇号の洗濯特集のなかではじめて、洗濯機に触れている。

「なんといっても電気センタク機は便利なものです。ミキサーなどどうでもいいから、これだけは少しずつ貯金してでも、一台はほしいと思います。

ただ便利なキカイというと、センタク機に限らず、それを買えばひるねしていても全部キカイがやってくれるように思いこんではいけません。便利にはちがいなくても、電気センタク機は決して万能ではないのです」

ここにはおそらく、編集長花森安治の、メーカーに対する批判がある。やたら電化製品をならべたてるのが「文化」であるかのように、洗濯機さえ買えば、主婦はなにもしなくてもいいかのように宣伝するメーカーへの批判を持ちながら、矢継ぎ早に開発される製品の利用価値をじっと見ていた花森が、ようやくここで、洗濯機だけは、と見極めをつけたのだろう。

のちに『暮しの手帖』の看板のようになる商品テストが、はじめて誌面に登場するのは五四年一〇月号からである。しかし五四年から五五年にかけては、ソックス、マッチ、鉛筆、安全カミソリといったささやかな日用品が中心である。唯一、五五年春の号で電気アイロンをとりあげているが、この時期電気アイロンは六〇％の普及率を示しており、庶民層の主婦にとってもほぼ生活必需品になっていた。つぎつぎに開発される新商品の紹介ではなくて、すでに必需品になっている商品のよりよい質を求めてテストするというのも、花森の見識であったろう。

しかしその『暮しの手帖』も、五六年には洗濯機、五八年冷蔵庫、五九年炊飯器を商品テストにとりあげている。いずれもまだ一〇〜二〇％の普及率の時期だが、高まる一方の主婦の電化熱に抗しきれなかったのだろう。

55年体制成立以後、電化製品普及の足取りは早まった。五五年、アイロン六〇％、洗濯機・扇風機一〇％、電気炊飯器はこの年初登場で、せいぜい数百台程度。それが五年後の六〇年には、アイロン七二％、テレビ四七％、洗濯機三六％、トースター二八％、炊飯器二五％、電気こたつ二四％、冷蔵庫一三％、掃除機九％にまでふえている。

そして六〇年代以後の高度成長のなかで、冒頭のナショナルの広告の「ユメの電化生活」は、ユメではなくて、日本の家庭のありふれた光景となった。電源開発貯金にかけた川崎の主婦たちの願いは、ここでついに実現されたのだ。

お金がほしい

月給の何倍もする電化製品をつぎつぎと買いそろえ、「ユメの電化生活」をわがものとするためには、お金がいる。それも、ちょっとやそっとではない額のお金が必要だ。

お金がほしい――。わたしたちが今回、基礎資料として通して見た『朝日新聞』（東京）、『婦人民主新聞』、それから当時日本における最高のインテリ女性雑誌だった『婦人公論』などからはあまり見えないが、より大衆的な『主婦の友』を見ると、この時期「お金がほしい」という主婦たちの切実な叫びが聞こえてくる。『主婦の友』よりは生活程度の高い家庭の主婦を対象としていた『婦人之友』からも、その声は聞こえてくる。

日本の主婦たちは戦中から戦後にかけて、自給自足経済から物物交換経済へ、そして貨幣経済へと、人類の経済史の歩みを凝縮して追体験したのだったが、朝鮮特需による戦後復興のなかで、戦前の主婦たちが営んでいた家計運営のありかた、お金というものに対する観念が、大きく変わっていることが感じられる。

つまり、それまでの主婦の家計管理の中心は「出るを制する」。やりくり算段節約につとめ、なるべく買わないですむよう、更生服だの家庭菜園だのと自給自足的生活を心がけていた。しかしこの時期、とくに若い主婦にとっては、お金は「出るを制する」よりは「出るものは出る」、だから「働いてつくる」ものとなっている。

戦後一〇年近くたったこの時期は、戦争中「欲しがりません勝つまでは」と、がまんを重ねた少女たちが大量に主婦になった時期である。彼女たちががまんにがまんを重ねて努力したにもかかわらず、戦争は負け。そして負けたとたん、それまでの「滅私奉公」は「滅公奉私」へと世の中は大転換した。そうしたなかで成人した若い主婦たちは、がまんしたりちまちまと節約につとめるかわりに、どうやれば早く手に入るかを考える。

五四年から『暮しの手帖』が「商品テスト」を誌面に登場させたということ、これはその時期、商品が多様化し、消費者の要求が「量から質へ」と変化していることを示している。朝鮮特需による経済復興は、多様な商品のなかから選んで買える時代を、大衆的に日本の主婦にもたらしたのだ。それは、昭和恐慌から一五年戦争へ、そして戦中の配給統制、戦後の物不足と続いた昭和の歴史のなかで、女たちがはじめて体験する時代であり、日本の女の歴史のなかでもはじめての、開闢以来ともいうべき時代の幕開けだった。

やりくりだけでは、「ユメの電化生活」実現は不可能だとなれば、お金を生み出すもっと積極的な方法を考えなければならない。

まず考えられるのは内職である。これは都市小市民層の主婦は昔からやっている。『主婦の友』は一九一七（大正六）年創刊以来、有利な内職や副業を記事として取上げつづけてきた。戦後一九五〇年前後の誌面には、輸出用ホープ（これは何なのだろう?・）、謄写版、カナリヤ飼育（以上四九年一二月号）、レース編み、造花、マスコット人形（米兵のスーヴニール用か？）、輸出向け鈎針編みベビーコート（以上五〇年四月号）、ミシン内職（五一年四月号）、婦人靴下修理（同七月号）、メッシュワーク、ビニールの仕立てもの（九月号）といった内職がとりあげられている。

五二年になると、「ミシン一台で家計を支える内職体験」（七月号）、「機械編みの内職に成功した体験」（九月号）といった記事がみえる。五三年も内職関係の記事は多いが、それまでとちょっとちがうのは、「美しい趣味の手芸内職に成功した体験」（二月号）、「内職にもなる趣味のナイロン手芸」（七月号）というように、「美しい」「趣味」を強調して内職にともなう暗いイメージを払拭しようとしていることだ。そして五四年以後は、内職記事は、ぐっと減っている。

そのかわりにふえるのが、利殖と共稼ぎの記事である。現在の女性雑誌は、株や財テクにかなり誌面をさいているが、それはつまり、読者の要求があるからだろう。当時の『主婦の友』の利殖関係記事の多さをみると、主婦のあいだに財テクへの関心が非常に高まっていたことがうかがえる。そもそも、重電機メーカーが家庭電化製品開発に乗りだしたのは、家計を預かる主婦に自社株を買わせるねらいもあったという。社名のついた製品を主婦の身近に送りこんで名前をおぼえてもらい、株を買わせよう、ということだ。

『主婦の友』は、四九年一一月号から「家庭利殖道話」をほぼ毎号掲載し、有利な預貯金の仕方、生命保険のかけ方などについて説いている。とくに株については、「道話」とは別に何度か記事にしている。「素人にもできる株の買い方売り方」（四九年八月号）、「株の手堅い買い方売り方」（五一年五月号）、「株式投資に成功した婦人の体験」（五二年一二月号）。そしてスターリンの死で株が大暴落し（五三年三月五日）、高利をえさに庶民の金を集めた保全経済会が倒産した五三年には、「街の金融利殖で損をした人の体験集」（九月号）、「素人でも失敗のない株式投資の秘訣」（一〇月号）が載っている。

五四年、「奥様経済学」のコーナーが設けられ、五五年はそのものズバリ「利殖の秘訣ソッとお知らせ」が連載される。そのひとつ、七月号の「あなたは損をしている！　貯金か株式か」（利殖評論家佐竹尚）という記事は、こんな具合だ。

「サラリーマンの家庭なら、まず十万円ためることを心がける。（略）とにかく、金儲けの第一歩は、何といっても資本を貯めることです。次に、この資本を動かすこと。心がけと、勉強と、時の力を借りて、うまずたゆまず一歩一歩進めば、むずかしそうな金儲けの道も、決してできない相談ではないことは、いくらも証明ずみのことです」

そして、「物の値段の上下から、世の経済の移り変わりを察知する術も心得た」現代的なA夫人と、やりくり上手で締り屋の伝統的優等生主婦、B夫人の利殖例が出されている。

A夫人は五四年暮れ、一株一二八円の旧三井物産の株六〇〇株を買った。三ヵ月後一株一八四円に上がったので全部売り、三ヵ月間に純益三万九九円を得た。それに対してB夫人は、家計簿の黒字分八万円を手がたく三ヵ月の銀行定期に。利率四分で三ヵ月後の利子は一八八〇円。「どうやらこの勝負は、A夫人の勝ちに終わったようです」。

たしかにこの年五五年は、取引数量の増大によって好景気がもたらされるといういわゆる数量景気から神武景気へ。日本経済は戦後最高の生産をあげ、経済成長率一〇％以上、貿易規模を除き戦前水準を回復している。企業は技術革新による生産性向上を目指して資本の拡大をはかったから、株式市場は活況を呈していた。翌五六年の『経済白書』が、「もはや戦後ではない」とうたったのは、この好況があったからだ。

ともあれ、こうした株関係の記事が大衆的な『主婦の友』（この時期『主婦の友』はまだ総ルビ付きである）にたびたびあるということは、一般主婦のあいだに、やりくり算段身をけずって手作りにつとめたり、チクチクと針を運んでささやかな内職に励むかわりに、新聞の株式欄に目をこらしラジオの株式市況に耳を傾け、米アイゼンハワー大統領の健康状態やインドシナ休戦と日本の景気の関係に思いをめぐらし――といった、〈知的〉活動による金稼ぎが普遍化していたということだろう。

これはたしかに、戦後女性解放のひとつの成果である。戦前の差別的女子教育のなかで、社会に対する関心を阻害され、新聞を読むことすら「女のくせに」と非難される状況のなかでは、主婦が株でもうけることなどは考えられなかった。戦後うちだされた男女平等の理念や教育における機会均等のなかで成人した女たちが主婦になったこの時期はじめて、近代資本主義社会の情報解読能力を持った女たちが大量に登場したのだろう。

家事労働の値段は？

しかし、株で一獲千金を夢みるよりは、職業生活のなかで定収入を得るほうが確実だ。五一年から『主婦の友』は、内職や副業、利殖といった在宅で収入増をはかる記事に加えて「就職」を取り上げはじめた。五二年七月号には「共稼ぎ新家庭の生活設計」という記事がみえる。結婚しても仕事を続ける若い主婦がふえはじめたからだ。

こうした主婦の動きに対しては、当然男たちや伝統的やりくり派の主婦のあいだから批判がでる。

五四年四月一〇日から第六回「婦人週間」が実施されたが、そのスローガンは、「婦人の実力を育てましょう――家庭や社会の経済生活において」だった。「経済生活」における「婦人の実力」が取上げられたのは、それが無視できない状況になっていたことを示している。しかしそこでなされた議論は、概して主婦の家事労働を評価し、外で働くことを否定するものだった。

『朝日新聞』は、これについて、四月一一日、一七日と二度も社説でとりあげているが、その内容は、主婦が家計をやりくりすることこそが、日本経済発展の基礎だとして、主婦が外で働くことを否定している。

まず四月一一日の社説「婦人の実力を育てるとは」では、つぎのように主婦の家事労働を評価する。

「『経済生活における婦人の実力』ということを考える場合も、男性と同じように、家を外にして働くということばかりでなく、主婦は主婦なりに、家庭の場で実力をそだてる問題もあるはずである。（略）ある専門家の調べでは、家庭の主婦の仕事には三十七種あって、それが互いにからみあっているということである。料理、せんたく、掃除、育児、教育、看護から買出し、と考えてみると、なるほど大変だとだれでも気がつくであろう。しかもそれにそれぞれ経済の問題がつきまとうていて、これを巧みに切回すのは、容易ならぬ仕事である。主婦のこの『万能選手』振りを、夫も、子供も、社会も認めていないばかりでなく、主婦自らがこれについての自覚が不足し、正しく評価していないのではなかろうか」

こうした論をうけてか、「婦人週間」の一環として東京で開かれた「婦人の教養と経済生活」の討論会では、夫に家事労働の大変さをわからせるためにはどうすればいいか、主婦が寝込んで困らせてやればいい、といった議論がされている。

そして『朝日新聞』は、ふたたび四月一七日、

「今の日本の悩みの一つは資本の蓄積が足りないということで、そこから国際収支も悪化して、必要なものについてもあえて節約をやらねばならないというときである。この際、消費経済の中核である家計を握る婦人がもっている経済への影響力は、実は極めて大きいのである。(略)婦人が家庭の消費経済を国の経済全体の動きとチグハグにならないようにカジをとっていくことは、決して男に劣らない日本経済への貢献であるはずである」

と、外で働くよりも、ゼイタクを慎みやりくり算段に務めるべきことを説いている(社説「婦人と経済」)。

こうした家事労働評価の動きのなかで、六月、東京都都民室では、労働省婦人少年局、『婦人之友』友の会、労働研究所、東芝などの協力を得て、主婦の一日の家事労働をお金に換算して発表した。家事労働賃金化説は、一九七〇年代にイタリアのダラ・コスタ[4]や、八五年の国際婦人年ナイロビ会議でもイギリスの女性から出されたが、日本においては、一九六〇年磯野富士子の

「女性解放論の混迷」をきっかけとする第二次主婦論争のテーマであった。そこでは、主としてマルクス経済学者によって、主婦の家事労働は使用価値はあるが交換価値はなし、したがって無価値であるということで決着がつけられている[5]。

しかしそれより六年前のこの時期においては、主婦の家事労働の値段は、五人家族(夫の父・夫婦・子供二人)で一日一一〇〇円一〇銭とはじきだされている。ということは一ヵ月にすれば三万円以上、平均賃金一万五〇〇〇〇円程度のこの時期にあっては、非常に価値のある労働とみなされたことになる。

これを作製した都民室の中野つやらは、

「月給袋を持って帰らなくたって、夫以上の収入があると見てよいでしょう。そとでかせがなければ、経済能力なしという通念は間違っているのです」

と胸をはっている(『朝日新聞』六月一〇日「主婦が一日サボッたら」)。

数字の根拠は、主婦の家事労働のすべてを外の商品経済に依存した場合かかる費用と、主婦がやった場合の差額を、主婦労働の価値とする外部労賃換算説である。たとえば、七三二カロリーの朝食をとるのに、外食すれば五〇円、主婦がつくれば材料費三四円だけですむので、その差一六円が主婦労働の価値ということになる。これが三食五人分で一日四二〇円というふうに、掃除・せんたく・裁縫・育児・年寄りの世話のそれぞれについて、外に出した場合との差をカウントしているわけだ。

裁縫代は一日七五円となっているが、これは、主婦は一日にゆかた半枚分のつくろいものをしているとして、授産場の内職賃金に換算したもの。掃除は、労働省婦人少年局の「主婦の生活時間」によって一日一時間三〇分とし、これを家政婦の日当三〇〇円から割り出している。せんたくは、全部クリーニングに出した場合。育児は、保育所代。そして「年寄りの世話」は、「女の年寄りなら家事の補助者になれるのですが」、男なので養老院に入れたとしてその費用を出している（同、傍点引用者）。

たしかにこの時期、主婦の家事労働は大変だった。電気洗濯機の普及率はまだ一桁、ガスも水道も大都市だけで、農村にはようやく、石油コンロと井戸水の汲み上げポンプが普及しはじめたばかりである。『婦人公論』五五年七月号「家事労働における都会と農村」（三浦豊彦）によれば、京浜地区の都市部においても、主婦の家事労働時間は、平日一日一〇時間一六分、新潟の農村地帯では、なんと冬場は二一時間三一分が家事労働に費やされているという。もちろんこれは主婦一人の労働ではなく、大家族の成員による労働を合わせた時間だが、いずれにしろ家事労働は、まだまだ大変な労働だったのだ。

しかしこの時期、こんなふうに主婦の家事労働を評価する動きが高まったのは、あきらかに政策的意図にもとづいている。この時期は前年以来のデフレ政策によって、就職難や失業者の増大が伝えられていた。そこに女まで外で働いてはますます就職難は激化する。なんとかして女の足を家の中にとどめておこうというのがそのねらいである。

それは一方では、女性の就労意欲の高まりと、商品化社会の進行を示すものでもある。家事労働の価値づけにあたって、ただ抽象的なことばで評価するのではなく、商品化された家事サービスの購入代金として貨幣価値で呈示しているということ、その背景には、それらの商品化と、それにともなう価値観の変化がある。それはもう、押し止めようがない時代の趨勢だった。

「共稼ぎ」から自己実現へ

こうした趨勢のなかで、五二年一〇％以下だった女子雇用労働者のなかの既婚率は、五五年二〇・九％にまでふえている（国勢調査、労働調査による）。『婦人公論』と『婦人之友』が、ともに五五年二月号で、働く主婦の問題を取上げたのはそうした背景があったからだ。前者は西清子の「共稼ぎ白書」、後者は「働く家庭婦人の生活調査」。ともに読者グループなどに対するアンケート調査の結果をまとめたものだ。

かたや教養主義、かたや生活密着主義といったちがいはあるものの、ともに戦前から日本のインテリ女性雑誌を代表する二誌、それだけにかなり生活程度も高い読者を対象にした二誌が、申し合わせたように働く主婦の問題をとりあげたのは、数だけではない質の変化があるからだ。いわゆる「共稼ぎ」ではない、つまり生活のための金稼ぎとしてだけ働くのではない、働く主婦の登場である。

『婦人公論』はここではじめて「共稼ぎ」の語を使っているが、筆者の西清子は、「共稼ぎという言葉は、なんとなく金銭的なひびきが強く、ろこつで、あまりいいものではない」と、まずこの言葉への違和感を書いている。

「結婚によって職業をやめなければならない理由を認めない、という女性の考えが、すでに共稼ぎを、貧乏世帯のなかの夫婦のくらしとみないで、互いに独立した男女の協同の生活の場として、これを育ててゆこうとしている。共稼ぎの内容は変ってきている」

しかし両誌とも、働く理由の第一にあげられているのは、経済的理由である。ただこれと平行して、出版関係や教師など、いわゆる知的職業についている女性は、「仕事が好きだから」「妻の独立のために」「母としての生き方を求めて」（『婦人公論』）、「仕事に対する使命感や興味」（『婦人之友』）といった生き甲斐につながる理由をあげている。

それに対して、印刷、製造業など現業関係の人のほとんどは、「子供の教育のため」「家を建てるため」「貯金をするため」といった具体的経済的理由である。西清子によれば、「教育」と「家」は、知的労働についている人にも共通しているという。これはまったく現在も同様である。いまも主婦たちの圧倒的多数は、「女の自立」や「生き甲斐」よりは、教育費や住宅ローンのために働いている。

もちろんこの時期の「子供の教育」や「家」への願いの中身は、いまからみるとささやかなものだが、かなり強烈なものだったことは、『主婦の友』を見るとよくわかる。五〇年前後の『主婦の友』には、「自分で家を建てる方法と建てた体験」「一五坪の小住宅と楽しい庭の工夫」（以上四九年）、「働く娘が家を建てた体験――月収七〇〇〇円で三坪の家を建てるまで」（五〇年一〇月号）、「住宅金融公庫を利用して一八坪の家」（五一年一月号）などと、「狭いながらも楽しい我家」への切実な願いがうかがえる。しかし、朝鮮特需による復興の影響が出はじめた五二年からは、「ガス・水道のない小住宅の便利な台所」（五月号）、「働くための手軽な家」（六月号）、「間取りの工夫で広く使える12・5坪の小住宅」(五三年二月号)、「新しい台所はどうあるべきか」(三月号)というように、台所を中心に便利で合理的な住宅が求められている。

この「便利」「合理的」な生活空間、とくに台所への要求は、『婦人之友』や『暮しの手帖』にも五三年あたりから頻出している。これは、家庭電化製品登場と表裏一体をなすものだろう。

それと同時に、「教育」に対する要求が高まっている。『主婦の友』には、「苦しいなかから学費を作った家庭の体験」(五二年三月号)、「月収一万三〇〇〇円公吏夫婦が子供の教育費に四〇〇〇円の天引き貯金」(八月号)といった、子どもの教育にかける執念ともいうべき熱意に満ちた記事がのっている。

この時期は、ちょうど戦後のベビーブームの子どもたちがそろそろ学齢に達する時期だったが、それを前に幼稚園熱が高まり、「卵十個で裏口入園」という事実もざらだったようだ。[6] 戦前は子どもを幼稚園に入れるのは都市中産階級の一部だったが、このあたりから一般化しはじめ、六〇年には五歳児の三一%が幼稚園に行くようになっている。忙しい母親の育児負担を軽くする意味もあったが、いまにつづく教育の低年齢化のはじまりといえる。

しかしこの時期、西清子がいうように、「家」や「教育」のための共稼ぎではなく、「自立」や「自己実現」の願いをこめて、家庭を持っても働き続ける女性が増えはじめたことはたしかだ。五五年元旦の『婦人民主新聞』は、共稼ぎについて男女一人ずつの意見を載せている。女性代表のラジオ・スクリプター林小夜子は、「女もまた母であると同時に仕事をする人間としての巾を生きたいのです」と仕事への熱意を語って、共稼ぎを肯定している。五四年二月、労働基準法の女性の深夜業規制解除を要求した女性記者たちのあいだにも、その思いはあったろう。

それに対して、男である評論家荒正人は、自分たち夫婦の共稼ぎ体験を引きながら、「共稼ぎは現代の社会では望ましくありません。女性の側にだけ負担がかかるからです」と、夫の家事協力がないのを当然として共稼ぎを否定し、「共稼ぎをどうしてもしなければならぬ場合は、女の側の労働量をできるだけ少なく、最少限にしたいものです。パート・タイムなどが現状にふさわしいのではないでしょうか」と述べている。これはいまにつながる男のホンネだろう。

『主婦の友』（五五年五月号）には、「どう解決するか外に働く妻の悩み」として一一人の女性の声が取りあげられている。ここからは、妻だけが一方的に忙しすぎる、仕事で遅く帰ると夫がやきもちをやく、妻より給料が少ないと劣等感をもつ――などなど、協力どころか働く妻の足をひっぱる夫の姿が浮び上ってくる。

しかし女が働きつづけるにあたって、いちばん問題になるのはやはり子どもである。『婦人公論』の「共稼ぎ白書」では、四〇％の女性が子どもを持っていたが、平均子ども数は一・八人。三人強という当時の全国平均からみればかなり少ない。また、両親や姑との同居率が、東京中心であるにもかかわらず四六％と高い。女が働きつづけることは、ほかに家事育児の担当者がいない場合、まだまだむずかしかったのだ。

したがって当然、保育所への要求が、働く女たちのあいだに高まってくる。『婦人之友』の「働く家庭婦人の生活調査」でも、ほしい施設としていちばんにあげられていたのは保育所、それも乳児を預けられる保育所だった。しかし公立ができるのを待っていたら、いつになるかわからない。待ったなしの状況にあった若い母親たちは、みずからの力で保育所づくりに取りくみはじめる。

戦後、共同保育所第一号として、東大教職員組合の女性たちがゆりかご保育園を開いたのは、五三年七月だった。五四年六月には、ここに集まった母親を中心に、公務員、編集者、教師など一〇〇人による「働く母の会」が生まれ、共同保育運動を進めることになる。

「今日、婦人は職場で男と同じように働きながらも、結婚したり妊娠したりすると、たえず気兼ねをし、それればかりかテイよくやめさせられる破目に追いやられています。又出産休暇は労働基準法で認められてはいますが、安心して預けられる乳児施設が皆無の状態で、赤ちゃんをかかえた働く母親の苦労は並たいていのものではありません」（働く母の会第二回総会趣意書）

わたしが、出版社づとめをしながら上の娘を生んだのは一九六六年。すでに先輩たちの努力によって、職場のなかにはそれほど抵抗はなかったが、〇歳児を預かってくれるところを見つけるのには、ほんとうに苦労した。ましてこの時期、第一期生として道を切りひらかねばならない女たちの苦労は、大変なものだったろう。

この「働く母の会」は、五五年六月、中央線沿線の母親たちを中心に、自分たちの力で中野区に大和町託児所を開設している。戦後の女性解放の息吹や民主教育のなかで成人した若い母親たちは、連帯の輪をひろげるなかで、自分たちで託児所をつくるまでに力をつけたのだ。当時『母の友』編集者だった永畑道子さんも、この会のお世話になっている。[7]

五五年八月、産休補助教員の制度が発足したのも、子どもを生んでも働きつづけたい若い女教師の熱意による。

こうして五五年は、働く母親にとってひとつの画期となる年だったが、企業の側にも、既婚女性の労働力利用の動きが出はじめる。パートタイマー制度である。

五〇年電電公社では、定員法の枠による人員不足を補うためにパートタイマー（短時間制賃金要員）制を導入していたが、五四年東京に進出したデパートの大丸が、この制度を導入したことによってにわかに注目を浴びるようになった。

労働省も、デフレ政策による就職難緩和のために、五四年一一月、東京をはじめとする全国一〇府県三三公共職業安定所で、紹介業務を開始している。さきに引いた五五年元旦の『婦人民主新聞』の荒正人の発言にあるように、この制度は、家事育児にさしつかえない共稼ぎとして、男たちにも歓迎された。その大量化は六〇年代にはいってからだが、五五年で、いまにつながる主婦の問題は、すべて出そろったといえるだろう。

イデオロギーとしての「電化生活」

石垣綾子の「主婦という第二職業論」は、こうした時代の趨勢――働く女性の増加と、家庭電化製品などによる家事サービスの商品化――を背景に書かれている。

よく知られるように、この石垣論文は、日本における主婦論争の口火を切ったものとして、いまや歴史的文書になっているが、もともとは西清子の「共稼ぎ白書」同様、『婦人公論』五五年二月号「働く婦人に捧げる特集」の一環として書かれたものだ。ここで石垣は、

「主婦の心はふやけている。昔の主婦が背負っていた重荷からときはなたれても、相かわらず、無計画に家庭の雑事に追いまわされて、人生の貴重な時間を、毎日、いい加減にすごしている。これで満足できるはずはない」

と、痛烈に主婦を批判し、「主婦という第二の職業に、Xという何か有用な要素をプラスしてゆかなければならない」と説いた。それは同時に、五四年四月の「婦人週間」以来高まった家事労働評価の動きに対する批判でもあった。

「主婦の誇りをとり戻すために、主婦の労働をお金に換算すると、一ヵ月に三万円ぐらい稼いでいることになると、親切に教えてくれる人もある。また、夫が社会に出て家庭の雑事や育児に心配なく、働いていられるのは、妻が家事労働をやっているからだ、夫のとってくるサラリーは、妻が少なくともその半分は、稼いでいることになるのである、と、主婦をおだてたり、はげましたりする説もある。

主婦の役割に不満をもつ女が多くなってきたので、『主婦は誇りをとり戻せ』と旺んにいわれているが、それははたして、誇りを主婦の血液に注射してくれるであろうか。私はそうは思わない。現に、多くの家庭婦人は、主婦のつとめだけに飽き足らず、もっと、やり甲斐のある任務を求めている。求めあぐんで、いらだっている」

石垣がこれを書いたのは、おそらく五四年暮あたりだろう。あきらかに四月以来の『朝日』の社説や、都民室の家事労働賃金化による主婦評価を頭においている。その意味では、主婦論争の起点は、五四年の家事労働評価論にあったともいえる。にもかかわらず、石垣の「第二職業論」

が歴史的文書として意味を持つのは、主婦の生活実態や意識の変化を、まだ表面的にはほとんど見えない段階でいち早くとらえて、その問題点を先取り・提起したからだ。

石垣がこれを書いた段階では、家事労働はまだ主婦の肩にずっしりと重く、石垣のいう「多くの家庭婦人は、主婦のつとめだけに飽き足らず、もっとやり甲斐のある任務を求めている」状況からはほど遠かった。だからこそ主婦たちは、その軽減を求めて、「合理的」で「文化的」な生活、それを可能にするものとして企業によって呈示される「電化生活」を購入するために「共稼ぎ」に出たのだといえる。

家事労働の軽減と働く主婦の増加は、ニワトリと卵の関係にある。家事労働が軽減したから働く主婦がふえるのか、働く主婦がふえるから、家事省力化商品が導入されて家事労働が軽減されるのか――。

しかし、このとき家事労働の軽減は、原因でもなければ結果でもなく、それ自体が目的になっていた感がある。つまり「便利」「合理的」を至高の価値とする当時の価値観のなかで、家事労働の軽減、その具体化としての「電化生活」は、何としてでも手に入れたい価値だったのだ。

それは、高度成長への離陸を目指して、技術革新と合理化によって生産性向上をはかる当時の日本の〈国策〉と無関係ではない。その意味では「便利な電化生活」は、一種のイデオロギーでもあった。石垣綾子が「主婦という第二職業論」で、主婦の「勝手に、だらだらと、自分の思うままに、その時どきの思いつきで、要領のわるい働きかた」を批判し、家事を合理化して外に有用な仕事を持てと説いたのは、より早くより多くと、効率を求める55年体制の時代の精神に、非常に適合的なものだったといえる。

この石垣論文は大きな反響を呼び、五〇年代末まで主婦論争（これはその後何度か繰返された論争の最初のものだったので、第一次主婦論争と呼ばれる）が展開されたが、坂西志保（『主婦第二職業論』の盲点」『婦人公論』五五年四月号）、清水慶子（「主婦の時代ははじまった」同）、福田恆存（「誤まれる女性解放論」同七月号）は、家事担当者としてだけでない主婦の存在意義を主張して、石垣の「第二職業論」を批判している。

坂西は、主婦は「家をきりもりし、子供を育て、社会的責任を果たす」重要な役割を担っており、外で働く男と対等であるという近代的性別役割分業肯定論だが、清水は、当時盛上がりをみせていた原水禁運動などにおける主婦パワーを背景に「主婦は男たちや職業婦人の動けぬところを引きうけて、その願いもこめて社会を住みよくするために活動するのだ」と、社会運動の立場から、主婦を肯定している。いまでいう「活動専業・主婦」論である。

福田の場合は、主婦の存在意義を肯定するというよりは、制度や法律、金銭を重視する近代的・資本主義的価値観そのものを批判し、女が経済的自立を求めるのは「家庭の意義を経済と生産に従属させた考へかた」だという。

いずれもいまだに繰返されている議論であり、とくに清水の「活動専業・主婦」論や、福田の「近代」批判は、高度成長のひずみがみえた現在かえって強まっている。

しかし当時の主婦たちは、55年体制成立以後の高度成長のなかで、結局、石垣と坂西の提起したものに二極分解した。つまり、石垣説の雇用されて働く主婦と、坂西の「男は外、女は家で家事育児」という近代的性別役割分業にもとづく主婦の大量化である。一億総サラリーマン化のなかで、ひとりの生産者でもあった農村の女たちも、都市に出て核家族の主婦になっていったからだ。

そして外に仕事をもつ主婦も持たない主婦も、ともに55年体制に組みこまれ、高度成長を支える役割を果たした。かたや〈前線〉で男たちと肩をならべ、かたや〈銃後の女〉として、経済戦士たる夫の内助と子どもの教育に全力をあげる——。

「電化生活」へのテイク・オフ（離陸）は、苛酷な労働からの解放とともに、あらたな〈戦時体制〉を女たちにもたらしたといえるかもしれない。

注

（1）山口昌伴「道具」『高度成長と日本人2』による。

（2）女たちの現在を問う会編『銃後史ノート戦後篇1　朝鮮戦争　逆コースのなかの女たち』インパクト出版会　一九八六年参照。

（3）一九五四年一月号から、それまでの『主婦之友』は『主婦の友』と誌名表記を改めた。

（4）マリアローザ・ダラ・コスタ『家事労働に賃金を』インパクト出版会　一九八六年参照

（5）上野千鶴子編『主婦論争を読む』Ⅰ・Ⅱ　勁草書房　一九八二年参照

（6）鈴木スム子「卵十個で裏口入園」（『銃後史ノート戦後篇3　55年体制成立と女たち』一九八七年参照）

（7）永畑道子「いまだ戦争の影濃く漂った時代に」（同参照）

参考文献

『主婦論争を読むⅠ・Ⅱ』上野千鶴子編　勁草書房
『高度成長と日本人Ⅰ・Ⅱ・Ⅲ』エディタースクール出版部
『家事労働』大森和子ほか　光風館
『日本産業組織』熊谷尚夫編　中央公論社
『戦後の女性変身史』味の素ゼネラルフーズ10周年記念出版

（『銃後史ノート戦後篇3　55年体制成立と女たち』インパクト出版会　一九八七年一二月刊）

ピープルのための日本国憲法改正私案

1

神は細部に宿り給う——。こんなことばをモットーに、ひたすら小状況にこだわってきたわたしにとって、「国家」などとはあまりに話がデカすぎて、身の丈に合わない。

とはいうものの、わたしもまた「国家」と聞けば、反射的に「死滅」という言葉を思い浮べてしまうオールドなんとかのシッポを引きずっている世代である。そのわたしが「国家死滅」の彼方に思い描くのは、小さな無政府自治社会の連合体。そこでは、交換価値ではなくて使用価値が息づいており、ひとびとは、能力に応じて働き、必要に応じてとることが保障されている——。アナ・ボルごたまぜのかなりケッタイなイメージだと思うが、あえて乱暴に一言でいうと、こんなことになる。しかしもちろん、その実現はユメのまたユメ——。

だからここでは、その彼方の世界をはるかに遠望しつつ、そのうんと手前のところで、先日亡くなった梶村秀樹氏の提起をわたしなりに受け止めて、ささやかな提起をしてみる。それは、まずは梶村氏の早すぎる死に対する痛切な哀悼の思いによるが、それだけではなく、欠席されたピープルズ・プラン21世紀の円座討論会への氏の提起が、たまたまわたしの問題意識と重なったためでもある。

まず梶村氏は、日本国憲法の「国民」に対する権利保障が、その裏に国民ではないひとびとの排除を含んでいることを指摘し、「外に対する排除の壁としての国家の機能」を問題にしている。そして、そうした国家の機能を「即座に解体すべき対象」とすることを提起されている。これは、そうした国家の機能に無自覚な護憲論に対する批判でもあり、結果として法改正にもつながるだろう。

わたしもまた、日本国憲法の「国民」にずっとこだわりをもってきた。日本国憲法の原文が、GHQ製の英文であることは周知の事実だが、そこでは、現在日本国憲法で「国民」となっているところが、すべてPeopleとなっている。

これを日本語に訳して日本国憲法草案とするにあたって、GHQ民生局の若いスタッフは、ピープルに該当する日本語として、当然ながら「人民」を主張した。しかし日本政府は、あくまで「国民」に固執し、それを通してしまったことは、T・A・ビッソンの『日本占領回想記』にくわしい。

「国民」にあたる英語は、ふつうネイションだが、日本政府があえてピープルを「国民」としたのには、もちろん理由がある。憲法前文、および第一条「天皇の地位」規定の後半にある「その地位は主権の存する国民の総意にもとづく」は、「主権在民」を保障するものとして評価されている。しかし、まさにその「主権在民」を骨抜きにし、天皇主権への道を残すためにこそ、前文中八回登場するピープルはすべて「国民」とされ、第一条の「will of the people」が「国民の総意」とされたのだ。

つまり、それによって「天皇をピープルのなかに〝溶《メル》け込《ト》ま〟せ、天皇とピープルの間にはなんら対立とか意思の分裂がないかのように仕組むこと、あるいは日本の政治理論の一学派のいうごとく、天皇を国家《ステイト》もしくはネーション（国民）の不可分の一機関として観念させる」ためだったとビッソンはいう。ありうることである。これからいえば、第一条の「国民の総意にもとづく」を、天皇制解体の手がかりにするというのは、なんともオメデタイはなし、ということになる。

この際わたしは、日本国憲法の「国民」を「人民」に改めてはどうかと思う。そうなれば、少なくとも梶村氏のいう非「国民」排除は、憲法違反として問題にしうる道がひらけるのではないか。

「人民」ということばは、一時期の共産党用語として手垢がついており、いままた「人民解放軍」の悪イメージが日本社会にひろまってしまったが、もともと「人民」の語は、一〇〇年前の帝国憲法制定以前、自由民権運動のなかでいくつか出された草の根の憲法草案では、ふつうに使われている。その意味では、日本近代の幕開けにおける民衆の初心にたちかえるだけ、と言えなくもない。それでもどうしても「人民」はまずいというのであれば、それにかわるピープルの訳語をみんなで考えればよい。ともかく「国民」は、早急に日本国憲法から排除しよう。

2

さらに梶村氏は、国家の排外的機能が国民には見えず、その結果、「知らず知らずのうちにこうした『強者の論理』への加担を迫られ、暗黙の承認に追いこまれていく」ことを問題にしている。国家の排外性への民衆の共犯性である。

もちろん国家は、「外」に対してだけでなく、国内の民衆に対する抑圧機構でもあることは、つい先だって、北京において生々しく見せつけられたばかりだが、この（平和な）日本においても、じつは目に見えない国家の銃弾で、民衆は日々殺されているといえる。にもかかわらず、「国民」にそれが見えにくいというのは、氏の言われるとおりだ。とくに日本人は、「強者の支配」としての国家、近代が産みだした「必要悪」としての国家という認識が、非常に弱いように思う。

その要因にわたしは、天皇制の存在をみる。「くに」はあっても「国家」観念などなかった日本民衆に対して、近代国家形成にあたって、単一民族神話にもとづく天皇制家族国家イデオロギーが強力にふりまかれた結果、国家が共同体的な「くに」の延長線上で一般にイメージされてしまった。それによって抑圧機構としての国家への認識が阻まれると同時に、国家の排外的機能への自らの共犯責任の自覚も妨げられたのではないか。

あの一五年戦争は、国家のもつ冷酷な排外的機能が最大限に発揮され、それに民衆も共犯者として加担したのだったが、その自覚は非常に弱い。それは、ドイツ国民のみずからのナチスへの共犯責任を問う姿勢とのちがいとして、よく言われることである。その責任感覚のちがいの要因には、天皇制のもとで、所与の血縁家族のように国家を認識させられていた日本国民と、史上まれにみる民主的なワイマール憲法のもとで、みずからの選択でナチスを選びだしてしまったドイツ国民とのちがいがあるように思うのだ。

さらに戦後は、それまで国家とセットになっていた天皇が、いちおう「主権在民」の民主主義国家のたんなる「象徴」になったため、日本民衆にとって国家は、ますます見えにくいものになったように思う。その結果、「経済大国」日本の「外」に対する冷酷さに、梶村氏のいう「暗黙の了解」どころか、ペタリと一体化しているのが一般的な状況だ。

この状況をひらくためには、まずは天皇制をなくするのが先決である。さきの憲法改正問題にもどせば、「国民」をやめるとともに、第一章、つまり一条から八条までの天皇制条項を、きれいさっぱりとっぱらってしまうということである。

そうはいっても、もちろん、言うは易く、行うは難し……。実行にあたっては、多彩なチエの集約が必要だが、その一つとして、新しい国章を、わたしたちで作ってみてはどうかと思う。

国章とはまた国家主義的な、と思われるかもしれないが、いま、「人民」連帯をめざして外国に行くにあたって、天皇家の紋章である菊印パスポートによって、日本国民のアイデンティティを保障されることに屈辱を感じているひとは多いだろう。

なぜ日本のパスポートには菊印がついているのか？　一言でいえば、民衆がつくった国章がないからである。他の国々には、国家のシンボルとして、国旗・国章がある。そしてパスポートには、ふつう国章がついている。アメリカなら、平和をあらわすオリーブの枝に一三本の矢（一三州の団結をあらわす）をつかんだ鷲のマーク、インドネシアなら、伝説の鳥ガルーダのなかに建国五原則パンチャシラを図案化したもの、という具合。つまり国章には、それぞれの国の民族的伝統と建国の理念がデザインされているわけだ。

菊印は、日本の民族的伝統と建国の理念をあらわすものだろうか？　日本は、単一民族国家どころか、歴史的にみれば、じつは辺境のかなり多様な民族の吹きだまりである。その吹きだまり国家としての伝統に、日本国憲法の戦争放棄・主権在民をアレンジした国章をつくってはどうだろう。

さしあたりわたしたちは、国家にアイデンティティを保障されてしか国境を越えた民衆同士の交流もありえないわけだが、しかしせめて、排外性とそれに対する無自覚の象徴である菊印に、みずからのアイデンティティを保障されるという屈辱は、きっぱり拒否したい。

天皇制を解体しないで、パスポートの菊印だけ変えてみてもしようがないという声が当然あるだろう。また、天皇制をなくしたからといって、国家がなくなるわけでもないという意見もあるだろう。まったくその通りだ。しかし闘いは、目に見えるおかしなことを、まずはおかしいとまっすぐに言うことから始めるしかないのだ。

3

さて、ここで梶村氏の提起をはなれて、現日本国家のオールタナティブを手近にもとめてみる。

いまわたしは、「もはや戦後ではない」に立ちもどって、日本の戦後をもう一度やり直せないものかと、しきりに考えている。

「もはや戦後ではない」が流行語となったのは、一九五六年の経済白書「日本経済の成長と近代化」による。その結語部分には、つぎのように書かれていた。

「もはや〝戦後〟ではない。われわれはいまや異なった事態に当面しようとしている。回復を通じての成長は終わった。今後の成長は近代化によって支えられる。」

「もはや戦後ではない」は、折からの好況を踏まえ、敗戦による貧困からの立直りを告げるファンファーレと受けとられた。しかし経済白書のいう意味はそれだけでなかった。新しい経済発展の方向性として「近代化」、つまり「技術革新」を打ちだした点で、その後の高度成長と経済大国化に大きな意味をもっていた。

経済白書が出される以前、『文藝春秋』一九五五年二月号に「もはや戦後ではない」という文章がある。筆者は中野好夫である。わたしは、経済白書のいう「もはや戦後ではない」ではなくて、中野のこれを日本の民衆がしっかり受け止めていれば、その後の日本のありかたはちがったのではないか、少なくとも「経済大国」の冷酷な排外性を、これほどむきだしにすることはなかったのではないかと思うのだ。

そこで中野は、戦後一〇年という節目にあたり、「戦後」「アプレ」という言葉によりかかっての思想的怠慢から脱皮し、敗戦によって小国となった日本の現実に腰をすえ、アジア・アフリカの小国にこそ学ぶべきだと、あらたな理念の樹立を呼びかけたのだった。

日本は、この年五月にフィリピンとの賠償協定を結び、東南アジアへの経済進出の手がかりをつかんでいるが、現在からみると比較にならないほど貧しい「小国」である。新幹線も高速道路もなく、洗濯機もテレビもまだまだ高嶺の花だった。しかし、そのかわり豊かな自然と暖かな人間関係（抑圧と感じられることもあるが）があった。生産と再生産が循環する地域社会が生きていた。東海村にはじめて原子の火がともったのは五七年八月だから、もちろん原発の恐怖などとは無縁である。

そして、日本国憲法の戦争放棄と「主権在民」は、いまよりもっとひとびとの胸に熱く息づいており、したがって天皇制は、今ほどデカい面をしておらず――。

過去に戻ることはできないけれども、過去を未来に生かすことはできる。高度成長以前、一九五〇年代後半の日本を、貧しい過去としてではなく、豊かな未来のオールタナティブとして、生き生きとしたイメージで描きだすことができればと、しきりに思うこのごろである。

（『労働運動研究』一九八九年七月号）

自分史のなかの「女子学生亡国論」

わたしの「女子学生亡国論」

一九六二年夏、わたしは憂うつだった。あせってもいた。

当時わたしは京都大学の四年生だったが、夏休み前、同じ高校出身の経済学部の男子学生に会ったら、「旭硝子に内定したよ。就職する気なら夏休みが勝負だ」と言う。一〇月一日入社試験解禁という申し合わせは前年から有名無実になり、だいたい夏休み前に決まってしまうのだそうだ。

わたしがいた文学部東洋史の研究室では、男子学生にもそんな気配はなかったが、それは彼らが学者か教師を目指しているためらしい。しかしわたしは、なんとか東南アジアに行ける仕事につきたいと考えていた。

大学を当てにしていてはダメだ、自分で会社まわりをしなければ、というその学生のアドバイスにしたがって、夏休みになるとさっそく大阪の丸紅飯田、伊藤忠など東南アジアに関係ある商社の人事部をたずねた。しかし、四年制大卒女子は原則として採用しない、これまで女子を海外に派遣したことはないしこれからもないと、あっさり門前払いされてしまった。

タイのチュラロンコン大学に留学するコースがあると聞いて、上京して文部省をたずねた。アジア経済研究所にも行った。親戚の紹介状を手にNHKに押しかけたら、「ナマリがあるな」とケンもホロロ、したたかに屈辱を味わった。真夏の東京を地図を片手にうろつきながら、わたしははじめて、四年制大卒女子に対する世間のきびしさを実感していた。

夏休み明け、教務課の壁に張り出された求人一覧には、たいてい「女子不可」「男子に限る」という但し書きがついていた。そうではない数少ない一つに中央公論社があった。もう東南アジア関係などと贅沢はいっておられない。さっそく応募したら、まず四〇〇字五枚の作文で書類審査するという。

そのとき書いた作文のタイトルが、「『女子学生亡国論』亡国論」。そのころマスコミをにぎわしていた「女子学生亡国論」に対し、そうした論こそが亡国の論であるとの反論である。中身はたぶん、わたし自身の就職活動をふまえ、大卒女子に門戸を閉ざす社会のありように異をとなえたのだと思う。書きだしはこんな発言である。

「女子学生亡国論やて、アホなこと言いよるなあ」

当時わたしは女子寮に住んでいたが、これが寮生たちの共通した反応だった。女子寮は廃屋のような男子寮とちがって、建ってまだ三年目の新しい建物だったが、六畳の部屋に二人、トイレ・台所は共用で、もちろんお風呂はない。光熱費こみ月一〇〇〇円というタダみたいな寮費が魅力で入っていたのだから、みんな貧しくて、卒業後は自活するのを当然としていた。OGを囲んで、就職や職場の様子など夜遅くまで話し合ったものだ。

一〇月一四日、わたしは上京して中央公論社の入社試験を受けた。試験場は御茶の水の中央大学。大教室いっぱいの受験生だった。本命としたアジア経済研究所の試験は、その二、三日あとだったと思う。

この頃になると、寮でも大学構内でも同期生の動きはあわただしくなっていた。そして「有史以来はじめて」、東洋史などという浮世ばなれした教室から三人も新聞社に採用され、教授たちを驚かせた。江崎グリコに就職が決まった学生もいた。いま思うと、新聞社の大量採用はオリンピック向け、江崎グリコは高度成長のおかげだったのだろう。

しかしこれは男子学生の話。女子学生のあいだではそうした景気のいい話は聞かなかった。けっきょくわたしは、本命のアジア経済研究所をあっさり落ちて、翌年四月から中央公論で働くことになるが、六三年三月文学部を卒業した二二人の女子学生のうち、公募で一般企業に就職したのは、わたしとあと一人、有名商社の人事課に採用された心理学専攻のNさんだけではなかったろうか。

女子学生世にはばかる？

それにしても、この時期、「女子学生亡国論」が問題になったのは、なぜだったのだろう。そもそも、「女子学生亡国論」とは何なのか。三〇年ぶりに、当時の文章を読み直してみる。

文学部で女子学生のしめる比率

大学	学生総数[1]	女子学生数	%
学習院大	1036	917	89
青山学院大	1461	1267	87
成城大	922	726	79
立教大	1832	1179	64
同志社大	2657	1326	50
関西学院大	1828	838	46
上智大	1491	655	44
慶大	3108	1358	44
国際基督教大[2]	770	337	44
早大	3855	1283	33
法大	2011	600	30
明大	2728	748	27
東大[3]	574	65	11

1　夜間部を除く。2　全学教養学部。
3　3，4年生のみ。(『週刊朝日』1962年6月29日号より)

きっかけは、早稲田大学教授の暉峻康隆が『婦人公論』六二年三月号に書いた「女子学生世にはばかる」である。ちなみに『婦人公論』は、わたしが就職した中央公論社の雑誌である。

内容は――、最近共学の大学の、とくに文学部では急速に女子がふえている。早稲田は戦前から女子を受け入れていたが、せいぜい一五、六名。戦後新制度発足の一九五〇年度では第一学部二六一名、第二学部八五名、計三四六名。それがいまや第一学部二〇九九名、第二が四〇九名の計二五〇八名にもなった。しかし、彼女たちは成績は良いが入学の目的がはっきりせず、結婚のための教養というものも多い。

「結婚のための教養組が、学科の成績がよいというだけで、どしどし入学して過半数をしめ、その数だけ、職がなければ落伍者となるほかない男子がはじき出されてしまうという共学のあり方」は問題だ。このままいくと女子学生が三分の二以上を占め、「学者ならびに社会人の養成を目的とする大学の機能にひびが入る恐れがあるので、わたし個人としては、せめて五分五分程度に男女の学生数を調整したほうがよいと思っている」というもの。

表にみられるように、文学部の女子学生の比率は、早稲田では三割強だが、学習院、青山学院はほぼ占拠された感がある。

しかし、こうした暉峻の女子学生批判は、このとき始まったわけではない。五年前にも『婦人公論』（五七年一月号）に「女子学生はなにゆえ大学に行く」を書いているし、一年前の『朝日新聞』では、「おおむね中産階級以上のゆたかな家庭のお嬢さんで、特にガリ勉もせず、浪人もせず、頭がいいからスッと入ってきて、講義にはサボらずせっせとノートをとり……」と女子学生を批判していた（「近ごろの早稲田の学生かたぎ」『朝日新聞』六一年一月二八日）。

こうした暉峻の持論が「女子学生亡国論」として一躍有名になるのは、六二年三月二三日、TBSラジオ「ただいま放談中」で、奥野信太郎（慶応大学文学部教授）、田辺貞之助（東大教養学部教授）と「大学は花嫁学校か――女子学生亡国論」というタイトルで鼎談して以来のことである。

ここで、私学の雄・早慶と、東大という国立超一流の教師がそろって女子学生批判を展開したわけだ。暉峻は国文学、奥野は中国文学、田辺はフランス文学だが、この三人に共通するのは、文学部に女子学生がふえると、学問の水準が下がる、講義がやりにくいということ。

女子が文学部に入るのは、文学への憧れよりは、趣味や教養のため（田辺）、「ハンドバッグを選ぶつもりで」フランス文学とか国文学を選ぶ（奥野）、一生懸命講義しても、どうせ結婚して「寝物語のタネにされる」だけだから、「心の底で風が吹くような」むなしさがある（暉峻）。そして、女子がいると、セックスの話ができないのがなにより困る。

暉峻　例えば、西鶴の講義をして、「男色大鑑」をやっていてね、男色とはどういうことをするンでしょうか、とくる。それ、説明できませんよ。

田辺　ちょっとできないな。

奥野　男だといえますものね。先に折口さんも、そういうことをいっていたことがありましたね。非常に女子学生がふえたため、そういう制約をうける、と。

田辺　(略)まず、一巡見わたして、女の子がいる時といない時では、話のレベルがというか、深さが、違うのですね。近眼なものだから、うっかり、隅っこにいる女の子に気がつかないで、しゃべってしまうと、あとで、コソコソッと出てゆかれたりなんかして――。

この放送は、『早稲田公論』六二年六月号に誌上再録されたが、これにたいして、つぎのような反論が早稲田大学OGから寄せられたそうだ。

「思うに、先生方は、女子学生を意識しすぎていらっしゃるようだ。女子学生は小学校入学以来十二年間、男女共学を体験し、しかも進んで男子の大学に入る以上、男子と差別ない教育こそ期待している。時にきわどい講義があっても、かまうまい。むしろ、手ごころを加えず、ビシビシきたえて下さることこそ、〝出来心〟で大学の門をくぐるものをなくす最良の方法でしょう」(東京・永光愉子・二五歳)

「一度大学に招き入れながら、いまさら女子学生が多すぎるとは、何をかいわんやである。

思うに、美人は才能が弱いとタカをくっていたのに、その女性が男性の分野にせまったので脅威を感じだしたのではないか。日本の男性も、手足が標準以上に育っただけで、精神年齢はそれにともなわない。ハンドバッグを選ぶように、この男性をえらばなくちゃならぬ、女性の憂鬱をくんでほしいものである」

この早稲田OGの反論は、『週刊朝日』六二年六月二九日号の「女子学生は亡国か興国か」に紹介されているものだが、ここでは、「亡国」派と「興国」派、つまり女子学生否定論と肯定論の双方をのせている。

「亡国」派はあいかわらず暉峻康隆に奥野信太郎、それに関西学院大の田中俊一も「私のところじゃ、一年生は六十四人中、五十四人が女子学生、教えやすいが研究意欲がうすれていく感じで、研究室では〝女子大化〟を歓迎していません」という。

対する「興国」派は、青山学院大教授関根英男（仏文学）、法政大学教授乾孝（心理学）、学習院大教授大野晋（国文学）など。

「フランスのソルボンヌ大学あたりでも実に女子学生が多い。文学を勉強することは、人生、人間について学ぶことだ」から、法律の条文をおぼえるよりも役に立つ（関根）。「男子は卒業と同時に、食うための就職をしなければならぬ。こういう過渡期こそ、女子学生がふえ、男子にかわって学問文化を背負うべきだ」（乾）。暉峻の批判にある就職にアクセクしないですむという点を逆手にとって、文化的貢献をせよというわけだ。

しかし女子学生肯定論でいちばん多いのは、学習院大大野晋の「教養ある母親万歳」論である。

「女の方が比較的自由だから、広い教養を身につけるために文学部にくる。（略）ヨーロッパでは、子どもが高校生になるまで、母親が読書の相手をする。日本の母親も、それだけの教養が必要なのだ」

女子学生肯定とはいうものの、いずれも女に職場の門を閉ざす現状を前提にした、いわゆる性別役割分業肯定論である。

きっかけをつくった『婦人公論』では、翌年の六三年二月号に「女子学生亡国論の再検討」座談会を載せている。しかし、「再検討」とはいうものの、出席者は暉峻康隆・奥野信太郎、それに学習院大の鈴木力衛で、「亡国論」のくり返しである。

さらに六四年三月号では、「誌上早慶戦・女子卒業者の実態」で、早慶女子卒業生に対するアンケート調査結果を評論家丸山邦男の分析でのせている。それによれば、卒業後職業についているものは早稲田四〇％（うち既婚三〇％）、慶応四八％（同一五％）。慶応卒業生のほうが就業率は高いが、縁故による就職がひじょうに多く、結婚したら辞めるという、いわゆる「腰掛け」が早稲田より多い。

このアンケートには、「女性よ家庭に帰れ、という意見がありますが、あなたはこの意見をどうお考えですか」という質問がある。これは前年の六三年一月、経済審議会から「経済発展における人的能力開発の課題と対策」、いわゆる「人つくり政策」がだされたのをうけて、七月、中央児童福祉審議会保育制度特別部会が中間報告「保育問題をこう考える」を出し、そこで家庭教育を原則としたことから、「女よ家庭に帰れ」の声が高まったことを受けている。[1]

アンケートでは、早稲田・慶応ともこの設問には圧倒的多数が反対している。これは、「女子学生亡国論」ともからむ問題であり、早稲田OGは、ここであらためて、舌鋒するどく「亡国論」批判をしている。

「卒業後ほとんどが家庭に入るから、せっかくの学問が無駄だというなら、世の男性が社会に出てどれだけ習ったことが役立っているのかうかがいたいものです。（略）汚職好き、選挙違反好き、強盗殺人好き、戦争好き、どれもみんな男で、これらの人たちこそ亡国的ではないですか」（五八年早大仏文科卒、民間会社勤務）

「女子が進出することで滅びる程度の国ならば、滅びた方がましです。女性と男性はけっして同一線上で比較することはできないのではないか。（略）問題はその社会が男性志向型かどうかということです」（同政経学部卒）

アンケートを分析した丸山邦男は、早慶両大学に籍をおいたというめずらしい経歴の持ち主だが、いまや早慶両大学とも「一流大学」になって「平均的優等生化」し、それぞれの特色は薄れてしまった、「女子学生の大量入学が、学生の平均化（没個性化）」をもたらした――と、「亡国論」につながる発言をしている。

女子大学の新設ラッシュ

女子学生が話題になったのは、この「亡国論」がはじめてではない。さきにも触れたように、五七年、すでに暉峻康隆は女子学生批判を『婦人公論』に書き、東大助教授中屋健一は、『新潮』

（五七年三月号）に「女子大学無用論」を書いていた。そして五九年、『婦人公論』は三月号で「女子大学は花嫁学校か?」を特集している。

ここでふたたび中屋健一は、「前世紀の遺物女子大学」を書き、女子大学の程度の低さと甘やかされた学生のありかたを批判して、女子大学無用論を展開している。また「座談会・女子大学は御免だ」では、東大を目指す「女浪人」五人が、女子大批判と共学大学への抱負を語り合っている。この時期までの女子学生批判は、主として女子大学の学生批判であったわけだ。

そうはいっても、批判されるほど女子大生が多かったわけではない。一九四九年、新制大学発足時の女子大学は全国で二九校、全大学一七八校の一六％を占めていた。これが五二年には八校ふえて三七校になったが、一九九〇年現在、四年制八五校、短大三二七校、計四一二校の女子大があることからすればまことに微々たるもの。しかも五七年までの五年間は一校も新設されていない。

それが急成長をはじめるのは、ミッチー・ブームがきっかけだと言われている。『朝日新聞』（六四年四月九日）の「女子大繁盛の背景」によれば、「皇太子妃美智子さまが、共学の大学ではなく、女子大のご出身だった。この事実が、がぜん女子大の〝人づくり教育〟をクローズアップした」のだそうだ。その真偽はともかく、六一年度から女子大学の新設ラッシュが始まっている。

六一年　藤女子大（札幌）、女子栄養大（東京）、ノートルダム女子大（京都）
六二年　東京女子体育大、九州女子大（北九州市）
六三年　東京家政学院大、鶴見女子大（横浜）、中京女子大（名古屋）

グラフ　大学進学率の推移

（井上輝子・江原由美子編『女性のデータブック』、有斐閣1991年4月刊より）

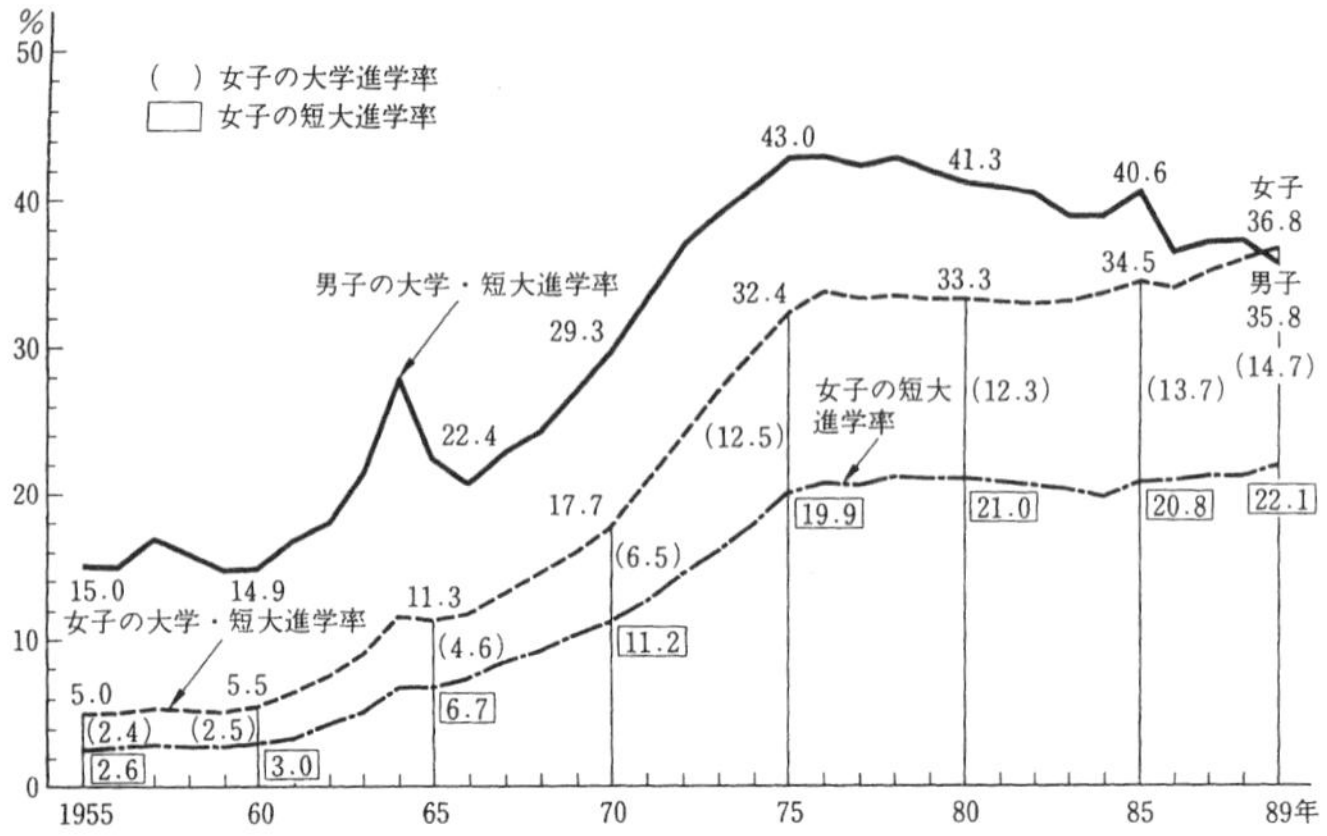

六四年　文化女子大（東京）、杉野学園女子大（東京）、聖路加看護大（東京）、名古屋女子大、光華女子大（京都）、手塚山大（奈良）、梅花女子大（大阪）、甲南女子大（神戸）、聖和女子大（兵庫）

なんと四年間に一七校の新設である。とくに六四年は、一挙に九校、ほかに共学大学が一二校新設されている。

その理由の第一にあげられるのは、女子の進学率が上がったこと。グラフにみられるように、女子の進学率は五五年から六〇年までの五年間はほぼ横ばい、しかし六〇年から六五年では二倍以上の伸びを示している。

その結果、一九五〇年、一万七三二四人だった女子大学生が、六三年には一一万七六五四人と七倍近くになっている。しかも六六年には、戦後のベビーブーム世代が大挙して大学に押し寄せる。それをあてこんでの新設ラッシュだった。

男社会、拒絶反応を起こす

その背景には、もちろん経済状況がある。神武景気（一九五五年）、岩戸景気（一九五九年）、そして池田内閣による所得倍増政策（一九六〇年）と、のぼり坂の景気が女子学生の進学率をおしあげている。しかしそれでも、男子に比べれば、まだ二分の一。しかもその三分の二は短大であり、四年制の場合も女子大の比重が高い。四年制共学大学の女子学生は、絶対数からいっても率からいっても少数派である。にもかかわらず、その少数派の共学女子学生が「女子学生亡国論」として攻撃の的になったのだ。その原因は、まずは二一一ページの表にみられるような文学部の特殊事情、つまり、文学部が女子に占拠されるという危機感による。

しかし、この表によるとほぼ占拠された感のある学習院や青山学院大ではなくて、まだ三分の一程度の早稲田からなぜ火の手が上がったのか。それはもうエリート意識と男権主義のしからしむるところ、というよりない。この伝統ある男の牙城早稲田を、女などに席巻されてたまるか、というわけだ。

それは、ようやく女子学生がものめずらしさで迎えられる段階を過ぎて、層をなして男子の「名門」大学にも入りはじめたということである。考えてみれば、わたしが小学校に入ったのが五九一九四七年、男女共学の「戦後民主教育」第一期生である。そのわたしが大学に入ったのが五九年。「亡国論」世代は、小学校からの一二年間、ずっと男女共学でそだったはじめての世代だったわけだ。

もちろん、「女のしあわせは結婚」という伝統的女性観はまだまだつよい。さきに見たような女子大花盛りの背景にはそれがある。また、六〇年六月一五日、安保闘争のデモの渦のなかで東大生樺美智子が死亡し、世の親たちを震憾させたが、これが全学連の心配のない女子大やミッション系大学の人気につながったという説もある。

しかしその一方では、さきの『婦人公論』の「座談会・女子大学は御免だ」で、「女浪人」の一人が、母親が東大を受けろと「ワアワアわめくんです」と不満を述べていた。「亡国論」世代の母親のなかには、男の牙城へのチャレンジに娘を駆り立てるひともいたということだ。

母親たちは、敗戦による価値観の変化のなかで、男女平等の息吹に胸おどらせても、幼いこどもをかかえているゆえに身動きならず、という世代である。わたしの母のように、経済力のない「未亡人」のみじめさをいやというほど味わった世代でもある。せめて娘は、しっかり教育をつけて、男と肩をならべて活躍してほしい——。「亡国論」の女子学生は、こうした母世代の期待を背負ってもいたのだ。

戦後、男女平等がいわれながら、日本の男たちは、女を対等な存在としては位置づけてこなかった。家庭はもちろん職場でも、男女のあいだに柵をもうけ、男の領域への侵入を許さない体制をつくりあげていた。

しかし学校はそうはいかない。女の子も男の子も、おなじ試験で成績がはかられる。努力すればむくわれる、男と対等に競争ができるという一二年間をすごした少女たちが、その延長線上で、男の牙城であった「名門」大学にチャレンジする――。これは当然のことである。「女子学生亡国論」の火付け役・暉峻康隆は、一六年後、教壇を去るにあたって、「あれは女子学生にはっぱをかけたんだ」と苦笑したという。しかし、やはり「女子学生亡国論」は、はじめて無視しえない勢力として男の牙城に入り込んでくる女子学生、それもとりたてて肩ひじ張るでもなく、シャアシャアとして入ってくる女子学生に対して、男社会が示した強烈な拒絶反応だったのだろう。

そのなかで、唯一気になるのは、さきに紹介した丸山邦男の批判、成績を武器にした女子学生がふえることによって、早慶両大学とも「平均的優等生化」、「没個性化」したという批判である（『婦人公論』六四年三月号）。

「平等」には、つねに「画一化」「没個性化」の危険がはらまれているのだろうが、こののちの偏差値体制、共通一次試験の導入といった教育の「画一化」の進行をおもうとき、「亡国論」世代が切り開いた平等の質は、あらためて問い直されるべきなのかもしれない。

さて――、あらためて京大の同窓会名簿を取り出してみる。

わたしとおなじ六三年文学部卒業の女子二二人のうち、職業欄に記入があるのは六人である。中央公論社を五年でやめたわたしも職業欄は空白。もう一人、公募で企業に就職した心理学専攻のNさんは、もっと早く結婚を機にやめたと聞いている。

それみたことか、せっかく税金つかって国立大学で学びながら社会に還元していない、やっぱり女子学生は「亡国」の徒だと、あらためていわれるかもしれない。

しかし、わたしの人生にとって、中央公論をやめてから学んだことの方が大きい。その一つは、「亡国」などという発想そのものの非人間性である。国なんか亡んでもいいんじゃない？　人がいれば――。

一九八九年、ついに女子の大学進学率は男子を凌駕した。その彼女たちに対して、またぞろ「女子学生亡国論」をいう手合もいるという。これに対して彼女たちが、かつての女子学生のように「イヤ、亡国ではない」と反論するのではなく、「亡国でなにが悪い？」としっかり居直ったら、きっとおもしろい世の中になると、かつての「亡国」女子学生はいま胸をときめかせている。

注

（1）「座談会　高度成長・人づくり政策と女たち」（『銃後史ノート戦後篇6　高度成長の時代・女たちは』インパクト出版会　一九九二年）参照

（『銃後史ノート戦後篇6　高度成長の時代・女たちは』一九九二年二月刊）

ああ丙午！

〈近代〉がもたらした〈前近代〉

一九九〇年夏、「一・五七ショック」なるものが日本列島をかけ抜けた。前年一九八九年の合計特殊出生率（一人の女性が生涯に産む子どもの数の平均）が、史上最低の一・五七にまで下がったと厚生省が発表したからだ。

人口維持に必要な出生率は二・〇八だから、一・五七では日本の人口が減ってしまう。ますます高齢化社会が進行する。労働力不足が昂進して国力が低下する――。

政治家や経済界は危機感をつのらせ、その原因を女の社会進出や高学歴化にもとめた。女がワガママになったせいだ、という意見もあった。

そのとき引き合いに出されたのが、一九六六（昭和四一）年の丙午《ひのえうま》である。これまで、日本の統計史上最低の出生率は一九六六年の一・五八、これは丙午による異常現象だったが、今回はさらにそれを下まわった――というふうに。

出生統計をながめてみる。

たしかに、一九六六年の出生数の減り方はすごい。前年六五年は一八二万余人が生まれている

出生数及び合計特殊出生率の年次推移

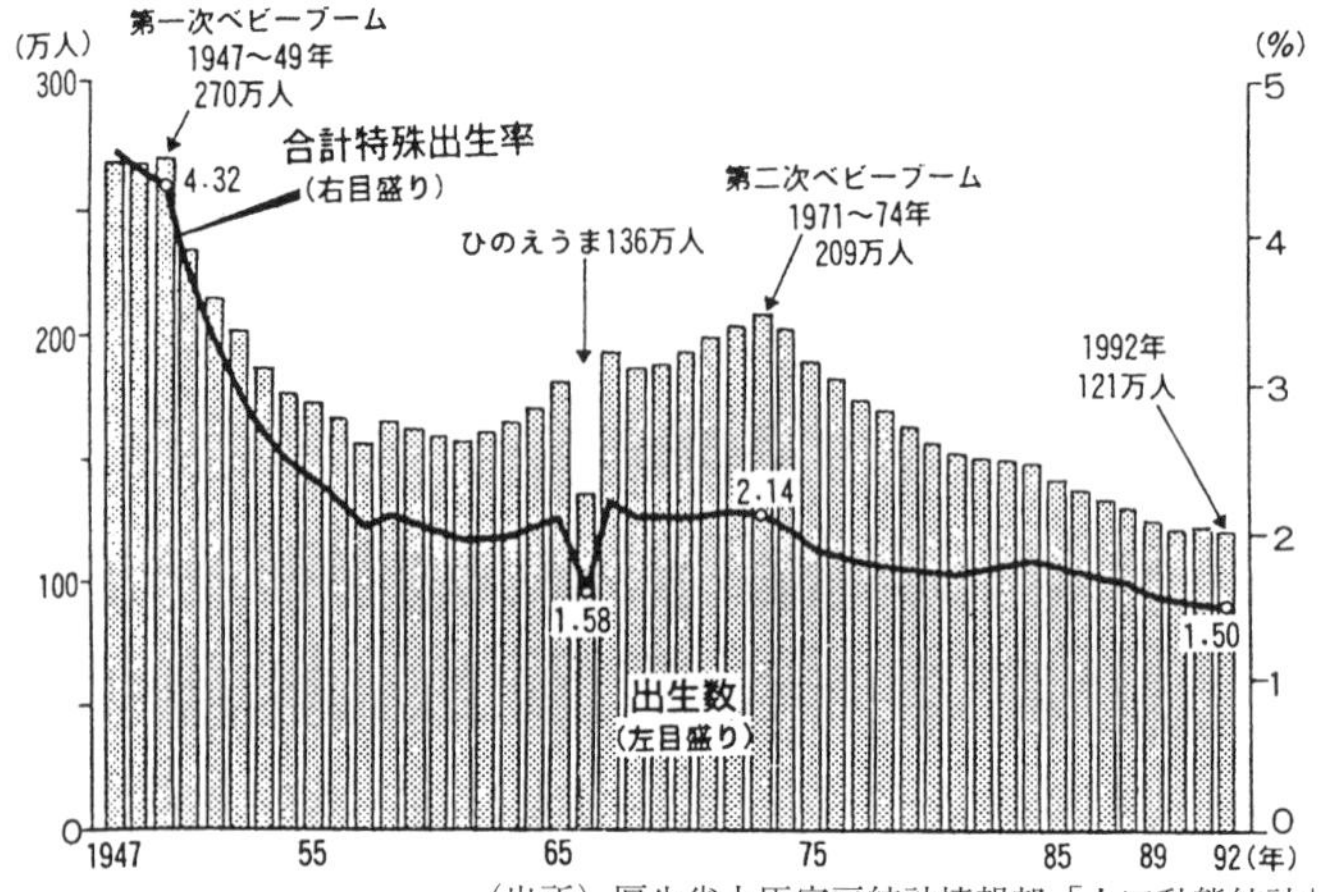

（出所）厚生省大臣官房統計情報部「人口動態統計」

のに、六六年は一三六万人と一挙に四六万人も減っている。率にすると二六％減である。翌六七年は一九三万余と急増しているので、折れ線グラフは、まるでなだらかな平原にうがたれた谷のように、この年のところでV字型に陥没している（グラフ参照）。

その原因は、この年が干支でいう丙午の年だったからだという。丙午生まれの女は、気性が激しくて男を食い殺す、結婚できない――。こうした迷信により、女を産みたくないために出産そのものをさしひかえたのだという。

しかしわたしは、どうしてももうひとつ納得できない。じつはわたしは、この年一一月に「丙午の女」を産んでいる。そのときわたしには、丙午なんてまるでカンケイなかった。もちろん丙午について知ってはいたが、妊娠中も、女の子が生まれてからもまったく気にならなかった。「大正」生まれのわたしの母も「明治」

生まれの夫の両親も、気にしていた様子はない。

それなのに、わたしと同世代の戦後育ちの女たちが、なんの科学的根拠もない丙午の迷信によって、こんなにも多く子どもを産むのをやめたなんて――。

とはいうものの、事実は事実である。折れ線グラフの深い陥没は否定しようがない。この陥没を生み出したものについて、わたしの違和感にこだわりつつ、厚生省の資料などをもとに検討してみよう。

都市文化が生んだ丙午の迷信

丙午というのは、中国古代の暦法の十干（甲・乙・丙・丁・戊・己・庚・辛・壬・癸）の丙と、十二支（子・丑・寅・卯・辰・巳・午・未・申・酉・戌・亥）の午を組み合わせたもので、六〇年に一度めぐってくる。十干十二支の組み合わせで年を数える暦法は日本でも古来使われていたが、「丙午生まれの女」についての迷信は、これに木・火・土・金・水の陰陽五行説がくっついて、江戸中期に発生したものだという。

「火事は江戸の華」とうたわれるほど、江戸の町には火事が多かった。これがまず、丙午と結び付けられた。「丙」は陰陽五行説の「火の兄《え》」、「午」も正午で太陽が強烈なとき、だからこの年は火事が多い――。

それが「女」に結び付いたのは、一六八二（天和二）年におこった「八百屋お七」の放火事件が、井原西鶴などによって気性激しい女の一途な恋物語として流布された結果だという。実際には八百屋お七は丙午生まれではなかったらしいが、その放火事件と火あぶりによる処刑という強烈な火のイメージが丙午に結びつき、八百屋お七は丙午生まれ、丙午生まれの女は気性が激しい、男を食い殺す——というふうに転化していったものらしい。

つまり丙午の迷信は、江戸という当時世界有数の大都市において、絵草子や浄瑠璃・歌舞伎といった「文化」を媒介に流布されたということだ。民族学者の今野円輔は、これを「都会に住む、昔のインテリの間に伝えられた迷信」とし、「村内結婚か、せいぜい隣村のナニ兵衛さんから嫁をもらう程度の昔の田舎では、みんな生まれたときから互いに顔見知りだし、それに相手が丙午生れだからとぜいたくをいっていては〝ヨメ不足〟になりかねない。だから丙午の迷信が広がる余地はなかった」という（「ヒノエウマはやっぱり迷信だ」『週刊朝日』六六年一月七日号）。

それが全国的に普及したのは、「明治」以後の近代化のなかで社会の流動性が増し、素姓がわからない相手と見合結婚するようになったこと、また、教育の普及により文字暦の使用が広まったことによるという（同）。

その影響があらわれたのは、一九〇六（明治三九）年の丙午だった。この年の出生数は一三九万余（女子は約六六万八〇〇〇人）。これは前年より五万八〇〇〇人の減少だが、とりわけ女子の減少がいちぢるしい。そして翌年の一九〇七年は一六一万と二二万人も増加。うち一三万は女子である。女子の増減の激しさは、明らかに「丙午の女」が忌避されたことを示している。

しかし、当時は堕胎は禁止されていたし、バースコントロールの技術も普及していない。もちろん、男女産み分けの技術などはない。だから「丙午の女」の減少は、結局出生届けの操作ということになる。つまり、一九〇六年初めに生まれた女の子を前年の一二月生れとし、年末生まれは翌年生まれとして届け出ることによって、書類上「丙午の女」を抹消したわけだ。

予想外の激減

以来六〇年たった一九六六年、ふたたび丙午がめぐってきた。今度はどうか？

人工衛星が空を飛び、科学技術の進歩は日進月歩というのに、まさか丙午の迷信でもあるまい——という声の一方、前年六五年の結婚件数や出生数は、異様な動きを見せていた。六五年五月から六六年三月までの結婚件数は、前年の同じ月に比べ、六五年一一月を例外として軒並み減少、これに対して六五年の出生数は前年の六％増。一九五三年以来一二年ぶりに一八〇万を突破していた。

結婚数の減少は丙午出産を避けるためではないか、出生の増加も丙午を嫌っての駆け込み出産によるのではないか。だとすれば六六年の出生数は、かなり減る可能性がある——。

「われわれは興味とも不安ともいえぬ妙な感じで待ちうけていた」と、人口問題の専門家・村井隆重（当時厚生省統計調査部人口動態課長）は書いている（「ひのえうま総決算」『厚生の指標』六八年五月）。

しかし、四六万、二六％減という結果は、専門家たちの予測をはるかにこえていた。一〇〇〇人あたりの出生率は、戦後のベビーブームの時期は三〇以上だったが、六〇年代には一七程度で推移していた。それが六六年は一三・七、特殊合計出生率も一・五八と、ともに人口統計をとりはじめた一九〇二年以来の最低を記録した。

なにがこの急激な減少をもたらしたのか?

厚生省では、六六年の人口動態統計による出生減のデータを、都道府県別・性別・出生順位別・母親の年齢別などに分け、その実態を検討した。

都道府県別でみると、減少割合が高いのは三重、高知、福井で三五～六%も減っている。低いのは鹿児島、神奈川、東京で、二〇%前後の減少。総体的にみると、東海から南近畿、四国の減少割合が高く、九州・東北は低い。

また、出生順位別では第二子の減少率が高いこと、母親の年齢別では二五歳から二九歳までの若い母親の減少率がもっとも高く、減少の五〇%以上を占めていることもわかった。

しかし、出産抑制の手段や丙午との関連はこれでは見えない。そこで、さらに厚生省は、激減状況が明らかになった六六年九月下旬、秋田・群馬・福井・和歌山・岡山・徳島・長崎・大分の各県と横浜・名古屋・京都の三市から一〇〇カ所を選び、四〇歳未満の既婚女性一九〇〇人余りに対して、六六年中の出産の有無、出産しない理由や中絶の有無、丙午の認識度合などについて面接調査を行なった。

その結果、心配されていた妊娠中絶による出産抑制は、増加するどころかかえって減っていることがわかった。優生保護法による届け出中絶件数は、六五年の八四万三〇〇〇余件に対して六六年は八〇万八〇〇〇余、三万五〇〇〇件の減少である。また、前回の丙午では出生届けのごまかしによる女児の出生減が見られたが、今回は男女の出生数の差に大きな変化はなかった。戦後は出生証明書の提出が必要なため、出生届けの操作が難しいこともあったろう。

結局六六年の出生数の激減は、バースコントロールの結果ということになる。それにしても、なぜ――？

面接調査の結果では、この年に出産しない女性一六八三人の理由は「子どもはいらない」がもっとも多くて四七・三％。ついで「子どもは当分いらない」、「ほしいが生まれない」となっており、丙午を理由にあげた女性は三・九％にすぎない。地域別にみると、大都市四・九％、その他の都市三・九％、町村三・五％と、都市部のほうが多くなっている（前出「ひのえうま総決算」）。

しかし、山上歌子の「丙午年の一考察」（『家政学雑誌』一八巻六号）によれば、六六年一二月、福岡市の一六歳から四五歳の有配偶女性九〇八人を対象に調査したところ、丙午の出産は「絶対避ける」が一四％、「なるべく避ける」三一・五％となっている。丙午の迷信についても、「迷信とはいうもののなんとなく気持が悪い」、「人々が悪いということは理屈抜きに避けるのが無難」が合わせて七六・七％を占めている。

また、青木尚雄・富沢正子が、六六年七月、横浜のサラリーマン家庭の主婦三八人に聞いたところでも、丙午の迷信を本気で信じているものは皆無だが、「自分は信じないが、国の母から出産延期を勧められたから」、「将来自分の娘の配偶者なりその母親なりが信じていると娘の結婚にさしつかえるから」という「結果的忌避」が六割に達したという（青木・富沢「昭和41年の出生減少に関する一考察」『人口問題研究年報』六八年）。

どうやらこの年の急激な出生減は、積極的か消極的かはともかく、「丙午の女」の出産を「結果的忌避」した結果であることはたしかのようだ。

マスコミがつくった丙午騒動

それにしても女たちは、「丙午の女」についての知識をどこから得たのだろう。そのまえに、一九六六年、昭和四一年が丙午の年に当たることを、どうやって知ったのだろう。

ふつうわたしたちは、ウマ年とかタツ年とかは知っていても、甲・乙・丙・丁…の十干の組み合わせは知らない。今年一九九三年がトリ年であることは知っていても、何のトリか知っている人はほとんどいないはずだ。丙午についてもそうだろう。あらためて情報を与えられないかぎり、おおかたの日本人は、一九六六年が丙午の年であることすら知らなかったはずだ。

しかし、厚生省が六六年九月に行なった面接調査によると、丙午の認識度は全国平均で九七・九%。ほぼ全員が知っていたことになる。

「どうして知ったか」の設問に対しては、「前から知っていた」がいちばん多くて三四・四%だが、「マスコミから」二九・五%、「家族から」一九・八%、「家族以外の人から」一四・六%と、マスコミ・口コミで最近になって知ったという女性が六割以上を占めている。大都市の場合は「前から知っていた」が四六・五%ときわめて高い。丙午の迷信は依然として都市型であるということだろうか。

最近になって直接マスコミから知ったという人は約三割だが、家族などからの口コミの場合も、そのもとはマスコミである可能性は高い。「前から知っていた」にも、マスコミの影響は大きいはずだ。

『暮しの手帖』七九号（六五年五月刊）「ひのえうまばんざい」には、一九〇六年の丙午生まれの女性一二人の手記が載っている。それによると、丙午の迷信をまったく知らないまま成長し、「適齢期」になってはじめてマスコミで知ったという人がけっこういる。

「丙午のかたまりのような女学生時代のわがクラスも、他となんら変わったところもなくみな喜々としていました。

ところが卒業する頃になると、新聞がさわぎはじめました。今年の卒業生は、お嫁にもらい手がないというようなことだったと思います。」（東京・三橋威子）

「下級生に送られ胸はずませて卒業しました。その日の新聞に『今年卒業の女学生は、丙午だから嫁にもらったら大変』という記事が出ました。その頃は人権等余りやかましく言わぬときでしたが、十人余りのおてんば組が新聞社へ談判にいきました。」（伊勢・竹屋幾美子）

「当時、私は毎月主婦の友を購読しておりました。たしか神戸の富豪の令嬢が、丙午なるが故に破談になり、投身自殺したという記事を見て…」（広島・石田喜久代）

もともと丙午の迷信は都市文化の所産だったが、一九一〇年代後半からのマスメディアの発達はそれをさらに拡大再生産したようだ。厚生省の面接調査で、約四割の人が「前から知っていた」のはそのためでもあろう。

まして今回は、まさに大衆情報化時代である。テレビや週刊誌の丙午報道は、なんと一年前、六五年のヘビ年が明けるやいなや始まっている。『太陽』六五年三月号に小沢信男が書いた「ひのえうま盛衰記」によると、どうやら火付け役は、テレビの「木島則夫モーニング・ショー」らしい。この番組は現在のニュース・ショーのはしりで、当時非常な人気だった。六五年一月六日、この番組ではデザイナーの田中千代ら四人の丙午生まれの女性を夫ともども登場させ、それぞれ「幸せな結婚生活」を語らせたという。

雑誌の先陣を切ったのは、わたしが調べたかぎりでは女性向け大衆誌『女性明星』らしい。同誌は一九六五年一月七日発売の二月号で「あなたは〝ひのえうま〟のジンクスを信じますか」と、迷信とそれによる女性の「悲劇」を紹介。すると『ヤングレディ』(六五年一月二五日号)が、「丙午の女の赤ちゃん産んだらたいへん！」と迷信を煽り立て、『女性自身』(二月二二日号)は「男の子を生む法を公開！」という記事を載せるといった具合である。

「まったく、まともに考えられない、ばかげたことですが、来年は、丙午(ひのえうま)だというので、子供を産むの産まないのといった心配が、あちらでもこちらでももち上がっています。(略)昨今の様子をみると、わらいごとではすませられないような気もします。」

二月五日発行の『暮しの手帖』七八号には、いかにもうんざりといった感じでこんなふうに書かれている。そして、こうした「ばかげた」騒ぎをやめさせるために、一九〇六年の丙午生まれの女性に対して、「ほかの年に生まれた女のひとと、なんの変わりもない、ということを、知らせていただきたいのです」と、手記の応募を呼びかけている。この呼びかけの結果が、さきにひいた七九号の手記である。

三月に入ると、女性月刊誌にも丙午の記事が登場する。三月初旬発売の『婦人公論』四月号には、「丙午女性の優雅な鼻息」と題して、大宅昌子・清水慶子・田中千代・四谷文子の座談会、『主婦の友』四月号にも、田中千代・松本明子・三上以智子による座談会「ヒノエウマ生まれ万歳！　迷信はウマに食わせろ」が載っている。いずれも、「迷信打破」をうたっている。

　こうしたマスコミの動きに呼応するように、六五年夏あたりから全国で丙午の迷信追放運動が起こっている。東京・八王子には「八王子丙午会」、札幌には「札幌丙午会」が結成され、丙午生まれの女性がわが身の幸福をＰＲ。群馬県粕川村では村ぐるみで迷信追放運動を実施した。六五年一一月、山形市では、女子高校生が「迷信追放」のプラカードを掲げて市内を行進している。

「迷信追放」のパレードをする山形市の女子高校生たち（65年11月21日）

　そしていよいよ丙午の六六年が明けた。「迷信追放」キャンペーンは、女性雑誌だけでなく新聞や『週刊朝日』などの新聞社系の週刊誌にも波及した。『週刊朝日』は、東京都文京区で、前回の丙午である一九〇六年をはさむ前後三年間に生まれた女性四六九人に面接調査を実施。その結果を「ヒノエウマはやっぱり迷信だ」と題して六六年一月七日号で報告している。つまり、丙午生まれの女性は、その前後の年に生まれた女性に比べて「結婚運」は悪くない、だから「ヒノエウマはやっぱり迷信だ」というわけだ。

　こうしたマスコミをあげての「迷信打破」キャンペーンにもかかわらず、結果は予想外の大出生減――。

いや、そうではあるまい。キャンペーンにもかかわらず、ではなくて、キャンペーンあったればこその大減少ではなかったろうか。青木尚雄・富沢正子は、さきの論文で「恐らくいわゆるマスコミ、口コミ（それが迷信打破の目的を持ったものにせよ、結果が裏目に出るところの）の影響に左右される部分が大であったと思われる。明治三九年にくらべむしろ減少割合が大であった昭和四一年の出生低下には、べつな意味での〝近代化〟が関与しているのではあるまいか」と述べている。

たしかに、マスメディアの発達という「近代化」がなければ、丙午による出生数の激減はなかったろう。つまり、マスコミが「迷信打破」のキャンペーンをすればするほど、知らなかった人にまで迷信の存在を印象づけてしまい、それが出生減につながったということだ。マスメディアの発達による情報の大量化は、情報の送り手の意図とはちがったかたちで影響を及ぼすことがあるものだ。

それは、この六年前の「出産ブーム」についてもいえる。一九五九年秋から六〇年にかけて、マスコミはさかんに「出産ブーム」を書き立てている。

「美智子妃ご出産を迎えて、今年は、空前の〝お産・育児ブーム〟になるという。産院はどこも押すな押すなの満員、書店では『妊娠・育児もの』が飛ぶように売れ、デパートのベビーコーナーは千客万来の有様……」（「お産と育児がどんなに変わったかブームの裏側から見てみよう」『週刊新潮』六〇年三月七日号）

六〇年二月、当時の皇太子夫妻に息子（皇太子浩宮）が生まれたため、「あやかり出産」が激増するというわけだった。しかし実際には六〇年の出生数は増えるどころかかえって減っている。出生率も五九年の一七・五から一七・二に下がっている。その意味ではマスコミの意図ははずれたわけだが、まったくはずれたわけではない。「育児書ブーム」や「教育ママ」の登場は、「あやかり出産」の延長線上にある。

いずれにしろ、高度成長のこの時期、大量化する情報が日本の女性の意識や行動に大きな影響を及ぼすようになっていることを示すものだろう(1)。

迷信と近代技術の癒着

一九六六年の出生減はマスコミの影響――とはいうものの、そこにはバースコントロールという近代的技術と、非科学的な迷信の癒着という奇妙な構造がある。これについて識者たちは、「技術だけ新しくなっても頭の中は昔のまま」と批判した。

迷信というものは、日常生活にたいして影響をおよぼさないものほど根づよく残るという。重大な影響があれば廃止の動きも高まるが、とりたてて実害のない迷信、たとえば大安とか仏滅などはかえって生きつづけるという。丙午の迷信もその類いということだろうか。

心理学者の宮城音弥（当時東京工大教授）は、これについてつぎのようにいう。

「迷信だと思っても、ヒノエウマの女はこうなんだと、長い間いい伝えられてきているとやはり一般の人は避ける。脅迫観念症のようなものです。（略）そんなこと信じてはいけないし、バカげたことだと思っているのですが、現実の行動のうえでは避けてしまうんです」（「丙午は生きていた！」『サンデー毎日』六六年九月二五日号）。

それを日本が「非文明国」の証拠となげく声に対して、文化人類学者の中根千枝（当時東大助教授）は、「この現象は、今日の日本人が迷信に強く支配されているなどということよりは、世界にも比類のないほど家族計画が実行されているために、二者択一の余地が十分あるためであると思う。すなわち、『丙午』の迷信を信ずるわけではないが、できることなら社会の古い慣習にさからわない方がよい。（略）ケチのついたものは避けたいという気持は自然ではなかろうか」と書いている（『朝日新聞』六六年一二月三〇日）。

中根のこの「家族計画」貫徹説は、たんなる迷信説よりはわたしは納得できる。もっとも出産が減ったのは二五歳から二九歳の女性だったが、わたしが丙午の娘を産んだのは二六歳。わが同世代の女たちがそれほど迷信にとらわれていたとはどうにも納得できないでいたからだ。

マスコミの「迷信打破」キャンペーンによって丙午について知った女たちは、「それなら、なにも今年産まなくても…」と、「家族計画」に励む。つまり、迷信を信じた結果ではなく、バースコントロールの技術をしっかり身につけていたが故の出生減――これなら納得できる。

厚生省人口動態課長村井隆重の「ひのえうま総決算」（前出）は、つぎの文章で結ばれている。

「異常な出生減がひのえうまという迷信によって惹起されたのは文明国として必ずしも自慢になることではないが、ただやろうと思えば一挙に23％の出生減少が可能であることを実際に行なった点で、今日人口爆発に悩んでいるアジア、アフリカ諸国に勇気を与えたことになるのではなかろうか」

「丙午の女」は女性解放の象徴！

しかし、その「家族計画」が、女たちの主体性によるものだったかどうかには疑問が残る。バースコントロールの手段の中心がコンドームであったことを考えると、夫の同意と協力が不可欠のはずだ。男たちは丙午をどうみていたのか。

これを明らかにする資料はない。丙午による出産減は女だけの問題ではないはずだが、マスコミも行政も男性をまったく度外視したまま、女性にだけ原因を求めている。これは最近の「少子社会」を問題にするにあたっても同様だ。

もうひとつ、気になることがある。

丙午の女は気性が激しい、七人の男を食い殺す、だから結婚できない——。これが丙午の迷信の中身である。しかし見方を変えれば、これはみごとな「自立した女」ではないか。気性が激しいというのは、主張すべき自己を持っているということだ。男を食い殺す、結婚できないというのは、男にたよらず自立して生きるということでもある。

生まれる娘がこうした「自立した女」になるのを恐れて、わが同世代の女たちはバースコントロールに精出したというのだろうか。

考えてみれば、丙午の迷信の原点とされる八百屋お七の放火事件も、恋愛における主体性のあらわれとみることもできる。江戸文化研究に独自の境地を開いた杉浦日向子によれば、江戸の庶民の女たちは元気いっぱい、経済的自立と恋愛の自由を謳歌していたという。ふつう女性差別の象徴とされる「三下り半」（離縁状）も、若い男と再婚するために女のほうから亭主に迫って書かせることが多かったという。

だとすれば丙午の迷信は、そうした元気な女たちの自己主張を押さえ、「三従」の世界に閉じ込めるために流布されたとみられなくもない。この迷信の裏にあるメッセージは、「女はひたすら従順なるべし」、「女の幸せは結婚にあり」ということだ。

マスコミの「迷信打破」キャンペーンは、結局このメッセージを再生産したことになる。丙午が根拠のない迷信であることを証明するために、マスコミはひたすら「丙午生まれでもこんなに幸せです」と書き立てた。「丙午生まれでも」とは失礼な話だが、その「幸せ」の中身はあくまで「結婚」である。シングルのままはつらつと生きている女性の証言はまったくない。さきに引いた『暮しの手帖』の応募手記も、すべて「結婚物語」だった。

その前提にあるのは、「女の幸福は結婚」である。その前提をなんら疑うことなく「迷信打破」を唱えることで、この時期マスコミは、「結婚神話」や「良妻賢母」イデオロギーを再生産したともいえる。

当時、丙午の迷信にある女性抑圧を指摘し批判しているのは、わたしの知るかぎり、小沢信男の「ひのえうま盛衰記」（『太陽』六五年三月号）だけである。

小沢は言う。

――丙午の迷信は男がつくった「女よナメクジになれ！」という呪文にほかならない。「丙午の女」は女性解放の象徴である。丙午の年にこそ女の子を産め！

わたしが丙午に女の子を産んだのは、こうした声にこたえたからではなく、たんに無頓着だったからにすぎない。そしてわが同世代の女たちが「家族計画」に走ったのも、かならずしもマスコミが再生産した「結婚神話」をまともに受け止めていたからではあるまい。しかし、当時若い男女のあいだに広がっていたマイホーム主義や、結婚退職違憲訴訟の勝利(2)の一方で進行していた女性のM型雇用をみるとき、丙午キャンペーンも、それにある役割を果したのかもしれないという気はする。

さて、一九九三年六月に発表された九二年の合計特殊出生率は、ついに一・五〇にまで下がった。女にもっと子どもを産ませようとあわててつくられた育児手当や育児休業法も、どうやら焼石に水ということらしい。

それかあらぬか、かつて「あやかり出産」を騒がれた皇太子浩宮の結婚を契機として、ふたたびマスコミには「女の幸せはやっぱり結婚」ムードがただよっている。結婚退職をオシャレと持ち上げる声も多い。それによって女の「晩婚化」や「少産化」に歯止めがかかることを期待する向きもあるようだ。

しかし、丙午の「迷信打破」キャンペーンが逆の結果をもたらしたように、かつても女たちは、ただマスコミの操作のままに動いてはいない。まして、生まれたときから大衆情報化社会のシャワーを浴びつづけて育った娘の世代の女たちは、情報の取捨選択にワガママだ。彼女たちの健康なワガママさが、つくられた「結婚願望」や「子どもがほしい」ムードをみごとに蹴とばすことを期待しよう。

わが丙午の娘は、すでにわたしが彼女を産んだ年齢を越え、ゆうゆうと（?）シングルで生きている。その彼女に、丙午だから縁遠いなどという声はさすがに聞かれない。つぎの丙午は二〇二六年、まさか彼女が生まれたときのような騒ぎが起こることはないだろう。だとすれば彼女は、最後の「丙午の女」の一人、ということになる。自分なりの幸せをつかんでほしいとおもう。

注

（1）井上輝子・江刺昭子ほか「座談会　高度成長と女性雑誌」（『銃後史ノート戦後篇7　ベトナム戦争の時代　女たちは』インパクト出版会、一九九三年）参照

（2）「結婚退職制は違憲です――住友セメント訴訟原告鈴木節子さんに聞く」（同）参照

（『銃後史ノート戦後篇7　ベトナム戦争の時代　女たちは』インパクト出版会、一九九三年八月刊）

3章◆戦前化する戦後

戦後史のなかの「12・8」と「8・15」

一九四五年の「12・8」

昭和十六年のこの日こそ、われわれ日本人が、永久に忘れることのできない日である。
この朝、私はラジオのいつもとは違った声を聞いた。さうして、
「帝国陸海軍は、本八日未明、西太平洋において、米英軍と戦闘状態に入れり」
といふ臨時の知らせを聞いてはっとした。

（略）

さうだ。私たち国民は、天皇陛下の大命を奉じて、今こそ新しい国生みのみわざにはせ参じてゐるのである。勇ましい皇軍はもとより、国民全体が、一つの火の丸となって進む時である。私たち少国民も、この光栄ある大きな時代に生きてゐるのである。

（「十二月八日」『初等科国語　六』一九四三年）

一〇年近く前、「女たちの現在を問う会」で出している『銃後史ノート』で「女たちの十二月八日」を特集した。その過程で、戦中の国民学校五年用国語教科書に「十二月八日」と題することの文章をみつけたとき、なんて愚かな、と思った記憶がある。こんなばかばかしい文章を学ばせられ、そして戦後墨塗りさせられた子どもたちこそいい迷惑だ――。

そのときわたしは、こんなことは二度とありえない歴史の一ページだと、タカをくくっていたようだ。

ところが五〇年後の今年一九九一年、年明け早々からものすごい量の爆弾が砂漠に叩きこまれたと思ったら、アレヨアレヨというまに海上自衛隊の掃海艇がペルシャ湾に出動し、いまやPKOなんぞと海外派兵まで実現しかねないいきおいだ。そして、「パールハーバー五〇年」をまえに、「12・8」が日米対立の図式で語られている。

冒頭に引いた教科書の文章にあるように、米英に宣戦布告した一九四一年一二月八日から敗戦にいたる三年八ヵ月のあいだ、「12・8」は日本国民にとって、アメリカへの敵愾心を喚起するとくべつの日だった。毎月八日は「大詔奉戴日」とされ、戦意高揚がはかられていた。

したがって敗戦後、「12・8」は、この教科書の「光栄ある大きな時代」の象徴から、一転して悲惨のシンボルになる。

一九四五年一二月七日、『朝日新聞』社説は、「真珠湾事件の悔悟」と題してつぎのようにいう。

「今次太平洋戦争の口火となり、延いて第二次世界大戦の発展を決定的にならしめた十二月八日の歴史的発祥日が巡り来った。（略）天を畏れず、地を侮り、乾坤一擲の戦争攻撃に自己陶酔して敢て火ぶたを切るに至ったこの日こそ、正に今日ある最大過誤の厄日であったのである」

『読売新聞』社説も、「現在の惨憺たる悲境は実に四年前のこの日に出発したのだ。呪うべきはこの日である」という。その責任はどこにあるのか。だれが戦争を始めたのか？

九月中旬から開始されたGHQによる戦争犯罪人の指名逮捕は、一二月にはいっての梨本宮逮捕で、皇族も例外ではないことを思いしらせた。一二月七日には、ついに近衛文麿・木戸孝一という天皇の側近中の側近にまで逮捕は及んでいた。

そして一二月八日当日、東京神田の共立講堂では、共産党による戦争犯罪人追及人民大会がひらかれていた。マーク・ゲインの『ニッポン日記』によれば、二ヵ月前「獄中一八年」から解放されたばかりの志賀義雄は、満場の聴衆をまえに戦争犯罪人の告発を行なった。

「犯罪者を指名する時が来た。日本を破滅に導き、日本を恐怖と抑圧の場所と化した奴等の名前を挙げる時が来たのだ。われわれのリストは長い。それには千三百人からの名前が上がっている」

衆議院三五七人、貴族院一六五人の議員全員、陸海軍将官一三〇人、財閥八六人、ジャーナリスト七〇人、学者五〇人、裁判官一二三人、というふうに、ときどき個人名をあげながら志賀は読み上げていった。そして、

「いまや我々は最後の名前に到達した、それは天皇だ……」

これを聞くと、「聴衆は歓呼し怒号し足をふみならした。会場の洞穴のような薄闇はいまや騒

音と熱狂に満たされ」たという。「天皇、ヤッツケロ」コールというわけだろう。

しかしちょうど同じころ、共立講堂から堀ひとつ隔てた皇居内では、「みくに奉仕団」の青年男女六〇人が、天皇の前で感涙にむせんでいた。彼らは「天皇危し！」の思いにつき動かされ、宮城県の山奥から食料をかき集めて皇居に駆けつけた。そして空襲のあと片づけに精を出し、天皇に「拝閲を賜った」というわけである。これがいまもおこなわれている皇居清掃奉仕の最初である。

彼らにとっては、天皇が戦犯などとはとんでもない。天皇も一般国民同様に被害者なのだ、悪いのは天皇を利用した東条英機らの軍人や官僚、財閥である――。

戦後初の「12・8」に、共立講堂と皇居という、二つの場で示された天皇をめぐる民衆のあい反する姿勢は、結局、後者の線で収束されていく。戦後一年目、四六年八月一五日の『朝日新聞』は、「天皇善玉・東条悪玉」説にぴたりはまるかたちでつくられている。

一面トップには「けふ再建第二年へ」と題して、「国民を奴隷のやうに見、国民の意思を無視し、（略）日本を戦争に駆り立てていったこれらの軍閥、そしてそれと結託した官僚、財閥などの指導者の圧政から、敗戦一年、われわれはいま解放された」とある。

そして二面では、「終戦直前の天皇陛下　食事も上らぬ御苦悩」と、戦争終結のためにどれほど天皇が苦慮したかについて、大きな紙面をさいている。

この年天皇は、元旦の「人間宣言」につづき、全国行脚に大忙しだった。これは「人間天皇」おひろめの旅であり、一一月には新憲法公布・象徴天皇制の成立。こうした矢つぎばやの天皇制「民主化」のなかで、「12・8」は、東条ら戦犯とともに諸悪の根源とされ、歴史の暗部にしまいこまれていく。

以後戦争は、「12・8」ではなくて「終戦」の「8・15」として語られることになる。

それには一つのパターンがある。「8・15」をゼロとおき、それ以前をマイナス、それ以後をプラスとして、戦後度をはかろうというものだ。そのメルクマールは、「経済復興」と「民主化」である。そして多くの場合、経済復興を評価する一方、民主化の遅れをなげくというパターンをとる。

「8・15」の定着

「女性の服装も美しくなった。街には、戦闘帽もよれよれの復員服も、珍しくなった。（略）民主主義という言葉は、なるほど普及もし、徹底もした。しかしそれは言葉だけのことであって……」（『朝日』一九五〇年八月一五日「社説」）

この記事が書かれた直前に朝鮮戦争が起こり、日本は経済復興をとげていくが、同時に警察予備隊創設による再軍備がなされ、「戦後」の形骸化が明らかになりはじめる。

日本が独立して初の「終戦記念日」である五二年八月一五日の『朝日』の紙面には、日本政府がBC級戦犯全員の赦免を各国に勧告したことが伝えられており、「8・15」以前を完全にマイナスとするそれまでの戦争観とはちがうものが浮上している。

五四年八月一五日には、神社本庁が「国民総お詫びの集い」を開催。その翌年五五年の「終戦一〇周年」には、靖国神社で旧軍人による「自決軍人」の合同慰霊祭。五七年には、なんとA級戦犯の岸信介が総理大臣になるというあんばいで、「8・15」を中心にしたプラス・マイナスを逆転させようという動きが明らかになっている。

『朝日』はさすがに、こうした逆コースに危機感をもったのか、五七年八月一五日の「天声人語」で、A級戦犯・岸が総理大臣になっても「トヤカクいわない」日本国民を皮肉り、もし日本が戦争に勝っていたら、軍人が威張って国民の自由はないだろう、「敗戦はむしろ不幸せではなく、戦争を起こしたことが何よりいけなかったのだと痛感されてくる」と、戦後の「初心」をくりかえしている。

しかし、「もはや戦後ではない」の声の高まりのなかで、「初心」はますます遠くなる。また「民主主義の種蒔き人」アメリカのダーティさもすでにみえてしまった段階では、単純な「戦後万歳」は、占領史観として排斥の対象にもなる。

そして六〇年安保のデモの波が、所得倍増政策の中に飲みこまれてしまった六三年、これまで禁句になっていた「大東亜戦争」をタイトルに掲げた文章があいついで発表された。林房雄「大東亜戦争肯定論」(『中央公論』六三年九月号より連載)、上山春平『大東亜戦争の意味』(中央公論社　六四年八月)などである。

「大東亜戦争」は、「12・8」直後の四一年一二月一〇日、大本営連絡会議で「今次大戦ヲ大東亜戦争ト呼称ス」と決定、さらにその二日後の一二日、「今次ノ戦争ハ、(略)支那事変ヲモ含メ大東亜戦争ト呼称ス」と閣議決定されたものである。つまり、「12・8」の対米英戦だけでなく、三七年七月七日の盧溝橋事件に始まる「支那事変」(日中戦争)をも含めて「大東亜戦争」と名づけられたわけだ。

しかし一般には、「12・8」以後が「大東亜戦争」と認識されている。そして敗戦後は、四五年一二月一三日付GHQの覚書で「軍国主義的および過激なる国家主義と不可分に関連する」として禁句になり、アメリカ製の「太平洋戦争」が使われていた。しかしここで、その「大東亜戦争」をあえて使い、とりわけ林房雄は、それをアジア解放戦争として評価したのである。

そしてこの一九六三年、「8・15」についに天皇が登場する。いまに続く政府主催の「全国戦没者追悼式」が始まったのだ。ここに、その第一回から今年九一年の第二九回まで、その模様を報ずる新聞記事を収録した。すべて当日の『朝日新聞』夕刊一面である。こう並べてみると、同じパターンのくり返しに見えながら微妙にちがう点もあり、けっこう発見もある。ウンザリしないで見てください。

第一回の六三年は日比谷公会堂、第二回は靖国神社境内にまん幕をはって行われたが、戦後二〇年の第三回からは、前年のオリンピックで完成した武道館が会場になる。

六七年、七九年、八六年をのぞき、祭壇に立つ天皇の写真が載っている。基本的な構図は、日の丸を背にした「戦没者の霊」の前に天皇・皇后が立つ。その後ろに遺族が続く、というもの。天皇は遺族を代表して、戦没者に相対しているかっこうだ。

ここに参列している遺族は「遺族代表」であり、その背後には全遺族、ひいては全国民が見守っているという仕掛けである。カメラは、その不在の全国民の代理である。

そして天皇が、追悼のことばを述べる。第一回はこうである。

朝日新聞8月15日夕刊。右1列目上から下へ1963年、64年、65年、66年、2列目上から67年、68年、69年、70年、3列目上から71年、72年、73年、74年、4列目上から75年、76年77年、78年。

守り抜くこの平和
34回目の終戦記念日
戦没者に新たな誓い

戦争体験風化の中で
35回目の終戦記念日
史上最高の参列者

守るべき平和
36回目の終戦記念日
全国戦没者追悼式
遺族集い追悼式

平和の祈り 政治色濃く
第37回終戦記念日
靖国公式参拝に道
首相 公私の別答えず
反戦へ行動

不戦の誓い新たに
38回目の終戦記念日
平和国民の原点かみしめ
追悼式で遺族ら祈念

核の不安 うずく傷跡
終戦から39年 戦没者追悼式
試練耐え平和守る

賛否の中 公式参拝
40回目の終戦記念日
首相ら靖国神社へ
野党、集会などで抗議
「私人として」

「靖国」で閣僚 多様な対応
41回目の終戦記念日
首相・外相ら見合わせ

平和を誓う
42回目の終戦記念日
310万人の霊を追悼

「この平和を守り通す」
43回目の終戦記念日
誓い新たに

終戦記念日
コピー

平和の重み 胸に刻んで
45回目の終戦記念日
7600人参列し追悼式
「加害」への反省も

決意新た 語り継ぐ不戦
平和祈り追悼式

朝日新聞8月15日夕刊。右1列目上から下へ1979年、80年、81年、82年、2列目上から83年、84年、85年、86年、3列目上から87年、88年、89年、90年、4列目上から91年。

「さきの大戦において、戦陣に散り、戦禍にたおれた数多くの人々のことをいたみ、またその家族を思い、常に胸の痛むのを覚える。

終戦以来、全国民とともに、わが国の復興発展と世界の平和を祈念してここに十有八年、本日、親しくこの式典に臨み、万感胸に迫り、ここに深く追悼の意を表する」

翌六四年の第二回は、「十有八年」が「十有九年」になり、「常に胸の痛むのを覚える」が「いまなお胸の痛むのを覚える」に変わったほかは同じといってよい。以後ずっと、「いまなお胸の痛む」が繰り返される。

ただし、八〇年の第二八回から、これまでの「だ・である」調から「です・ます」調にかわっている。

「本日、親しく全国戦没者追悼式に臨み、さきの大戦において、戦陣に散り戦禍にたおれた数多くの人々やその遺族を思い、今もなお胸がいたみます。

歳月の流れははやく、終戦以来すでに三十五年、この間国民の努力により……」

アキヒト天皇にかわった八九年以後は、さらに平明な口調になり、「今もなお胸がいたみます」は、「深い悲しみを新たにいたします」と言い換えられている。

「さきの大戦」とはなにか

それにしても、一貫して天皇の「おことば」にある「さきの大戦」とはなんだろう。

『朝日』の記事では、ここで追悼される「戦没者三一〇万人」について、第一回から第七回の六九年までは「日華事変から太平洋戦争までの八年余」、七〇年から七二年までの三回は、「日中戦争から太平洋戦争までの八年余」における犠牲者としている。これは、六三年五月一四日、第一回式典実施にあたっての「本式典の戦没者の規定は支那事変以降の戦争による死没者」(傍点引用者)という閣議決定に符合する。戦後のこの時期、「支那事変」とは恐れ入ったが、さすがリコウな『朝日』は、これを「日華事変」「日中戦争」と言いかえている。

ところが『朝日』は、七三年の第一一回以後、これを「第二次大戦」「さきの大戦」「今次大戦」と、「大戦」ということばに変えている。なぜここで変えたのか。

『朝日』の読者広報室に問い合わせてみると、式典の前に厚生省によるブリーフィングがあるが、そこでこの時期から「大戦」が使われるようになったのではないかという。しかし、『毎日新聞』では、『朝日』が「日中戦争から太平洋戦争」としていた七一年にも、ただ「大戦」としている。

ともあれ、天皇の「おことば」の「さきの大戦」とは、「支那事変」を含む八年余であろう。ということは、まさに「12・8」直後の閣議決定による「大東亜戦争」である。おそらく六三年の閣議決定は、戦後否定されたはずのこの戦中の閣議決定をそのまま引きついでいる。

それを天皇が「さきの大戦」と唱えつづけることによって、新聞記者たちのあいだに「第二次世界大戦」とする誤解が生じた——好意的に解釈すれば、こうした単純ミス説になる。

そうだろうか。

そもそも第二次世界大戦についても混乱がある。一九三九年九月一日、ドイツがポーランドに侵攻した日をもって第二次世界大戦開始と、わたしは思っていたが、現在三〇代以下の世代では「12・8」からとする人が多い。となれば、「さきの大戦」開戦は、三七年七月の日中全面戦争開戦時から四一年の「12・8」まで、四年以上の幅を持つことになる。期間についても、八年から四年足らずまで、二倍以上の差がでてしまう。

いま日本人の戦争認識は大きく混乱したまま、しかもそれを自覚すらしていないという恐ろしいことになっている。

「あの八月」というふうに、「終戦」の「8・15」でだけ戦争が語られるということは、「敗戦」による被害体験、「終戦」という平和回復の局面で戦争が語り伝えられるということだ。しかし日本の「昭和」の戦争は、「敗戦」と「終戦」では語れない。「終戦」の前には当然「開戦」があり、それを日本は、主体的に選びとっている。

また、「敗戦」の前には「勝ちいくさ」がある。一九三一年九月一八日の中国東北部への軍事侵略以来、日本は「連戦連勝」を重ねてきた。だからこそ「大東亜共栄圏」などと大風呂敷をひろげ、結局「敗戦」にいたる路線を突っ走ってしまったのだ。

それにしても、繰り返しは恐ろしい。

天皇によって「さきの大戦」が繰り返し述べられたこの三〇年近く、ベトナム反戦があり、全共闘運動ありウーマン・リブあり――。

そして八〇年代に入り、大平首相急死のあとの自民党圧勝で、急激に「右傾化」がつよまったが、それに危機感をいだいた女たちが「12・8」を期して「戦争への道を許さない女たちの集会」

を開いた。それをきっかけに、「終戦」ではなくて「開戦」で戦争をとらえる動きが出てくる。わたし自身は、戦争は「12・8」ではなくてその一〇年前、一九三一年九月一八日の柳条湖事件に始まると考えているけれども、「あの八月」につきまとう被害者意識を脱却し、「経済大国日本」の軍事大国化に歯止めをかけようとする動きとして評価できる。

こうした動きは、もちろん『朝日』の紙面にも反映している。しかし一方では、ここに収録したように、毎年八月一五日夕刊に同じようなスタイルの記事が繰り返され、同じ「おことば」が飽きもせず繰りかえされる。それはもちろん『朝日』だけでなく、テレビで中継されニュースで報道され、各新聞の一面トップに掲載される。その繰り返しによってもたらされるものは案外大きいのではないか。

繰り返されることによって、マンネリ化したダサイ年中行事のひとつになる。それは目にみえない灰のようなもので、だれも注意を払わない。そのなかで戦争を人間の主体的行為とする視点はくもらされ、戦争責任を問う意識は降り積もる灰のなかに埋められてゆく。

そして教科書問題でアジア諸国からてきびしい批判にさらされていた一九八二年、「8・15」は閣議で「戦没者を追悼し、平和を祈念する日」と定められた。同時に追悼式も、恒久的なものとして定められている。あらためてここで、日本の戦争は「8・15」と「おことば」に象徴されることが公式に決まったということだ。

直後に「みんなで靖国神社に参拝する国会議員の会」なる会が誕生し、公式参拝への動きがつよまった。以後ますます若い世代にとって戦争は、古色蒼然とした過去、現在の自分とはまったく関わりのないものになっていく。

いま日本人は、湾岸戦争のミサイル飛びかう生々しい映像にも無感動、戦争のリアリティを感得できなくなってしまっている。それは、日本人にとっての戦争が、「8・15」という一日の、それも正午という時刻に収斂した儀式としてくり返し見せられることと無関係ではないだろう。「12・8」五〇周年が、戦争のリアリティを遠ざける「8・15」をとり払い、「さきの大戦」と現在の戦争の真実を直視する機会になれば、とおもう。

（『インパクション』七二号、一九九一年一一月刊）

反原発運動と女性

柏崎刈羽原発を中心に

鉛色の海に、とがった波頭が牙をむき出すように立ち上がっては砕ける。その上を粉雪が斜めに走って波しぶきとまじり合う。初めてみる冬の日本海は想像以上のきびしさだった。

しかしもっと不気味なのは、海岸のむこうにそそり立つ何本もの鉄塔である。赤白に塗りわけられているのは送電用で、強烈な光が点滅している灰色の鉄塔は排気筒らしい。新潟県柏崎市と刈羽郡刈羽村にまたがる東京電力柏崎刈羽原子力発電所である。ここには炎も黒煙もない。悪臭も粉塵もない。その意味ではまさにクリーンだが、神経を突き刺す光の点滅は、原発という巨大技術の不気味さを象徴しているようにわたしには思えた。

一九八五年、反対運動を押し切って一号機が運転開始して以来一〇余年、すでに五基の原発が営業運転している。つくられた五五〇万キロワットの電気は、赤白の鉄塔に張られた超高圧線によって野こえ山こえ本州を横断し、首都圏に運ばれている。神奈川に住むわたしの暮らしのある部分も、ここでつくられた電気に支えられているのだろう。

いま日本の電気の三〇％は原発によるという。その上に九六年一月二九日、六号機が試運転を開始した。七号機も九七年七月に運転開始予定という。そうなれば総発電量八二一万キロワット、世界最大の原発ということになる。

こんな人家に近いところに、こんな巨大な原発をつくるなんて正気の沙汰ではない、とわたしには思える。事故が起こったらいったいどうするのだろう。市が出した『万一の時に備えて——原子力防災のしおり』には、「屋内退避・コンクリート屋内退避・避難等」の三段階の対策が絵入りで示されているが、そんなことでほんとうに放射能が防げるのだろうか。柏崎原子力広報センターや刈羽村役場には放射能測定値などを示す大きな表示盤が設置されていたが、近くの女性たちは、事故が起こったらなるたけ放射能をいっぱい浴びて、あっさり死のうと話しあっているという。

七〇年代初め、柏崎は原発反対運動の輝かしい先達だった。しかも女性たちが運動の前面に立ち、激しい闘いを展開した。

「新潟県柏崎市では、原子力発電所建設計画に、農家の婦人達は身の危険をおかしてまで強い反対行動を起こした。新潟県知事が建設計画の詳細を説明する会議を開いたとき、主婦達は知事に向って原発建設反対を叫び続け、会議はお流れとなり、知事も退場せざるをえなかった。結局この計画は、行政命令で強制されたが、女達の強い反対で数年間もその実行は遅れた」(松井やより「反公害運動に立ち上がる女たち」『日本の女は発言する』七五年一一月)

わたしが柏崎を訪れたのは、この数行を目にしたからだった。しかしここに見える力強い女たちと、「できるだけ放射能をいっぱい浴びて……」という発言との間の落差は大きい。いったい何がこの落差を生み出したのだろう。

一九九六年二月、二〇年前に原発反対運動の最前線に立った元気な女性たちからお話を伺うつもりで柏崎を訪ねたわたしは、新たな問いの前に立たされることになった。

原発反対運動のなかの女たち

「いま原発が建っているあたりは砂丘地帯で、グミ林があったんですよ。浜グミといって、大きな黄色いグミがなるんです。とても甘くてね……」

柏崎市荒浜で一人暮らしをしている池田かね代さん（一九一五年生れ）は、そう言って目を細める。かね代さんの亡夫米一さんは菓子職人で、菓子の製造販売をしていた。戦中戦後の砂糖がないときは商売にならず、舅がやっていた漁でなんとか食いつないでいた。かね代さんも地曳を手伝ったが、鯛網のときなど仕掛けをしてから一時間ぐらい余裕がある。そういうときは一目散に山に駆け上がってグミを採ったという。

「それが楽しみで……。キタケという茸も採れましたね」

その砂丘地帯に原発の建設計画が明らかになったのは一九六八年だった。それ以前から田中角栄の関連企業によって土地買収が進められ、「自衛隊誘致」が取り沙汰されていた。この地域は新潟三区、田中角栄のお膝元だった。これまでも彼は企業を誘致するなど「地域振興」につとめ、漁業の将来に希望をもてない人びとに神様のようにあがめられていた。彼の後援会、越山会が地域を牛耳っていた。

自衛隊ではなく原発が来ることになったのは、高度成長を支えるエネルギー源として、全国的に原発立地が求められたからだろう。また自衛隊より原発の方がクリーンで平和的との読みもあったかもしれない。

日本では、原発は「民主・自主・公開」の三原則にもとづく「原子力の平和利用」として開発が進められてきた。原爆は「滅亡への道」だが、「平和利用」、つまり原発は「繁栄と幸福への道」というわけだ。これが当時の共通認識だった。原水禁運動に結集した革新勢力も、女性の平和運動として盛り上がった母親大会もそうだった[1]。

一九六九年三月、柏崎市議会は原発誘致決議をあげる。原発は「すでに完全に実用化の段階」にいたり、「将来の電力需要増加に対応する最良の手段」であり、「地域開発の促進に貢献するところ絶大」であるゆえに誘致を期するというのだ。

しかしこの時期、原発が「完全実用化の段階」に入っていたとはとてもいえない。日本の原子力発電が初めて成功したのは一九六三年一〇月二六日。それを記念して一〇月二六日が「原子力の日」となったが、柏崎市の誘致決議の段階で営業運転していたのは東海原発だけである（六六年七月開業）。七〇年に福井県敦賀、美浜、七一年福島第一と営業開始が相次ぐが、それはあいつぐ事故の始まりでもあった。

「平和利用」だの「産業振興」だのといった美辞麗句に惑わされず、原発の危険性を直感したのは女たちだった。誘致決議当時、荒浜の中学生だった星野美智子さんは、「これで柏崎も発展する」という社会科の教師の話に、「ぜったい違う」と直観的に思ったという。

刈羽村赤田北方に住む広瀬むつさん（一九二二年生れ）も、「原子の火ともる」と大喜びするニュースを聞いて、逆に「日本に危険の火がともったと思いましたよ」という。広島・長崎の原爆被害を思い浮かべ、人間が生きていく上でけっしていいものではないと直感したのだそうだ。四〇歳ごろのことというから、たぶん六三年一〇月二六日の原子力発電成功のときだろう。

しかし六九年九月、東京電力は正式に柏崎刈羽地区への進出を発表。そのときは刈羽村、北条町、高柳町など周辺町村でも誘致決議があげられていた。用地買収もかなり進んでいたことから建設は容易と思われた。

ところがその直後、原発建設で直接影響を受ける荒浜と宮川部落に「守る会」が誕生。七〇年八月にはもっとも地権者の多い刈羽村にも「刈羽を守る会」が成立した。角栄の前でひれ伏しているはずの住民が反旗を掲げて立ち上がったのだ。

その一方、七〇年一月には若い活動家による反対同盟が結成された。反戦青年委員会や学生たちが主力で、運動のブレーン的存在となる。これに守る会連合、地区労（柏崎地区労働組合協議会）を加えた「原発反対地元三団体」によって以後反対運動は展開されていく。

こうした動きを促す上で、地元出身の在京の学生グループや全原連（全国原子力科学技術者連合）の学生たちの果たした役割は大きい。全原連は東北大・東大・東工大・京大などで原子物理学等を専攻している大学院生中心の会で、全共闘運動の影響を受け、六九年八月結成。スローガンは左の二点である。

1、原子力の帝国主義的再編粉砕。

2、労働者、市民、農漁民、学生の闘う連帯を。

在京グループとともに初めて柏崎に乗り込んだのは六九年一一月三〇日、原発設置反対沿岸地区決起集会だった（全原連東工大支部「原子力は『お国の為』？」『月刊地域闘争』七〇年一一月号）。そして家を一軒借りて住み込み、戸別訪問してはビラを配り、原発の安全性についてミニ集会を持った。越山会の飲み食いには会場を貸すが、反対派の集会には貸さないという妨害をはねかえしつつである。

それは彼ら自身も思いもよらなかった女たちの反対行動を引き出すことになった。原発を「危険の火」ととらえていた広瀬さんは、こうした学生たちの姿に感動した。さっそく赤田北方の婦人会会長と相談し、総会で「危険なものだからみんなで反対しよう」と提案、賛成を得た。しかし刈羽村の他の部落ではもっと過激な行動もあったようだ。

「反対派の主婦たちは三〇人位ずつ手分けをして、賛成派の婦人会長などの家に連日おしかけ、ありとあらゆる非難と侮蔑の言葉を投げつけ、最後には『おめえんちの墓場をひっくり返してくれるぞ』と叫んで意気揚々と引きあげてくる行動を繰返した。この婦人会長たちは日頃威張り散らしているために、みんなから大へん嫌われていたのである」（高柳謙吉「放射能から命を守る闘い」『新地平』七四年一二月号）

荒浜の池田かね代さんは、はじめは砂丘が開発されれば子どもたちも地元で就職できると思ったが、配られたチラシによって危険なものだと知り、夫婦とも反対派に転換。夫の米一さんは町内会長として反対運動の先頭に立った。そして婦人会は反対運動を契機につぶれてしまった。会長は診療所長夫人だったが、越山会関係者で推進派。それに対してこれまで黙って従っていた貧しい女性たち（その中にはいわゆる戦争未亡人でニコヨンで生計を立てていた人もいたという）が猛然と反発し、収拾がつかなくなったのだ。

原発反対運動は長年のボス支配を揺るがし、ムラ社会に地殻変動を起こすことになったのだ。それは遅ればせの「女性解放」でもあった。戦後の制度改革で女性参政権が与えられようが家制度が解体しようが、依然として変わらぬ農村の「嫁」暮らしをしてきた五〇代、六〇代の女性にとって、原発反対はまさに社会参加であり女性解放だった。その中で解き放たれたエネルギーは、市長や知事といった「お上」に対しても噴出する。先に引いた松井やよりさんの文章にある知事に対する抗議行動は、七一年一月二二日、柏崎市で開かれた県政懇談会、通称「一日県庁」でのことである。

反対同盟はこの「一日県庁」を反対派封じ込めを意図するものとして粉砕の方針を立て、毎日街頭宣伝、ビラ入れなどを行った。

「街宣といったら、たった一台しかないオンボロ車に乗っかって、朝から晩まで、刈羽村、荒浜、宮川へととび回らなければならない。朝は出勤前の村へ出かけて、ヒーターもない車の中で、マイクに向かってしゃべるのだ。そしてビラまき。雪の中のビラまきはつらい」（柏崎原発反対同盟「柏崎原発阻止闘争報告」『月刊地域闘争』七一年四月号）

そうした努力の結果、当日は午前中からバスを仕立てて、反対派住民がぞくぞくと会場につめかけ、総勢四〇〇人。午後一時、知事が入場してあいさつを始めると、突然傍聴席から「原発反対」のシュプレヒコールが上がり、そのうち机を押し倒して会場になだれ込んだ。その中には多数の女性がまじっていた。

「婆さんたちは最初おとなしそうに座っていたが、開会して一分もたたないうちに言葉激しく、文字通り知事に突進していった。知事の首にぶら下がりながら抗議する者、机の上の書類や花瓶をなげる者様々であるが、その口をついて出る言葉は、我々がアジる何十倍もの重みをもって当局者に訴えたと思われる。『おらは死んでもいいが、孫子の代になって片輪の子が出たらどうする。孫たちに、爺さんや婆さんがちゃんとしていないからこうなったんだ、だらしのない先祖だなんて言われたくはない。ええ、県知事さんどうなんだい、あんたそれでもいいんかいの』と」（高柳　前出）

この「婆さん」の発言は表現としても内容的にも問題があるが、もっとも素朴な反原発の論理だろう。チェルノブイリ以後の女たちの反原発運動の盛り上がりにもこれがある。

「婆さん」たちの反「お上」行動は「国」にも及んだ。原発建設は、地元の合意・用地買収・漁業補償の三つをクリアしたところで国の電調審（電源開発調整審議会）に付され、そのあと原子力委員会の安全審査、公聴会、内閣総理大臣による設置許可、着工という手順をとる。女性たちの果敢な反対行動にもかかわらず、七四年七月四日、抜き打ち的に電調審完了、翌七五年五月から安全審査、七六年七月公聴会と進む。広瀬さんはその度に上京して阻止行動に参加したが、機動隊に守られた「国」の壁は厚かった。

「そういえば面白いことがありましたよ」と、広瀬さんはかたわらの広川ミツギさんを見やる。

いっしょに反対運動をした仲間である。

「安全審査反対で東京に行ったとき、この人怒ってしまって赤信号なのに飛び出したの。赤だよといっても、赤も白もないとえらい剣幕で……」

おだやかに笑っている広川さんからは、東京のド真ん中で真っ昼間、堂々と信号無視する姿は想像できない。へたすれば命の危険もある。彼女たちの抗議を一顧だにしない国家への怒りが、信号という身近な国家の秩序への命がけの反抗を生んだのだろうか。

思想としての反原発

そうした女性たちのエネルギーがしぼんでしまったのはなぜなのだろう。

学生時代から原発反対運動に関わり、いま刈羽村の村会議員をしている武本和幸さんによれば、

「電調審のあと反対運動も手詰まりになって、地盤論争をしかけたんですよ。地盤の安全性に問題があるということで。そうなるとどうしても専門的な議論になって、おばあちゃんたちの素朴な思いを生かせる場がなくなったということはありますね」

柏崎市の元助役・長野茂氏が、最近刊行したドキュメント『柏崎刈羽原子力発電所誕生物語百話』（フジショウ　九五年）によると、七四年から七五年にかけて双方学者を動員して断層や土質、岩石試験の結果などについて丁々ハッシとやりあっている。たしかにこれでは農家の主婦たちは置き去りにされてしまうだろう。「それに……」と、武本さんは言う。

「当時、男が反対運動の前面に立つと、会社をクビになったり嫌がらせをうけるということ

があって、それを避けるためにおばあちゃん層が前に出たということもありました」

だとすれば、もともと女性たち自身の主体的取り組みというよりは、男を守るためだったということになる。

しかし中学生のとき教師の誘致発言に批判をもった星野美智子さんは、そうではなくて、女性たちは自分自身の思いで闘争に参加したのだとみる。

「最初は頭数そろえるために父ちゃんや息子の代わりに出たとしても、それだって決断が必要でしょう、日常から非日常に跳ぶわけですから。それに集会で罵声を浴びせたり抗議したり、これはもう誰に指示されたわけでもない。自分自身の気持のほとばしり以外のなにものでもないでしょう」

"原発来るな"住民パワー
夜の投票、反対派圧勝
法的拘束力ないが
全国の運動に影響か

荒浜の住民は「反対」だった（『読売新聞』72年7月17日）

星野美智子さんは、六九年、高校に入学し、毎日のように反対同盟に通って熱心に活動したが、男性活動家のなかには女性の主体性を認めようとせず、将棋の駒のように利用する姿勢がみえたという。そしてそういう姿勢こそが女性たちの活力を殺いだのだとみる。

しかし、国策として強行される原発建設を〈個〉に根差した反対運動で阻止するのはむずかしい。七三年三月、住民の反対運動に手を焼いた小林柏崎市長は、原子力産業会議の席上、エネルギー政策は「あくまで国策として国の責任において遂行」すべきだとして、「国の現地に対する啓蒙活動の強化」、「立地市町村に対する財源付与」など九項目の提案をした。

ちょうど「おらが大臣」田中角栄が総理大臣の時代である。小林市長の提言は、七四年六月公布のいわゆる電源三法（電源開発促進税法・電源開発促進対策特別会計法・発電用施設周辺地域整備法）に結実した。地元に特別交付金を支給して公共施設の整備にあてるという、要するに迷惑料としてのアメである。しかし過疎化に悩み、「地域振興」を願う住民にはさしあたり非常にオイシイ話だった。電源三法がその後の原発建設推進に果たした役割を思えば、小林柏崎市長—田中総理大臣の連係プレーはまことに犯罪的だった。

柏崎原発反対運動の初期における強さは、住民（守る会連合）、労働組合（地区労）、意識者集団（反対同盟）の三結合にあったといわれるが、硬軟両用の攻撃がきびしくなるにつれ、資金と動員力のある地区労への依存を強めていったという。たしかにバスを仕立てて東京に抗議に行くにも先立つものはカネである。その意味では広瀬さんたちは、反対同盟と地区労の男たちのお膳立ての上で踊っていたという見方もできる。

七〇年に全原連東工大支部の署名でかかれた文章に、その後を予言したような言葉がある。住民運動への自分たちのかかわりがしょせん啓蒙者でしかないことを自己批判した上で、このままでは「住民は分裂と孤立へ向い、原発は建設され、平時の放射線管理も住民の目では点検出来なくなり、原子力公害の現れるまで世論は眠ることになるだろう」（前出「原子力発電は『お国の為』？・」）。

たしかにその後の状況は、この言葉どおりになった。それどころかチェルノブイリという「原子力公害」が明らかになった後も世界一の巨大原発への足取りは止まっていない。それは柏崎だけではない。

チェルノブイリ以後、女たちの反原発運動が大きく盛り上がり、八八年二月の四国電力伊方原発出力調整実験にあたっては、四〇〇〇人もの女性が四国高松へ駆けつけた。しかしあのときの熱気はいまは感じられない。その結果でもあろうか、この一〇年で運転中の原発は三六基から五〇基に増えた。すでに日本列島の海岸はビッシリ原発で固められている。そのうえにまだ増設しようというのだ。

女性の反原発運動では「母性本能」が持ち出されることが多い。しかし石川県珠洲市で『トリビューン能登』を発行しつつ原発反対運動を続けている落合誓子さんは、「食べてもお腹もこわさなければ目に見えないものの恐怖を本能で察知できるほど生命感覚があれば、人間の歴史はもっと違ったものになっていたはず」という。そして「放射能の恐怖を知ることは、私はむしろ、『本能』とは正反対の『思想』ともいうべき意味合いの知的な作業であると思う」という（「原発がやってくる村」『女たちの反原発』労働教育センター　八九年）。

そうだと思う。思想、あるいは想像力といってもよい。「孫子の代」にも及ぶ被害は想像力なくしてはとらえられない。直接体内で次世代を育てる女の方が生命の連なりへの実感をもちやすいということはあるだろうが、それもよほど強靭な思想をもっていないと目先の利益に目をくらまされる。

星野美智子さんは、反対運動のなかで出会った俊彦さんとともにいま四人の子どもを育てながら鶏を飼って暮らしており、その強靭な思想を生活の中に貫いている。美智子さんが高校時代から原発反対運動に関わったのは、もちろん放射能の恐怖もあったが、差別が許せなかったからだという。

たしかに原発は、都市と農村の差別構造に乗っかって建設される。そして農村は、都市の生活を支えるために危険を押しつけられ、自然とともにあった暮らしを奪われ、さらに都市への従属を深める。テレビもない星野家の暮らしはそれを拒否するための実践と思えた。

九六年六月、わたしはふたたび柏崎を訪ね、原発のまわりを車で走ってみた。いたるところに空家になった建物や廃屋のようなホテルがある。来年の七号機完成を前に作業員等の引き上げがはじまり、市の人口は減っているそうだ。電源三法による特別交付金は二〇年間に総額七六〇億円。おかげで道路はよくなり立派なスポーツ施設は建った。それも来年で終わる。立派なハコ物は残っても、かえって維持するためにアップアップしている原発立地は多い。

星野さんの養鶏場を訪ねた。一〇〇メートルはあろうかという長い鶏舎に健康そうな茶色の鶏が平飼いされている。鶏舎のまわりにはニセアカシアが満開の花をつけ、その香りであたりはむせ返るようだ。「蜂蜜がたくさん採れますよ」と俊彦さんはいう。

帰りの新幹線で長野氏の『誕生物語百話』（前出）を読んで、ニセアカシアの由来を知った。七八年四月、強行着工の第一段階として海岸の保安林伐採が始まった。反対派は泊り込みで阻止をはかったが、七月一九日、東京電力は未明に二〇〇人を動員して伐採を強行、フェンスを張り巡らして住民の立ち入りを遮断した。そのときから池田かね代さんが黄色いグミやキノコを採った砂丘は奪われてしまったのだ。

そのときのもみ合いで、反対派の三人が逮捕された。星野俊彦さんもその一人だった。初めての逮捕事件は、反対派におおきなダメージとなった。ニセアカシアは、そのとき伐採された保安林の跡地に、反対派が植えたものだったのだ。

それから一八年、ニセアカシアは見上げるほどに育ち、枝いっぱいに花をつけている。巨大原発のすぐそばであっても、大地と太陽の恵みがあれば、木々は育ち花を咲かせる。花が咲けば蜜蜂も集まる。蜂蜜も採れる。

ほっと救われるというよりは、人間の愚かさがあらためて胸にきた。

この稿を書くにあたって、文中に記した方々のほかに石黒健吾・小倉利丸・金井淑子・佐藤保夫・菅井益郎・関根富紀子・高桑千恵・高島敦子・西尾漠さんにお世話になりました。ありがとうございました。

注

(1) 福嶋広美「原子力の『平和利用』は未来を拓く?」『銃後史ノート戦後篇4　もはや戦後ではない?』インパクト出版会　一九八八年一二月刊参照

(『銃後史ノート戦後篇　全共闘からリブへ』インパクト出版会、一九九六年七月刊)

スパイ笑うか…

スパイ笑ふか、一億泣くか
――本社の防諜標語当選決定

一九四〇年一一月一日、『横浜貿易新報』には、こんな見出しがでかでかと載っている。

戦前日本の国家秘密法の集大成・国防保安法の国会上程に先だち、横浜貿易新報社では国民の防諜意識を高めるための標語を募集していたが、いよいよこの日、入選作が発表されることになったのだ。『横浜貿易新報』は現在の『神奈川新聞』の前身。一地方新聞であるにもかかわらず、神奈川県はもとより、「関東各府県、中部、東北、北海道、近畿、中国、四国、九州、遠く北は樺太より南は台湾、鮮満、支各地」より連日応募が殺到し、総計五万一五〇〇余通に達したという。一等入選は、福岡県在住の男性による「スパイ笑ふか、一億泣くか」。

国防保安法案が国会に緊急上程されたのはこの三ヵ月後の四一年一月三〇日、一部修正のうえ三月八日に可決成立し、五月一〇日から施行されている。

しかしそれへ向けての動きは、四〇年夏あたりから急速に高まっていた。「国家機密」保護のための法律としては、すでに軍機保護法があったが、長期化する日中戦争の銃後体制の引き締めと、前年ヨーロッパで勃発した第二次世界大戦による国際緊張を背景に、さらに外交・経済をも含む広範囲な「国家機密」の保護、スパイ防止のための法律制定の必要性が叫ばれはじめたのだ。直接きっかけになったのは、四〇年七月に摘発された在日イギリス人スパイ事件だが、この事件の全容はもう一つよくわからない。国民のあいだにスパイに対する危機感を煽るため、フレームアップされた感もある。

こうした「国家機密」保護の法律が制定されるときには、その成立過程においてさまざまな情報操作が行なわれ、民衆意識の国家統合がはかられるものだが、『横浜貿易新報』の標語募集にみられるように、マスコミがそのお先棒をかつぎ、それに踊らされる民衆も出てくる。神奈川県の一地方紙の防諜標語募集に全国から五万余の応募があったということは、四〇年秋段階で、国防保安法制定に向けての民衆意識の地ならしは、かなりできていたということだろう。

しかしそうはいっても、この法律が何の反対もなくすんなり成立したわけではない。当時日本は日中戦争下の「挙国一致」体制にあり、おおっぴらな体制批判は不可能だったが、国会ではかなり反対意見も出ている。

とくに法案第一条の「国家機密」の範囲について議論が集中した。

――「国家機密」の定義があいまいだ。これでは知らないうちに法に触れ、罰せられることにもなりかねない。その結果、国民を「見ざる、聞かざる、言わざる」の三猿主義に追いこんでしまう。

こうした反対意見に対して、ときの柳川法務大臣はつぎのように答える。

「国家機密は国家の最高の機密であって、国民大衆がこれを知る機会は殆どないのである。これを知るものは特定の官吏その他極めて少数の関係者である」。したがって一般国民が、この法律に不安を抱く必要はまったくなし。

また検挙する場合は、平素の査察内偵によって意図的な情報収集、外国通報の確証をつかんでから行なうので、「善良なる経済人、政治家等があやまって検挙されるが如きことは絶対にない」。あくまで外国の謀略を阻止することが目的であり、「内政に悪用」することはない、というわけだ。

結局この法案は、「国家機密」の範囲について、具体的に官報等で、明らかにする等の付帯条項をつけて、三月八日成立、五月一〇日から施行された。

ホンネの言えない時代

ところがいざ施行されてみると、柳川法相の言明などどこ吹く風、一般国民に関係ないどころの騒ぎではない。

施行二日後の五月一二日から防諜週間が実施され、全国各地でさまざまな防諜行事がくり広げられる。

まず東京の国民学校（小学校）では、「スパイ御用心」の紙芝居が巡回公演。「スパイはX27や色眼鏡の男ばかりではない、スパイは何処にでもいる。スパイをふせぐのはお巡りさんや憲兵さんだけではありません。みんながつまらぬおしゃべりをせぬこと、うっかり軽々しく信じないこと」と、子どもたちにスパイの恐怖を煽り、人間不信をたたきこむ。

横浜では花柳界の芸妓さんたちを一堂に集めて防諜講演会に紙芝居。酒の席での客の話をみだりに他でしゃべるな、また客のあやしい言動に注意し、一人一人が「防諜戦士の心構え」でお座敷にのぞめ、というわけだ。

警視庁では、官庁、会社、工場、各種団体等に通牒を発して内部監視を要求する。

「職員採用時の身許調査は勿論、在職中といえども時々身上調査または家庭調査をなし、言動および交友等に注意し、とくに職員の監督を強化すること」

もちろん、町内会、部落会、隣組という地域組織も総動員される。そしてそうした地域社会からはみだした行商人には証明書を携行させ、時おり身元調査をすることになる。写真、出版物のいっせい取り締まりの励行、煙突、屋上等の看板等が撤去される一方、新聞、ラジオ、ビラ、ポスター、立看板、垂れ幕等々、あらゆる媒体をつかって「スパイに御用心」と呼びかける。

こうして国防保安法が施行されたとたん、民衆同士の連帯を切断し、お互いに疑心暗鬼、相互監視の眼を光らせ合う状況へ、大きく歯車は回転したのだ。

その半年後、アジア太平洋戦争開戦。歯車の回転はさらに急激になる。そのなかで、さきの『横浜貿易新報』が募集した防諜標語がたびたび登場する。しかしそれは、もはや一等入選の「スパイ笑ふか、一億泣くか」ではなくて、二等の「漏らすな不平、スパイが拾ふ」だった。つまり「国家機密」どころか、日常生活のささやかな不平、戦争激化にともなう食糧不足や一家の働き手を戦争にとられることについての不満を言っただけでも、利敵行為とされるようになったのだ。

こうなれば、もう、だれもホンネは言わない。作家野上弥生子は、敗戦直前の日記に大内兵衛と渋沢敬三の話として次のようなエピソードを記している。

「二人だけの時には『戦争ももうだめだね』という。誰かほかのものが一人加わると、それが変わる。

『まあ、どうにかなるだろう』」

ことばだけではない。短波放送の受信機をもっていたために警察に引っぱられた、まぶしいのでハンカチをかざして上空のＢ29を見上げていたら、敵機に合図を送った疑いでつかまった――等々、日常生活の一挙手一投足が監視の対象になる。しかもそれが警察や憲兵によるものならまだしも、隣近所の人や通りすがりの民衆によるのだから、やりきれない。

国防保安法の審議過程で柳川法務大臣が大見得を切ったように、たしかにこの法律によって、一般国民が処罰された例はほとんどない。またこの法律の最高刑死刑が適用執行されたのも、例のゾルゲ事件でつかまったリヒャルト・ゾルゲと尾崎秀実の二人だけである。

しかしこうした法律の恐ろしさは、法そのものによる検挙や刑の重さだけにあるのではない。もっと恐ろしいのは、人間関係を破壊し、相互不信を蔓延させることだ。その結果、民衆は三猿主義の中に閉じこもる。

負けるとわかっている戦争をいたずらに長びかせ、被害を大きくしてしまった要因にそれがある。

現在の日本でも……

さて、以上は四〇年以上も昔の、戦争中の話。しかし現在の日本ではあり得ないといえるだろうか。どうもそうではなさそうなのだ。

昨年（一九八五年）自民党は、「国家秘密に係わるスパイ行為等の防止に関する法律案」なる長ったらしい名称の法案を国会に上程した。俗に「国家秘密法」あるいは「国家機密法」、自民党筋では「スパイ防止法」と呼んでいる法律だ。

これに対しては、国民の「知る権利」を奪うもの、憲法二一条の「表現の自由」に抵触するといった反対の声が、マスコミ、法曹界、市民団体等からあがった。その結果昨年は、廃案ということで、成立が見送られたのはご承知の通り。

しかし衆参同日選の「圧勝」を背景に、再上程される可能性は非常につよい。一部口当たりよく修正されても、その本質は戦中の国防保安法と同じものだ。再上程されれば、かつての柳川法務大臣以上にあれこれと、国民の自由を規制するものではないことが強調されるだろう。

しかしユメユメだまされてはいけない。今度こそだまされてはいけない。どのように修正・付帯条件をつけようとも、こうした法律はいったん成立してしまえば、いかようにも拡大解釈され、独り歩きをはじめる。

それにしても、国防保安法制定の動きが高まった一九四〇年は、日中全面戦争のさなか、九月には日独伊軍事同盟を締結、インドシナ半島への侵攻も開始され、英米との緊張関係も極度に高まっている。

こうした時期に出された国防保安法と本質的に同じものが、いま、この一見平和で豊かな日本において出てくるのはなぜなのだろう？

現在の日本は「戦後四一年」ではなく、また「戦前X年」でもなく、もはや「戦中」なのだろうか？

そういえば、似た状況もある。

一九四〇年、昭和一五年はまた、「紀元二千六百年」でもあった。これは一二四代とされる現天皇の祖先、初代神武天皇が即位して以来二六〇〇年ということだが、いま問題になっている日本を守る国民会議編の日本史教科書に貫かれている「皇国史観」にもとづくものだ。

この年、戦時体制強化の一方で、明けても暮れても、「キゲーンハニセーンロッピャクネン…」の歌が流れ、二六〇〇年の長きにわたって、万世一系の天皇をいただく大日本帝国のすばらしさが讃えられた。その最大のイベントは一一月一〇日の記念式典である。

この一一月一〇日は、現天皇裕仁即位の日であり、その日を「紀元二千六百年」の最大の祝賀日とすることによって、裕仁の治世をも讃え上げたわけだ。さきの『横浜貿易新報』が一一月一日に防諜標語当選発表を行なったのも、一一月一〇日の式典を盛り上げるプレフォーラムの一つ、の観がある。

さて、今年一九八六年には、同じ裕仁天皇の「在位六〇年」が祝われた。秋には、一〇万円という高額の記念金貨も発行されることになっている。おそらく、一一月一〇日の即位の日に合わせるのだろう。

四六年前と同じように、天皇讃歌と、国家秘密法制定の動きは、歩調をそろえて高まっている。これを座視するならば、またもや「漏らすな不平、スパイが拾ふ」などという標語がはびこり、国民すべてが三猿主義に陥らないともかぎらない。

（『月刊社会党』一九八六年一〇月号）

満鉄創立八十年？

ノウハウを役立てるため？

ふと気がつけば、もう六時すぎ。窓の外はすっかり暗くなっている。テレビの報道番組にスイッチを入れ、夕飯の仕度に立つ。急に寒くなったので、野菜たっぷりのシチューでもつくろうか。じゃがいもの皮をむきながら、聞くともなしにテレビの声に耳を傾ける。

「……開発の足音も高く、マンテツは大陸の奥へ奥へと……」

こんなようなことを、昔のニュース映画のナレーション調で語っている。なんだこれは？　耳をそばだてれば、どうもかつて日本の中国侵略を先導した国策会社満鉄（南満州鉄道株式会社）のことを言っているらしい。

じゃがいもを持ったままテレビの前にとんで行く。画面には古い白黒フィルムがうつっており、日本の大陸経営と「満州開発」に果たした満鉄の役割を讃えるナレーションが流れる。

なんで今ごろ満鉄讃歌なのか？　しかも報道番組で——と思って新聞のテレビ欄をみると、

「満鉄八十年幻の記録映画初公開」とある。

つまり、今年一九八六年一一月で満鉄創立八〇周年になるので、それを記念して旧満鉄職員の同窓会である満鉄会が、古い記録フィルムを再現編集、新しくナレーションを入れて一篇のドキュメンタリー映画を制作した。番組ではそれをニュースとしてとりあげ、紹介したわけだ。私が台所で小耳にはさんだのは、映画のナレーションの一部だったのだ。

映画紹介のあとで、制作責任者である満鉄会事務局長が制作意図を語っていたが、これが驚くべきものだった。

――戦後の歴史では、満鉄は中国侵略のお先棒をかついだというふうに言われているが、われら一五万の満鉄職員は大陸開発の理想に燃え、日夜努力した。その真の姿を記録にとどめておきたい。また満鉄の歴史には、日本のもっともすぐれた外国経営の技術の集積がある。これを再現しておくことは今後の日本にとって大いに意味がある。

つまり映画制作は、過去の満鉄の栄光を顕彰するためだけでなく、満鉄の中国経営のノウハウを今後の日本の対外侵略に役立てるためだというのだ。昨年（一九八五年）夏、中曽根首相は、靖国神社公式参拝について「国のために死んだ人を国家が祀らないで誰が国のために死ぬか」といった発言をして、靖国神社公式参拝がけっして過去の「英霊」顕彰のためだけではなく、今後の「英霊」づくりのためでもあることを暴露したが、この満鉄会事務局長の発言は、それと同じ構造だ。

そもそも、「満鉄創立八十周年」というのからして話はおかしい。たしかに満鉄の創立は、日露戦争の翌年一九〇六年一一月二四日だから、ちょうど八〇年前になる。しかし満鉄は四一年前、日本敗戦によって解散消滅している。ふつう会社であれ学校であれ、「創立〇〇年」が云々されるのは、それが何らかのかたちで存続している場合だろう。消滅後何十年もたって、「創立〇〇年」記念事業が行なわれることはまずないのではないか。

満鉄会の人たちは度しがたいアナクロニズムに陥っているのだろうか。それとも――、ひょっとして、侵略の先兵としての満鉄は、戦後もずっと生きつづけていたのか？

テレビ報道によれば、このドキュメンタリー映画は一般公開はされないということだったけれど、果たしてそうだろうか。古いフィルムの再現・編集とはいえ、制作にあたってはかなりの手間と資金が投入されているはずだ。事務局長氏の意気ごみからみても、この映画が満鉄会内部だけにとどめられるのかどうかは疑わしい。

満鉄と構造的暴力

たしかに満鉄については、一言で片づけられないものがある。満鉄会事務局長が言うように、満鉄職員のなかには、日・満・漢・鮮・蒙の「五族協和」を夢みて大陸開発に真摯にとりくんだ人もいたろう。とくに満鉄調査部には、日本国内の弾圧によって転向を余儀なくされた左翼運動の闘士たちも数多く入っていたから、中国民衆の解放に資するところがまったくなかったとはいえない。満鉄の社内は非常にリベラルな空気に満ちていて、女性も一人の職業人として扱われたと語ってくれた元満鉄職員の女性もいる。

しかしそれでも、そもそも満鉄は侵略の機関として設置されたものである。その初代総裁・後藤新平が日本の「満州」経営のあり方を、「陽に鉄道経営の仮面を装い、陰に百般の施設を実行するにあり」といったように、鉄道会社の仮面のもとに日本の政治的経済的勢力扶植をはかるのが目的だった。「鉄道の経営により、十年をいでざるに五十万の国民を満州に移入すること」（後藤）と、いま問題になっている「中国残留孤児」を生んだ「満州移民」も満鉄創立当初から目論まれている。

一五年戦争の引金になった「満州事変」（一九三一年）についても、大きな役割を果たしている。今回満鉄会が制作した映画では、「関東軍は満州事変を引起こし、その結果、奥地への開発はいっそうの進展をみた」というふうに、他人事のように語っていたが、けっしてそんなものではない。満鉄は関東軍との緊密な連携プレーで「満州」への武力進攻をはかっているし、「満州事変」勃発後のキャンペーンにも大きな役割を果たしている。

わたしは以前、満鉄の機関紙ともいうべき『満州日報』を調べてみたことがある。「満州事変」に関する論調は、一貫して「暴戻な支那官兵、満鉄線路を爆破」と関東軍の謀略をおおいかくして中国への敵愾心をあおるものであり、「平和と正義のために」と在満邦人に銃後活動を呼びかけている。

しかも中国人に対する差別意識はまるだしだ。「満州事変」の直後、一九三一年三月には、「ボーイを使ふ注意」と題してこんな記事がある。

「安い給金で雇はれ又よく働き何でもやる支那ボーイをうまく使って行くと言ふ事は満州に

あっては当然やるべきで何も恐れる事はないので使用上の呼吸を知って居るか、否かが問題です。（略）彼らは理性が発達しないのに加へて性的に早熟なため野性を出して……」

「支那の下等社会の者は全部と言ってよい位盗癖を持ってゐるもので、どんなにやさしそうに見えても彼等は『盗まれた者が損だ』『盗むのを見つけられたら最後だ』『然し弁解すればそれですむのだ』といふ様な事を言ひ、この心理で皆が動いてゐるので……」

そして実際に、満鉄職員の中国人に対する態度は、概してひどいものだったようだ。

「満州事変」の直前に「満州」に渡り、撫順の満鉄付属病院で働いていたある女性からこんな話を聞いたことがある。

一九三二年九月、「満州事変」一周年にあたって撫順炭坑は、中国の坑日ゲリラの襲撃を受けた。襲撃後日本の守備隊は、住民がゲリラを手引きしたとして近くの平頂山部落を襲い、住民を皆殺しにした。これが日本軍による住民虐殺事件として悪名高い平頂山事件である。そのとき、軍隊だけでなく満鉄職員も自警団を組織して防衛にあたったが、この満鉄自警団もけっこうひどいことをしたという。

「自警団は平頂山の揚柏堡《ヤンパイプー》という部落に通ずる道をしゃ断して非常線を張っていたのですが、中国人の青年がやって来て、自分は揚柏堡の住民であるが母親が待っているからぜひ通してほしいと頼んだんですって。自警団の方は通さないというので押問答しているところへ、一人の中国人老婆がやはり揚柏堡へ帰りたいと言って来たんです。そしたら自警団の人が、青年とおばあさんにむかって、そこで二人でセックスして見せろ、そしたら通してやるって――。

ひどいじゃないですか。それで果して通してやったかどうか、二人とも殺しちゃったんじゃないかと思いますよ」

そしてその女性は、最後にこうつけ加えた。

「ひどいのは軍隊だけじゃなくて満鉄職員だって同じ。撫順には遊廓がいっぱいありましたが、そのうち風波楼というのは朝鮮ピーばかり、みんな日本の着物を着て日本人にサービスしてましたね。満鉄職員はみんな、淋病は男の勲章だって調子でしたよ」（『銃後史ノート』三号柳瀬安枝氏の証言）

満鉄職員の遊廓通いについては、故八木秋子氏からも聞いたことがある。八木さんは戦前、アナキズムの立場から農民運動をやった結果、治安維持法違反で三年間の獄中生活を送った人だが、出獄後「満州」に渡り、新京（長春）の満鉄留守宅相談所で働いた。満鉄の現場関係の職員は、奥地の保線工事等のための家族を新京に残して長期出張することが多い。その残された家族の面倒をみるのが留守宅相談所である。現場職員のなかには蒸発してしまったり、家族に給料を渡さなかったりで、家族が困窮する例も多かったという。

　八木さんはそうした留守宅のあいだをまわって相談にのっていたわけだが、たまたまある家を訪れたとき、ちょうど夫が奥地の出張から帰って来た。そして、久しぶりに会った妻に向かって、自分が出張先で買った女の話を自慢げにはじめたのだそうだ。朝鮮ピーと満ピー、つまり朝鮮人娼婦と中国人娼婦のどっちの方が味がよかったかとか――。

　その話を聞いていた小学生の息子が、突然横あいから口をはさんでせがんだ。

「ねえねえ、僕にも買ってよう、その満ピーを……」

この坊や、「満ピー」とはてっきり、お菓子かなにかだと思ってしまったのだ。

八木さんからこの話を聞いて、私は無性に腹が立った。妻にこんな話をする男も男なら、黙って聞いている妻も妻だ、しかも子どものいる前で――。

「中国人に対する差別意識は女も同じですよ。きっとこの奥さんにとって満ピーや朝鮮ピーは女でもなければ人間でもない、亭主が犬っころとジャレてきたくらいにしか思わなかったんでしょう」

八木さんはこう言ってさびしく笑った。

昨年五月だったか、日本平和学会では、「構造的暴力としての性の商品化」をテーマにシンポジウムを開いた。平和学会が「性の商品化」、つまり売買春を問題にするのは、平和を脅かすのはいわゆる戦争だけではない。戦争はもちろん、飢餓や貧困、売春等人間性の破壊をもたらす構造的暴力こそが平和の敵であるという認識にもとづいている。これでいえば満鉄は、軍隊のように直接武器で人を殺すことはなかったかもしれないが、眼にみえない構造的暴力の加害者だったといえる。

しかしそれは、戦前の満鉄だけではない。戦後の日本、とくに高度成長以後の日本は、かつての満鉄同様、構造的暴力の加害者としてアジアの人びとに対しているのではないか。構造的暴力＝戦争と考えれば、高度成長以後の日本は、「戦後」ではなく、「戦前」でもなく、すでに「戦中」なのかもしれない。

そうみた方が、防衛秘密法や天皇金貨フィーバーや『新編日本史』の登場など、最近のさまざまな戦前回帰の動きが納得できる。一九八六年「国際平和年」の終わりにあたって、私たちは「平和を守れ」ではなくて、戦争を一日も早く終わらせることを考えるべきなのかもしれない。

（『月刊社会党』一九八六年一二月号）

健康さん、さわやかさん……

増えない女性議員

もう一度、七月八日の朝刊をひろげてみる。何度数えなおしてみても、やっぱり六人しかいない。三九対六か――。「戦後政治の総決算」は、〈女たちの戦後〉にも及んでしまったのか。

三九対六。六はいうまでもなく、今年一九八六年七月の衆議院選挙で当選した女性議員の数。戦後最低だ。一九七六年の衆院選でも六人だったが、直後に千葉三区の千葉千代世氏（社）が繰り上げ当選したから、結果としては七人になっている。今回はそういうこともなさそうだ。

三九の方は、日本の女性が初めて参政権を行使した一九四六年四月一〇日、第二二回衆院選での女性当選者数。〈女たちの戦後〉は、三九人という大量の女性議員を擁して歩み出したのだった。この大量当選の原因については、さまざまな説がある。いわく、女が珍しかっただけさ。いわく、連記制（現在のように投票用紙に一人だけ記入する単記制ではなく、二人または三人の名前を書く）だったから、一人は女の名前を書く人が多かったのダ。またいわく、女は女へ、という単純な発想による――。

それぞれにいくぶんかずつの真実はあるだろう。たしかに女性候補に対するパンダ的興味はあったろうし、翌年の第二三回衆院選で単記制に変わったとたん、女性議員は一五人に激減している。連記制が女性に有利に働いていたことはたしかだろう。

また昨年わたしたちが、四六年四月当時二〇歳以上だった女性四五〇人にアンケート調査したところでも、女は女へ、ということはみてとれる。なにしろ四〇年も昔のことなので、「忘れた」や無回答が三割近くあったが、女性に投票した人の方がかなり多い。しかも投票しなかった理由は、「選挙区に女性候補がいなかった」が大半であって、「女では頼りない」「女はダメだとまわりに言われた」は合わせて二割程度しかない。したがって、女性候補がもっと多ければ、さらに多くの女性議員が誕生した可能性もあったわけだ。（八九ページ参照）

この「女は女へ」は、女のアタマの単純さによるものだったろうか。わたしたちの調査ではそうではない。戦争によって夫や息子を失い、家を焼かれ、食べるものもない。こうした戦争の苦しみを二度と繰り返さないためには、男にだけ政治をまかせておいてはいけない——。こうした女たちの思いが、三九人の女性議員誕生を支えたといえる。

女に選挙権など猫に小判だ、投票率はせいぜい五割、といわれていたにもかかわらず、六七％という当時としては思いがけない高投票率となった背景にも、それがある。

わたしは選挙権を持って二十余年になるが、恥ずかしながらあまり熱心な有権者だったとはいえない。婦選獲得のための先輩たちの努力に敬意はもっていても、女性参政権のありがたみを身にしみて感じたことはなかったといっていい。それが少しわかるようになったのは、去年の調査の過程で、初めて選挙権を手にした女たちの心のはずみを実感したからだ。

それだけに、今回の選挙の結果が胸にこたえる。投票率は初選挙時より五%ほど上がっているにもかかわらず、五一二人中六人しか女性議員がいないとは！　自民党に至っては、三〇四という空前の議席数を獲得しながら、一人の女性もいない。

日本の女たちはもう、同性にすっかり愛想をつかしてしまったのだろうか。

健康・清潔・多産の「清子」現象

もちろん、女性議員がたくさん出たからといって、世の中がよくなるとは限らない。戦後四一年、日本に一人のサッチャーも出なかったからといって、嘆く気持ちはさらさらない。女だ男だといつまでもこだわっているのは、私がオクレている証拠なのかもしれない。

それにしても、戦後四一年、いまや〈女の時代〉だそうだが、〈元気印の女たち〉は、みんな政治にソッポを向いてしまったのか？

参議院には一〇人の女性が当選した。これはまずまずの数字だが、その中味には気になる点もないではない。とくに自民党の小野清子氏が、東京で八五万票余りを獲得して二位当選（一位との差はわずか七〇〇票余り！）を果たしたのは、大いに気にかかる。彼女のキャッチフレーズは「健康さん　さわやかさん　お母さん」だったそうだ。

これで思い出すのは、健康・清潔・多産というナナス・ドイツのモットーだ。ヒトラー自身、菜食主義者で酒、タバコは大嫌い。まことにご清潔で健康的な暮らしぶりだったそうだが、この総統の意を受けて、ナチス人種政策局は一〇項目の「配偶者選択の指針」を発表した。その中には次のような項目がある。

「身体を清潔に！」

「健康は外面的美しさにとっても不可欠である！」

「できる限り多くの子供を望むべし！」

元オリンピックの体操選手で五人の子持ち、五〇歳にして元気はつらつとシェイプアップ体操の指導をしている清子氏は、この指針にぴったりだ。それかあらぬか、中曽根首相は清子氏をいたく気に入り、選挙運動の初日と最終日に寸暇をさいて応援に駆けつけている。

いや、ひょっとすると、清子氏はナチスより始末が悪いかもしれない。ナチスは、優秀なドイツ民族づくりのために、冷徹な〈合理主義〉をつらぬいたが、清子氏の「健康さん　さわやかさん　お母さん」には、日本民衆の甘ったれ根性をくすぐるところがある。

最近の健康ブーム、シェイプアップばやりの背景には、この管理社会で創造力の対象を自分の身体にしか見いだせない追いつめられた状況がある。しかしひとびとは、必ずしもそこで自足しているわけではない。自閉のカラのすきまから、〈関係〉を求めて外の世界をうかがっている。ただし丁々ハッシと火花を散らし合うような〈関係〉はゴメンだ。そんなのはツカレる。やさしく手を伸べて、抱きとってほしい――。

「健康さん　さわやかさん　お母さん」は、そんな要求にぴったりではないだろうか。

清子氏の支持者は、どの新聞をみても「中年」とある。中年とは、オバンなのかオジンなのか。TVのシェイプアップ体操での知名度からいえばオバンだろうが、わたしは案外オジンも多いような気がする。「亭主達者で留守がいい」とばかり、女房にかまってもらえないオジンの中には、石けんの匂いのする「かあさん」の胸を求めて、清子氏に投票した人も多いのではないか。

参議院東京選挙区は、「女の闘い」「マドンナ戦争」などといわれ、清子氏のライバルには前回全国区で上位当選した中山千夏、社会党の新人、山口都の両氏がいた。しかし清子氏は早い段階から優勢が伝えられ、結果的には、次点の千夏に二七万票近くの差をつけた。

「主権在民」なんて疲れるだけ

千夏ちゃんの落選と清子氏の当選は、衆議院の六人という最低の数字以上に、時代を象徴しているように思える。千夏ちゃんは、そのタレント性やかろやかな身のこなしにもかかわらず、戦後民主主義の柱である「主権在民」を、愚直なまでに体現していた感がある。彼女の掲げたシロウト性や反金権は、議員センセにおまかせではない政治のあり方、つまり、カッコつき戦後民主主義のカッコをとりはずそうということではなかったか。

その千夏ちゃんが落ちて、清子氏が当選した。ということは、カッコなしの民主主義はもちろん、カッコつきのも、もういらない、「主権在民」なんて疲れるだけ――。こんな思いがひろがってきているのかもしれない。

最近、混んだ私鉄電車の中で聞いた二人のギャルの会話。

「私サア、このあいだまでは長男と結婚するのイヤだと思ってたけど、最近考え直しちゃった」

健康さん、さわやかさん……


「どうして?」

「だってサ、長男と結婚したらその家のお墓に入れるけど、次男とかだと自分たちでお墓つくんないといけないじゃん」

「エッ、もうお墓のこと考えてんの」

「だって、お墓って高いんだよ。ホラみてごらん」

「ホントだ」

この二人、車内の墓地の広告をながめてうなずき合う。

一〇代の子が、もうお墓の心配とは! この子たちもあと一、二年で「有権者」になる。

(初出タイトル「自閉症的大衆を抱擁したナチスの『お母さん』」、『朝日ジャーナル』一九八六年八月八日号)

自動詞「国際化」の加害性
長谷川三千子批判

「国際化」とinternationalization

長谷川三千子さんといえば、おととし一九八六年の天皇在位六〇年にあたって、「母なる天皇」礼讃論をぶちあげた、いうならば「右」のイデオローグだが、一方では、そのジェンダー論で、イワン・イリイチをすっかり敬服させたという、なかなかに「危険な思想家」である。その『国際社会』の国際化のために」(『からごころ』中央公論社　一九八六年所収）という文章は、「国際化というファシズム」を考える上で示唆にとんでいる。

まず長谷川さんは、最近日本でさかんに言われる「国際化」はアメリカ人にはわからないらしいといった村上泰亮の発言を引いて、英語のインターナショナリゼーションと日本語の「国際化」のニュアンスのちがいを指摘する。つまり、インターナショナリゼーションのもとの動詞internationalizeが、「＊＊を国際化する」という他動詞であるのに対し、「国際化」は、「自らが国際的なものになる」（傍点長谷川）という自動詞的なニュアンスをもっているということだ。

そして長谷川さんは、他動詞 internationalize を手がかりに、近代ヨーロッパ批判を展開する。一九世紀後半に登場した internationalize という語は、「国＝際《くにとくにのあいだ》」とはいうものの、非ヨーロッパ世界を完全に排除したヨーロッパ諸国間だけのものである。それどころか、「コンゴの国際化」「スエズ運河の国際化」にみられるように、植民地としての非ヨーロッパ世界に対するヨーロッパ諸国間の利害調整、利益の山分けを意味した。「コンゴの国際化」とは、まさにヨーロッパ諸国間でコンゴを仲よく山分けすることにほかならなかった。

そこでは、非ヨーロッパ世界は、たんなる植民地分取り合戦の「目的物」として苛酷な収奪にさらされる。それを避けて「国際社会」の一員になろうとすれば、明治以後の日本やケマル・パシャ率いるトルコのように、強力に「近代化」をおしすすめてみずからヨーロッパ的「苛酷さ」を身につけるしかない。

その構造は、第二次大戦後、非ヨーロッパ諸国があいついで独立したのちも続いていると、長谷川さんはみる。真の国際社会は、「そこに参加するすべての国々の慣習や文化を考慮し、その社会を損なふ恐れのないもの」でなければならないのに、非ヨーロッパ諸国は、みずからの文化を破壊して「普遍」としての近代ヨーロッパに身の丈を合わせることによって、ようやく「国際社会」への参加を認められている——。

ここまでならば、六〇年代までの植民地解放運動の闘士といった趣きだが、それをヨーロッパ的〈知〉のあり方、つまり、「能動的主体」という近代ヨーロッパの精神構造にみるところに長谷川さんの〈新しさ〉がある。この「能動的主体」は、まわりのあらゆる事物をみずからの活動の「対象物」として、「その自律性をはぎとり、それを自らの支配のもとに組み入れなければやまぬ」ものである。

長谷川さんによれば、そもそも、「普遍」という概念は、近代ヨーロッパの「能動的主体」が生み出したものである。日本語のニュアンスとはちがって、「普遍」とは、その語源をたどれば、「一斉にすべてをある方向に向けてしまふ」というきわめて「専制的」なものを含んでいるという。したがって、この長谷川説によれば、ヨーロッパ諸国こそ「国際化というファシズム」（そうは言ってないけれども）の根源だということになる。

それに対して、日本的「国際化」は、このヨーロッパ的インターナショナリゼーションの「狭さ」と「侵略的性格」をただす「善玉」である。長谷川さんによれば、日本語の自動詞的「国際化」は、「他者それぞれの持つ原理」を尊重し、みずからを空っぽにして他から学ぼうとする姿勢を示すものであり、こうした日本的「国際化の思想」こそが、「国際社会」を真に国際化するものである。

したがって、日本がみずからの「国際化」をいうよりも、ヨーロッパ諸国こそが、日本的「国際化の思想」を身につけるべきだということになる。いま日本の「国民的標語」である「国際化」は、「まさに国際的標語として（略）高々と掲げられなければならない」。

はてさて——。

自他融合の精神構造

長谷川さんの近代ヨーロッパ批判には共感する。ヨーロッパ諸国が、アジア、アフリカ、アメリカ大陸等を侵略するにあたって、破壊と虐殺の限りをつくしたのは、長谷川さんの言うとおりである。その要因に、自他二元論に立ったロゴス的〈知〉のありかたや、「能動的主体」としての自我意識をみるのも、ナルホドと思う。また「国際社会」が、ヨーロッパ文明を「普遍的」価値としてなりたっていたという指摘も当たっているだろう。

しかし、日本の自動詞的「国際化の思想」が、「各々の国、各々の民族からの視点を大切にする」（傍点長谷川）相互尊重の論理であるかどうか？

他動詞 internationalize が、非ヨーロッパ世界をたんに「能動的主体」の働きかけの「対象物」とする苛酷なものだという長谷川説は認めてもよい。しかし自動詞的「国際化」も、それとはやや趣きのちがった、それだけにいっそう厄介でもある苛酷さをはらんでいるように思う。

自動詞には、目的語がない。自動詞的「国際化」にも目的語がない。他動詞 internationalize が、ヨーロッパの「能動的主体」という精神のありかたに関係しているとすれば、自動詞的「国際化」も、日本人のある精神構造、認識のありかたに関わっているのではないか。

目的語がないということは、日本人の「対象」認識のなさ、あるいは弱さに関係しているように思える。対象認識が弱いということは、つまり、自他の区別が判然としないということである。ヨーロッパの「自他二元論」に対して、こちらは、自他未分離の即自的〈知〉のあり方といえようか。

その日本の「国際化」が、「他者それぞれの持つ原理」を尊重し、「各々の国、各々の民族からの視点を大切にする」ものでありうるだろうか。

自他の区別判然とせず、他者を他者として認識しえないものに、「他者それぞれの持つ原理」は見えない。まして他者の立場からの視点などありえない。

自動詞「八紘一宇」の問題性

この日本的「国際化」を、長谷川さんが「国際的標語」として高々と掲げるべきだとするとき、どうしても思い出されるのは、戦時下の「八紘一宇」のスローガンである。まして長谷川さんは、『voice』（八六年九月号）に書いた「大和心と漢意」では、これを「王道主義」として評価するのだから、ますます「八紘一宇」を想起してしまう。

『日本書紀』の神武即位の詔にある「八紘為宇」、これを「八紘《あめのした》を掩《おお》て宇《いえ》と為《せ》む」というふうに漢文読みすれば、「能動的主体」による他動詞的世界だが、「為宇」を「一宇」にする（元田永孚だったか？）ことによって、世界中の国が「おのずから一つの宇《いえ》になる」という自動詞の世界になる。天皇裕仁は、一九四〇年九月の日独伊三国同盟締結にあたって、「大義ヲ八紘ニ宣揚シ坤輿ヲ一宇タラシム」と述べたが、以後「八紘一宇」がますます高唱されたのは周知のとおりだ。この「宇《いえ》」は、「皇祖皇宗国ヲ建テ民ニ臨ムヤ国ヲ以テ家ト為シ民ヲ視ルコト子ノ如シ」（天皇裕仁即位のことば）の「君民一体」の「和の精神」に満ちたものである。

『国体の本義』によれば、「かかる我が国の和の精神が世界に拡充せられ、夫々の民族・国家が各々その分を守り、その特性を発揮」しつつ、おのずから一つの「宇《いえ》」となる。そのとき「真の世界の平和とその進歩発展とが実現せられるであらう」。

これが「八紘一宇」の精神だった。にもかかわらず、他国の側からすれば、これは明らかな侵略の論理でしかなかった。それは、他者を他者として認識しない自動詞的世界でのものだったからだ。

これは、母子関係の抑圧に似ていなくもない。往々にして母親は、わが子を「他者」として認識せず、自らの分身のごとくみなして、自分が寒ければ子も寒いと思い、自分が良いと思うことは子にとっても絶対に良いことだと信じて疑わない。子には子の感覚と論理があるなどとはつゆ思わず、「愛」の名において介入するとき、子には耐えがたい抑圧であり、その結果反抗の火の手をあげることもある。しかし母親には、みずからの加害性がみえない。

さらにこわいのは、子が、「あなたのためなのよ」と子守歌のように繰返される母親のことばによって、抑圧と感じる主体の芽すら摘みとられてしまうことだ。その場合は、双方に加害・被害の自覚なく、母子触合の涅槃境にただようことになる。

戦前日本の天皇と「赤子」の関係は、いうならば後者であり、「東洋平和」「八紘一宇」を掲げた日本の介入に「抗日」の声をあげた中国は、前者ということになろうか。しかし「母親」日本には、いまだにその加害性が自覚できず、それが折にふれて、奥野前国土庁長官のような発言になってあらわれるわけだ。

ヨーロッパ的「能動的主体」による他動詞的世界の「苛酷さ」よりも、自動詞的世界の方が厄介だと言ったのは、この自覚しにくさのゆえである。もちろん、それによって、internationalize

の加害性を免罪する気はさらさらないし、ヨーロッパ諸国の人びとがしっかりとそれを自覚反省していているとも思わない。しかしともかく彼らには、日本のように「侵略の意図はなかった」と、みずからの主観的善意にたてこもって合理化することは、あまりないのではないか。

主客逆転の視点を

長谷川さんにならって、あえてさらに他動詞・自動詞にこだわってみよう。

自他二元論のうえに「能動的主体」としてみずからを立てる他動詞構文は、逆に、働きかけの対象としての他者を、主語にした文章が可能である。受身形である。

この受身形では、internationalize の目的語が、「be internationalized」の主語になる。このことは、「能動的主体」のたんなる「目的物」でしかなかった非ヨーロッパ世界が、主語として、internationalize された被害を告発するという、「他者からの視点」の可能性をひらくものといえないだろうか。

それに対して、もともと目的語としての他者のない自動詞的世界では、この逆転もありえないのだ。

もちろん、こんな中学英語文法的受身形が、日常的に使われているわけではない。しかしわたしは、現在「国民的標語」となっている「国際化」が、「国際化というファシズム」にならないためには、まず日本人が、自他融合の自動詞的世界から抜け出て、他者を他者として認識すること、そして、たえずその他者を主語とする文章を、みずからのなかでつくってみることだと思っている。

（『検証［昭和の思想］Ⅰ　国際化という［ファシズム］』社会評論社　一九八八年一二月）

オウにトガなし

シマの光と影を見据えつつ

「オウにトガなし」――奄美にはこんな諺があるという。「オウ」というのは「ハイ」ということで、なんでもハイハイ言ってれば文句は出ないということだそうだ。

一〇数年前それをわたしに教えてくれたのは、奄美出身の女性Yさんだった。Yさんは一九〇五年奄美の名家に生れたが、奄美は非常に男尊女卑が強いところで、文字通り「オウにトガなし」の生活を強いられている母親の姿に反発し、自由の天地を求めて「満州」に渡った。

当時わたしは、「女たちの現在を問う会」の仲間たちとともに「昭和」の一五年戦争と女性の関わりを跡づける作業をしていた。Yさんに会ったのは「満州」の話を聞くためだったが、その出会いはわたしが、はじめて奄美大島を意識する機会にもなった。

しかし、それには苦い記憶がともなっている。そのときYさんは、都営住宅の一室でひとり暮らしをしていた。「満州」で結婚し子供も生まれたが、「オウにトガなし」に反旗を翻した女性の多くがそうであるように、彼女の晩年も孤独だった。国家や男社会への彼女の怒りの激しさは、「かわいいオバアチャン」でいることを許さなかったから、家族や親族との関係はよくなかったようだ。

年とって健康も思わしくないとなれば、さすがのYさんにも孤独はこたえていたのだろう。わたしの訪問を喜んでくれて、何度か訪ねるうちに財産やお墓をめぐる親族との軋轢について相談されるようになった。それはわたしにとって気の重いことだった。そして、墓地をめぐっての親族との対決の場に立ち会うよう要請されたとき、ついにわたしはYさんから逃げ出した。

当時わたしは、まだ子どもたちも小さくて、自分のことだけで手一杯ということもあったが、それ以上に、ドロドロしたものに足を取られるのがいやだったのだ。せっかく田舎から出てきて、地縁・血縁に煩わされることなく「合理的」な団地生活をしているのに、これ以上Yさんに付き合えば、はるか遠い南島の底深い暗闇にひきずりこまれるようで疎ましかった。

その後Yさんから何度か電話があったが、そのたびにわたしは言を左右にして逃げた。そしてぱったり電話も途絶えて二、三ヵ月後、さすがに気がとがめておそるおそる電話をしてみた。だれも出なかった。

それからまたしばらくして、所用のついでにYさんを訪ねてみた。案の定、留守だった。それも留守になってだいぶ経っている気配だった。隣の主婦によれば、「二、三ヵ月前、発作を起こして救急車で運ばれて行ったんですよ。さあ、どこの病院かしらねえ、あまりお付き合いなかったからねえ」。

以後Yさんに会うことはない。いまにして思えば、Yさんから逃げることは辺境の島・奄美から逃げることであり、戦争の影を負った孤独な女性の問題から逃げることであり、つまりは「高度成長浮かれ節日本」の、歪みを背負った者たちから眼をそむけることでもあったろう。

だからこそ、だったのかもしれない。奄美を飛びだしたYさん、そのYさんから逃げたわたしとは逆に、尊敬する女友だちが東京を捨てて島で暮らすようになったとき、わたしにとって奄美大島は、まぶしく輝かしいユートピアになった。

ほぼ七〇年代を通して、「侵略＝差別と闘うアジア婦人会議」や女性解放を目指す活動の中で身近にいた浦島悦子さんが、八〇年代にはいって島と島の男に恋して奄美に行った。そして子を生んだということが伝わってきた。やがて飯島愛子さんも、年若いパートナーとともに東京の生活を捨て、島で暮らすようになった。

無我利道場の女たち・男たちはわたしは直接は知らなかったけれど、送られてくる通信からは、生命力あふれるコミューンの息吹が感じられた。都会の「合理的」な生活からはとっくに失われてしまった自然との交感、エロスに満ちた生活がそこにはある――。

そのときわたしは、「オウにトガなし」に反旗を翻したYさんの孤独を、記憶の底の引出しにしまいこんですっかり忘れていたらしい。というよりは、Yさんの孤独を受けとめられなかった負目を、浦島さんや飯島さん、無我利に希望を見ることで、無意識のうちに帳消しにしようとしていたのかもしれない。

いま、浦島さんが島で暮らすようになって三年目に書いた『奄美だより』（現代書館　一九八四年）と、昨年刊行された無我利道場追放運動の記録『島に生きる』（インパクト出版会　一九九〇年）をあらためて読み比べてみると、その落差に愕然とする。とくに『島に生きる』の表紙に、執筆者名として「無我利道場」ではなくて「旧無我利道場」と記されているのに胸をつかれる。

当然といえば当然なのだが、「オウにトガなし」は、いまも奄美に厳然と生きていたのだ。そして無我利＝ムガリとは、奄美では「アマノジャク」とか「何かと屁理屈を言う偏屈者」のことだそうだ。だとすれば「オウにトガなし」に真向から対立するものであり、シマ社会の反発を受けるのは当然だったろう。

しかし、「オウにトガなし」と大勢順応を要求し、従わないものをイビりはじきだすのは、なにも奄美に限らない。全国どこでも、一見近代的な都会の集団にも色濃くある。とりわけ胸が痛むのは、子どもたちの学校でのそれだ。無我利の場合もまず子どもたちが、「ヒッピー」「くさい」といった学校での差別につらい思いをしている。

そして『島に生きる』によれば、島の人びとの無我利追放のいちばんの理由は、無我利の子どもたちが制服を着ない、学校に行かないということであるらしい。何てことだろう、制服を着ようが着まいが、学校に行こうが行くまいが、ひとに迷惑をかけるわけでもないのに——。この日本では、学校という画一的近代システムから自由ないかなる辺境もないらしい。

それにしても、右翼・警察・村民の三位一体による無我利追放運動はすさまじい。なぜなんだろう？　なぜこんなことになってしまったんだろう？　『島に生きる』を何度も一生けんめい読んでみてもよくわからない。それは旧無我利道場の著者たち自身にもわからないことで、彼女たちの戸惑いが行間から伝わってくる。彼女たち自身の人間への信頼感、やさしさからすれば、これほどの「悪意」の包囲はとうてい理解しがたいことだろう。

右翼のカサにかかった攻撃は、無我利追放が天皇訪沖以来激化した、いわゆる天皇制攻撃のターゲットとして象徴的な意味を持っているためでもあろう。しかし学校でのイジメや村民の追放の動きは、どういうことか。

島の子どもたち・大人たちのあいだに、だれかを犠牲の祭壇に捧げなければ収まりがつかないほど、鬱屈が堆積されているということだろうか。だとすればそれは、久志のような多くの過疎地のうえに「快適な生活」を貪っている本土の私たちにも、なにがしかの責任はある。

「無我利道場」の看板を下ろしたからといって、無我利のひとびとがいなくなったわけではない。右翼に包囲されながらも、彼らの暮らしはいまも続いているという。

だとすればわたしは、今度こそ、Yさんのときのように「オウにトガなし」を肯じない者の孤独に目をそむけるのではなく、また、島にユートピアを見るのでもなく、その光と影を見据えつつ、非力ながら「同志」としてありたいと思う。

そう言えば、ユートピアとは「無何有郷」、どこにもない場所ということだった。ということは、これからつくるべき場所ということだ。


（『シマを想う――奄美大島・久志の住民追放運動に反対して』久志の人権を見守る会　一九九一年七月刊）

4章◆〈銃後の女〉から〈前線の女〉へ

「これからの戦争」と女性

大阪港第二突堤

大阪港行きの地下鉄を終点で降りて、三条通りを左に折れ、突堤に向かって歩きだしたときは、もう七時に近かった。まったく人通りのない広い通りに、ポツンポツンと街灯がともり、たそがれ色がそこだけ銀色ににじんでいる。

赤レンガの住友倉庫の前を通り、難波津橋を越えたあたりから、私の足は重くなる。というよりは、足がすくむという感じである。日暮どきだからではない、昨年、真夏の真昼間に訪れたときもそうだった。

第一突堤の入口を過ぎ、第二突堤に向かうにつれて、その感じはますます強くなる。すくむ足を励まし励まし、貨物の線路を渡り、すっかり暮色を深めた第二突堤に向かう。

わたしがいま歩いてきた通りは、かつては陸軍通りと呼ばれ、軍靴のひびき、軍馬のいななき、戦車のキャタピラの轟音が満ち満ちていた。そして第二突堤には、巨大な軍用船が何隻も横づけされ、乗船待ちの兵士がひしめき合っていた。

――クレーンで吊り上げられる軍馬は、虚空を蹴っていななき、戦車は、キャタピラの音をひびかせて次々に船腹に吸いこまれていく。「天に代わりて不義を撃つ……」と、あちらの一団から軍歌があがれば、こちらの一団では、万歳の声がわき起る。その人波をかき分けて、かいがいしく兵士たちに、お茶をついでまわる白いかっぽう着姿の女たち――。

それにしても、現在のこのさびれようは、どうだろう。突堤の先端は、南港埋立地まで港を一またぎする高速道路の巨大な橋桁に踏みしだかれ、岸壁には、ハングルで船名を記した小さな貨物船が一隻だけ。古ぼけた倉庫の間に野犬がさまよい、どこかでこわれた倉庫のドアが、バタンバタンと鳴っている。

「あれだけたくさんの人の涙がこもっている場所が、栄えるはずないでしょ」

あの戦争の間、第二突堤近くに住み、国防婦人会の女たちにまじって毎日のようにここで出征兵士を見送った金野紀世子さんは言う。当時彼女は、女学生であったが、赤児をおぶって夫を見送る妻たちの涙、送られる男たちのかみしめた唇、そして、たくましく凛々しい姿で征った男たちが、数ヵ月後、見るかげもなくやせおとろえ、あるいは手足を失い、またあるいは、小さな骨箱に納まって帰ってくるのを、どれほど数多く見たことか。そんな血と涙がとっぷりしみこんだ場所が、繁栄を保つはずはない――と、金野さんは言うのである。

しかしわたしには、ここには、たんなる滅亡の相ではない、もっと凶々《まが》しいものがあるように感じられる。男たちの怨念、それも、女に対する怨念、つまり、あの戦争の間、にこやかにまめたとたんにわたしの足をすくませたものも、それにちがいないと思う。

一五年戦争の銃後の女たち――国防婦人会を中心に

大阪港は、あの戦争と女の関わりを考えるにあたって、欠かせない場所である。ここから数多くの兵士たちが戦場に送り出され、女たちがかいがいしくその世話をしたというだけではなく、かつての戦争における最大かつもっとも活動的な戦争協力団体、国防婦人会の誕生に、切っても切れない縁があるからである。

一九三二（昭和七）年三月、いわゆる一五年戦争はじまって半年後、二〇〇名足らずで発足した大阪国防婦人会は、半年後には大日本国防婦人会と名を改めて全国に広がり、一〇年足らずのうちに九〇〇万の女たちを組織する大集団に成長した。その結果、白いかっぽう着姿の女たちが巷にあふれ、出征兵士の見送りや兵営の慰問、はては、街頭に立ってパーマネントや派手な服装の女たちを、憲兵まがいにチェックしたりもした。

この白い軍団の進撃によって、侵略戦争の銃後体制は固められ、草の根からの軍国主義化が促されたのだったから、国防婦人会は、あの戦争における女の〈加害性〉を集約して背負っている。しかし、その発足の経緯をみれば、大阪港周辺に住む主婦たちのささやかな奉仕活動に端を発している。

一九三一年九月一八日、「満州」に上がった戦火は、翌年明けるとすぐ上海に飛火し、いわゆる「上海事変」が起こったが、中国軍の頑強な抵抗に手を焼いた日本軍は、国内から続々と増援部隊をくり出した。ここ大阪港からも、宇都宮、金沢はじめ各地の連隊の兵士たちが送り出された。

近くに住む主婦たちは、真冬の岸壁で乗船待ちする兵士たちに対して、「せめて熱いお茶の一ぱいでも……」と、やかんや湯のみを持ち寄って奉仕活動をはじめた。そこにあったのは、「御国の為」意識というよりは、まずは、ふるさとの家族に心を残して戦場に送られる兵士たちへの、同じ民衆としての連帯感であったろう。

いま大阪港区に住む八四歳の柴田ソノさんは、かつての国防婦人会の活動について、「兵隊さんたち、なんぼかおかみさんや子どものこと気がかりやったんやろ、男ながらも涙を浮かべてなあ。そんなん見ると、私にできることは、何でもしたげようという気になりました」と語っている。

しかし、大陸への侵略拡大がはかられるこの時期、女たちの兵士への思い、民衆同士の連帯感は、ただちに軍の利用するところとなる。

これからの戦争は、国内の人的・物的資源のすべてをあげて戦う総力戦である。女も当然、人的資源として活用せねばならぬ――。これは、第一次世界大戦直後、すでに軍首脳部の頭にあった。一九一九（大正八）年、大阪第四師団が女たちを兵営に招き、当時の最新兵器、戦車や潜水艦の見学試乗会を催しているのは、そのための第一歩であった。

昭和に入って、その動きはますます強まる。そこに出現したのが、国防婦人会である。

軍の構想によれば、総力戦とは、武力戦・経済戦・思想戦を総合したものである。直接的な戦闘行為である武力戦は、当然前線の兵士が担うが、経済戦・思想戦は銃後の役割となる。経済戦とは、近代戦の中で大量消費される武器・弾薬・軍需物資等々の補給増産である。この要員が、一人の前線兵士に対して七人から八人とはじき出されていたから、生産現場の男たちがどんどん前線に引き抜かれる状況の中では、当然、女たちの労働力をあてにしなければならぬ。

それに、資源小国日本が、壮大な消耗戦である近代戦を戦うとなれば、軍需資源調達のために民需削減、民衆の生活必需品は極度に切りつめられる。戦争継続のためには、消費生活の担い手である主婦の協力がぜひとも必要である。

しかし、女の役割としてそれ以上に重要なのは、思想戦である。思想戦とは、国民の中に一致団結、あくまで戦い抜く意志を形成することである。とくに前線兵士の戦意昂揚は焦眉の課題である。幼い時から教育訓練をほどこした職業軍人ならともかく、ぼう大な数の民衆を、否応なく生活の場からもぎとって兵士に仕立てるとなれば、必ずしも高い志気は期待できない。それどころか、反戦、厭戦意識による逃亡・脱走も考えておかねばならぬ。これを防ぎ、さらにできるだけ戦意を昂揚させるにはどうすればいいか。

もちろん、学校教育を通じ、さまざまなメディアを通じ、天皇陛下の御為に、御国の為に、生命を捧げることがいかに意義あることかは、強力に注入しなければならぬ。しかし、そうしたタテマエ的精神論だけでは十分ではない。からめ手から攻める、泣き所をつく、といった対策が構じられねばならない。

ここに、国防婦人会の利用価値がある。あんなに盛大に見送ってもらったのに、あんなに熱心に世話してもらったのに、おめおめ逃げては帰れない、手柄の一つも立てなければ、申し訳ない――。

それに、女の前では、否が応でも肩ひじ張って勇ましげに見せたがるのが、日本の男の通性になっている。戦争はいやだ、死ぬのはこわい、などという男は女々しい。死をも恐れぬ男々しい丈夫《ますらを》たれ――。これは明治以来の教育のなかで一般民衆にも浸透している。

それは男だけではない、女の中にも根強くある。わが夫、わが息子の出征は、たしかにつらく悲しいことだが、しかし、夫や息子が、征きたくないと泣きわめいたり逃げかくれするのを、情けないとも恥ずかしいともいささかも思わない女は、多くはなかった。

まして、若い娘というものは残酷である。無責任に〈勇士〉にあこがれる。金野紀世子さんは、大阪港第二突堤で出征を見送った数多くの兵士と手紙のやりとりをしたが、なかに一人、いつも戦場の苦痛を言い、一日も早い帰還を願う手紙を書いてくる兵士がいた。金野さんは、この兵士にいらだち、「どうか決死隊に入って、御国の為に死んで下さい」と書き送った。

「生きていたら、あの兵隊さんにお詫びを言いたい」

と、金野さんは言う。いま彼女が「大阪大空襲の体験を語る会」の中心メンバーとして精力的に活動しているのは、その思いがあるからでもあろう。

しかし〈勇士〉にあこがれるのは金野さんだけでなく、当時の大方の娘の気持だった。そうした娘たちに対して、その兵士のようにホンネを出す男も稀有であった。だからこそ軍は、出征見送り、兵営慰問、前線慰問等々に女たちを動員するべく、国防婦人会の組織化を強力にバックアップしたのだ。

銃後の思想戦にも、国防婦人会は有力な武器であった。

国防婦人会の趣旨は、「宣言六ヵ条」に示されている。その中に一項、「母や姉妹と同様の心を以て軍人及傷痍軍人並に其の遺家族の御世話を致しませう」というのがある。

銃後の思想戦のほころび目として、もっとも可能性の高いのは、傷痍軍人や遺家族である。これらの人びとは、戦争の被害を直接身に受けているだけに、反戦、厭戦の震源地になりやすい。したがって、つねに監視の眼を光らせている必要があるが、憲兵、警察といったむき出しの権力では、あまりにカドが立つ。国防婦人会の女たちに、「母や姉妹同様」にまめまめしく面倒をみさせ、真綿でくるんで抑えこもう、というわけである。

国防婦人会機関誌には、この具体的内容について、一三項目にわたって微に入り細に入り絵解きして会員に周知徹底をはかっている。一例をあげれば、

「会員で出来る家事の御手伝や御世話は分会員に於てかわり番に順番を定めて御世話御手伝を致しませう」

とあって、かっぽう着にたすき姿の女性が、たらいの前にしゃがんで洗たくしている絵が描かれている。また「御産婆の斡旋や御産の御世話迄も致しませう」、「御彼岸、御節句、御祭り、御祝ひ日などのときは傷痍軍人や遺家族の中、気の毒な方々は会員手製の御馳走でも御裾分け致しま

せう」と、まことに行届いている。

傷痍軍人や遺家族の援護は、一九〇一（明治三四）年、奥村五百子によって創立された愛国婦人会が先輩格だが、こちらのやり方は会員から金を集めて、母子寮、託児所、授産所等の施設を建設し、その福利厚生をはかるというものであった。

一五年戦争開始後、この愛国婦人会を、施設ではなく一人一人の心と身体で、という国防婦人会が凌駕してゆく事実をみるとき、いま、「家庭基盤充実」、「国民の自助」を謳っての福祉切捨て政策が、民衆の間に一定の支持を得つつあるのにあらためて無気味な思いをかきたてられる。

ともあれ、こうして国防婦人会は、まずは思想戦の武器として、さらに日中戦争以後の長期戦のなかでは、消費節約、廃品回収等々の経済戦の戦士として、ぼう大な女たちのエネルギーを戦争のために吸い上げたのであった。

これからの戦争における女利用

さて、与えられたテーマは、「これからの女性の戦争協力」であった。こんなテーマは考えるだけで気が滅入る。荒唐無稽の空想としてならまだしも、かなりの現実性をもって考えられるだけに、なおさらだ。

これまで長々と、過去の女性の戦争協力について書いてきたのは、「これから」についても、その基本パターンは、そう大きくはちがわないと思うからである。

もちろん、「これからの戦争」を、どういう形で想定するかによって、「女性の協力」のあり方も変わる。全面戦争か局地戦か。主戦場が国内か国外か。

いきなり全面戦争は、考えにくい。またいまの日本の状況を考えると、日本が一方的に攻撃されて、この狭い国土を戦場とするというのも、まずは考えられない。これからの日本の戦争も、かつてと同様、防衛の名における攻撃、自衛の名における侵略であろう。したがって前線―国外、銃後―国内という地理的なパターンは踏襲されるし、前線―武力戦、銃後―経済戦・思想戦という役割構造も変わるまい。ただし、前線がアジア大陸の一画であるにしろ、海上であるにしろ、戦闘形態の近代化によって、前線対銃後の人員比率は、後者の方がぐんと高くなる。

したがって、かつてのような前線―男、銃後―女というはっきりした性別役割分業ではなくて、男たちの多くも、銃後要員として経済戦・思想戦を担うであろうし、逆に、女の前線登用もあり得る。つまり、性別よりは、能力別の色彩が強くなる。

現在、女性自衛官は、陸、海、空合わせて三千余。通信、人事、補給、看護等々の任にあたっている。昨年一九八二年、埼玉県朝霞駐屯地にあるWAC（陸上婦人自衛官）教育隊で聞いたところによると、毎年二回、一回二〇〇名の募集に対して五～六倍の応募があるという。しかしWACたちは、高卒一八歳で入隊し、一期二年、二期務めると適齢期に達し、かなりの人数が結婚退職する。

「それではせっかく税金使って教育してもムダですね」というわたしの質問に、教育隊長はこともなげに言った。

「いやなに、結婚して母親になって、子どもに防衛意識を植えつけたり、地域で自衛隊に対する関心を喚起してもらえば十分ですよ、それに予算枠があるから、彼女たちにいつまでもがんばっていられても困るんだ」

これは、WACたちの「男性に伍して国防の最前線に立てることを誇りに思います」という気負った発言と大きなギャップを見せている。しかし現在、小火器、航空機等の整備、小型ヘリコプターを含む輸送・測量や飛行管理等々、WACの戦力化が急がれている。昨年は、日本の軍隊史上、初の女性大佐（前田米子一佐）も出現した。

戦時になれば、この傾向はぐんと強まる。電子兵器のオペレーター部門はもちろん、女性パイロットの登用もあり得ないことではない。

銃後の経済戦・思想戦においても、管理中枢部門への女の登用はふえる。かつての戦争においても、女性運動家や知識人女性の中央への登用はかなりあった。しかしそれは、どちらかといえば、政府と一般大衆の女たちとの間のパイプ役だった。つまり女たちの生活実態・要求をくみ上げて政策に反映させ、そして講演や執筆活動を通じて女たちに政府の意を伝えるということだ。その意味では、戦争責任はともかくとして、女性大衆のために一定の役割を果したということはできる。

しかし、これからを考えれば、いわゆるキャリアウーマンの能力は、たんなるパイプ役としてではなく、経済戦・思想戦の戦略戦術の立案・実行に、大いに活用されるだろう。すでにかなりの教育投資もしていることだし、男たち以上に仕事に対するロイヤリティの高いことが証明されている女たちの能力を、無駄にするような愚はくり返すまい。いざとなったら、「女性も管理職に……」といった女たちの要求をくみ上げることは、リコウな男たちにはお安い御用である。

一般大衆の女たちについてはどうか。これからの戦時体制は、経済戦・思想戦の人的資源として、彼女たちをどう利用するか。

経済戦の人的資源、軍需生産労働力としての女利用は、ほとんど問題あるまい。かつてのように声を涸らして呼びかけたり、法律をつくって強制動員せずとも、現女子労働者数は、さしあたり十分すぎるほどある。かつて一五年戦争開戦時の女子労働者数は約一〇〇〇万、敗戦時でも五〇〇万にすぎない。それに対し現在は、パート等を含めれば、二〇〇〇万近くの女たちがさまざまな労働現場で働いている。

しかもすでに、家電メーカーでは、下請け・マゴ請け・ヒマゴ請け、あるいは本工・パート・内職と重層化された労働現場の最底辺で、ぼう大な数の女たちが、無自覚なまま電子兵器の生産にたずさわっている。経済戦の人的資源は、こうした構造をそのままにして、第三次産業等の〝不要不急〟の職種からの移動をはかればよい。

飽食の民をどう動員するか

しかし、物的資源については大いに問題がある。かつて以上の資源小国日本が、かつて以上の消耗戦である「これからの戦争」を戦うのである。もちろん日本経済の底力は格段に高まっているが、民衆の生活の弾力性は、逆に極度に失われている。

一五年戦争下、消費物資の不足に対して発揮された主婦たちのエネルギーには、すさまじいものがあった。彼女たちは、炭がなければ、近くの山に出かけてたきぎを集め、あるいは路地裏の板塀をひっぺがして火をおこした。食物がなければ、空地を耕してかぼちゃの種をまき、農家を訪ね歩いてヤミ買いもした。

女たちのこのエネルギーが戦時体制を一五年の長きにわたって維持したことを思えば、複雑な思いを禁じ得ないが、それにしても……と、ウソ寒い思いでわが身をふり返る。

彼女たちのあのエネルギーは、わたしにはとうていない。第一、たきぎを拾い集めようにも、山林はすでに伐られ、野菜を育てる土地はコンクリートで塗り固められ、かつての買出し先には、すでにびっしり建売り住宅が建っている。電力不足でガラクタと化した家庭電化製品の山と、スーパーのがらんどうのショーケースを前に、ただため息をつくより仕方ないのか——。

だから本当は、日本は、「これからの戦争」など、できるはずはないのである。にもかかわらず、だからこそ、戦争は起こるのではないかという恐怖がある。

民衆の生活の弾力性のなさ、それに対する不安こそが、戦争のつけ入るスキである。

——石油が来なくなったらどうなるか。

——食糧輸入が途絶すればどうなるか。

——国民の暮らしを守るためには、生存を保障するためには、戦争もやむを得ない。

こうしたキャンペーンを、テレビ等のマスメディアで集中的に行なえば、民衆を戦争に巻きこむのは、むずかしいことではない。

しかしもちろん、かつてに比べて民衆の権利意識は格段に高く、消費物資の不足に対する耐性は、格段に低い。戦争開始は容易でも、この民衆をひっぱって戦争継続することは、至難のわざであろう。

この対策は、二つの方向から考えられる。一つは、消費物資の不足に対する具体的方策であり、もう一つは、民衆意識への働きかけ、つまり思想戦である。

消費資源の不足に対する具体策としては、すでに家事の社会化、商品化としてかなり普及しているシステムを利用すればよい。たとえば、軍需生産のために家庭用電力が不足するなら、各家庭で洗たく機をまわすことはない。チェーン化されたコインランドリーの網の目をもう少し密にすればよい。各家庭で冷蔵庫や電子レンジやオーブンを使うよりは、ファーストフード的外食産業を利用した方が、エネルギーの節約になる。一軒一軒お風呂をわかさずとも、銭湯に資金援助すれば安上がりだし、民衆同士の連帯感形成にも役立つ。そして、不要になった洗たく機、冷蔵庫、風呂釜等々は、つぶして軍需資源にする——。

かつての戦争の時も、労働力不足とエネルギー・食糧不足対策のために、地域の共同炊事や共同託児が必死に叫ばれたが、これからは、高度成長の間に蓄積した社会資本や資本主義的システムの戦時的再編をはかれば、国民生活の弾力性のなさは、かなりカバーできる。

しかしもちろん、それだけでは不充分である。なにしろ国民のおおかたは、便利さと飽食に馴れてこらえ性なく、権利意識ばかり強い。徹底的な思想戦によってこれを叩き直さなければ、戦争継続はおぼつかない。

思想戦の手段としては、テレビがある。前線での戦闘の模様がたっぷり茶の間に届けられ、ドラマも歌謡番組もクイズショーも、あげてこれに動員される。一人一人のちっぽけな権利にしがみつくより、国家のための義務に生きることがいかに価値あることか――。

それから、耐乏生活の意義と、その具体的知恵である。ここに政府は、消費生活運動のリーダーや自立的な暮らしのあり方を模索しているさまざまな若者たち、たとえば、有機農業や自給エネルギー、リサイクル運動等をすすめている真摯な若者の利用を考えるだろう。戦争という巨大な歯車は、さまざまな人間の善き意図、真摯な試み、戦争反対の意志すら、のみこみ利用し、まわりつづけるものだ。それを拒否できるかどうかは、国家の本質、あるいは戦争というものに対する彼らの認識如何による。

しかし、メディアを通しての思想戦だけでは、やはり不安が残る。最後の仕上げは、結局、人間、それも女を使っての草の根の組織化である。国防婦人会といった性別組織であるよりも、町内会―隣組といった地域組織になる可能性が高いが、その場合も実際活動は女の役割となる。

その目的は、まずは、現憲法によって保障された国民の権利、それが一つ一つ戦争によって奪われていくことに対する民衆の不満の抑えこみである。戦争のために、土地、建物収用の対象になったもの、福祉切捨ての結果、「健康で文化的な生活を営む権利」をもろに奪われた者、軍需工場に移動させられて「職業選択の自由」を犯された者、そしてもちろん、前線に駆り出されて「生存権」を脅かされた者等々、前線・銃後を通じた戦争の直接的な被害者に対し、組織的な援護活動を行なうことによって、その不満を抑えこむ――。かつての国防婦人会と同じパターンである。

そうした形で、女たちの〈かわいそうな隣人〉へのやさしさを民衆の権利意識つぶしに利用しつつ草の根の組織化をすすめれば、戦争の長期化から来る戦意の弛緩は、民衆同士で相互監視させることができる。

戦争反対の砦をどう築くか

さてしかし、以上は、「これからの戦争」における「女性の協力」を、支配者の側から考えた場合である。これがそのまま通るかどうかは、女たちの態度如何による。かつての女たちは、支配者の意図にむざむざとのってしまった。これからは、どうか。

かつての女には許されなかった政治参加、教育の機会均等……等々の権利の中で育った女たちは、支配者の意図を見抜き、断固として抵抗の砦を築くだろうか。

そうは思えないから、気が滅入るのだ。

若者のシラケが言われて久しい。女たちの間でも、〈自立〉の季節は去り、いまやブリッ子時代。現状を憂え未来を危ぶむネクラ人間には、冷笑とシカトしかない、という。

しかし、本当にシラケているのならまだいい。徹底的なシラケ人間は、少なくとも「国家的意義」などには、ハナもひっかけない。

そうではなくて、中途半ぱなシラケ、ブリッ子シラケ、ポーズとしてのシラケ……。その下からもの欲しげな眼が光っている。何か巨大なものが自分をワシづかみにして、否応なしに、〈意義〉の世界に投げこんでくれないか――。

孤独と自己不信が、ひたひたと女たちを浸しつつある。「主権在民」なんて言われても、どうしていいかわからない。〈権利〉は重く、〈自立〉は不安だ。義務と拘束の中に、かっきりと囲いこんでくれれば——と思う。

孤独と自己不信は、かつての戦時下の女たちもそうだった。だからこそ国防婦人会は、生き生きとした女たちの活動を結集し得たのだ。家の中に閉ざされ、姑やら小姑やら、いちいち箸の上げ下ろしにまで文句を言われ、夫に泣きついてみても大して頼りにはならぬ。しょせん女は、嫉妬深くて小さなことにコセついて、大局的な判断などできぬもの、男の言うことを聞いていればまちがいなし……と、孤独と自己不信の中に閉ざされていた女たちを、国防婦人会は、家から解放し、女同士の連帯と存在意義を与えた。「兵隊さんの為」に働くことは、「御国の為」であり「天皇陛下の御為」であり、男たちが何を言おうと、その意義は、国家が保障してくれる。

だいたい〈国家〉などというあやしげなものがある種の幻想を担うのは、民衆一人一人が、個としての自らに確信が持てないからである。男であれ女であれ、人間には自己表現の欲求がある。かつて女に対しては、自己表現、自己主張しないことこそ女の道、として、その欲求は徹底的に抑えられていた。

戦後、タテマエとしてはそれはとり払われた。だからこそ、よけいシンドイともいえる。機会均等といいながら、すべての人間に、表現の場が充分にあるわけではない。とくに高度成長以後、学歴やら偏差値やらに価値が一元化するなかで、女に限らず自分の存在意義を検証できる場は、少なくなっている。

とくに主婦は、家庭電化製品の普及で、家庭内での存在意義は減少した。〈自立〉のかけ声に促されて外に働きに出ても、しょせんはいつでも代替可能な末端労働力。仕事のなかで自分を表現することなどできはしない。

それならば、戦争で被害を受けた人の、少しでもお役に立った方がいいではないか。しかもそのことで、国家という壮大なものに直結できるのだから――。

こうして女たちは、思想戦の戦士として、いきいきと働きはじめる。経済戦の女子労働者たちも、仕事自体は、相もかわらず面白くも何ともないが、「国家的意義」なる幻想にすがって、けなげに働きはじめる――。

どこかに希望はないものだろうか。

石油が来なくなったら、食糧が入らなくなったら……と、どれほど不安をかき立てられても、戦争はいやだと、女たちが断固として主張する可能性は、どこかにないものだろうか。

私は、その可能性の一つに、現在の少産傾向を考えたことがある。現在、平均出産率は一・七人とか。ということは、子どもは長男か長女しかいないということである。なぜかつての母親たちは、苦労して生み育てた息子を、むざむざと戦場に送り出してしまったのかを考えるとき、多産と、そこからくる次・三男問題を無視できない。

とくに農村の母親にとって、しょせん次男以下はよけい者である。いずれは家を出て、どこかで身を立ててもらわねばならぬ。それが都会の工場であるか、大陸の戦場であるかは、それほど決定的なちがいとして認識されなかったのではあるまいか。

長男と次男以下とでは、その出征にあたっての母親の対応は、明らかにちがう。ある山村の母親は、あっけらかんとしてこう言った。

「アニ（長男）はお役にも一向立たなんだらうが、無事に戻して貰ひました。今行つてゐるのはオジ（弟）ですんで、お国のお役に立てば結構です。死んでも惜しいことありませんで、せい出して務めて来てくれりやよござんすが」（江馬三枝子『飛騨の女たち』一九四二年）

しかしいま、「死んでも惜しいことありません」ような次・三男はいない。これは、母親たちが戦争を拒否する大きな可能性ではないだろうか。

どうもこれは、考えが甘いようである。かつての戦時下、母一人子一人、苦労に苦労を重ねて育て上げた息子を戦死させて、なおかつ喜びを語る母親は何人もいた。たとえば、一九三九年の『主婦之友』誌上の「誉れの母感涙座談会」。息子を戦死させたことによって、靖国神社臨時大祭に招待された母親たちは、その感激をこもごも語り、「間に合わん子を、よう間に合わしてつかあして……」と、感謝するのだ。つまり自分のようにとるにたりない者の息子を、「天子さま」が召し上げてよくぞ使って下さった、それだけでも有難いのに靖国神社に祀っていただいて、「天子さま」までがお参りして下さる……というわけだ。

この発言は記者のデッチ上げではあるまい。そして、この発言の裏にあるものもわかるような気がする。

母一人子一人で苦労して育てたからといって、息子が、身を立て名をあげ孝行息子になるとはかぎらない。それどころか、何を考えているものやら、仕事の腰は定まらず、娘っ子のシリばかり追っかけている。ほんとうにしようのない「間に合わん子」だ。しょせん自分は何のとりえもない女、せめて息子だけは、と苦労して育てたのに……。ところが戦争になって、息子が戦死したおかげで讃えられ崇められ、自分までこんな晴れがましい思いをすることができた。なんとありがたいことではないか。

この母親は、息子の戦死によってはじめて認められ、自己表現の場を得たのだ。抑えられた人間の自己表現の欲求は、どこかに出口を求める。寡婦であることの抑圧は、息子に向かって噴出する。それは、場合によっては息子の生命をも焼き尽す。

いま、会社人間の夫に置き去りにされ、自己表現の場を奪われた女たちは、子どもの教育に血道をあげる。子どもを受験戦争の勝者にすることによってしか、自らの存在証明は得られないからだ。しかし、子どもは、必ずしも勝者になるとは限らない。

戦争で死ねば、国家はどんな「落ちこぼれ」人間に対しても、いちおうその栄誉を讃え、敬意を表する。そうしなければ、戦争は継続し得ず、国家自体の存立も危いからである。

だとすれば――いまの少産傾向が、母親たちを戦争反対に立上がらせるテコになるかどうかは、はなはだあやしい。

結局、希望は、国家などにはハナもひっかけない主体性、自分自身の存在意義に対する確信を、一人一人の中に築く努力のうちにしかないのだろう。そこで充分に自らを表現し、仲間と出会うことができるならば、国家オシキセの意義などにすがる必要はない。

そしてそれは、石油がなければ、食糧が入らなければ……というキャンペーンにいささかも動じない生活の再建と、おそらくイコールだろう。国家や大企業に生活の根幹をあずけて、便利さと飽食の中に安住しているかぎり、いつだつて国家に首根っこをつかまれて、戦争の中に投げこまれる危険はある。

しかし心すべきは、国家の方が「消費節約」を言い、「国民の自助」を言いたてることである。それに対してどうするか。

国家に対しては、つねに断固たる権利の主張を、そして自らに対しては、あくまでも自立の努力を――。

シンドイことではあるが、この二律背反にたじろがないしなやかさ、したたかさが、いま戦争への道を許さない女たちに求められている。

（初出タイトル「草の根の女戦士たち」、『思想の科学』一九八三年八月号）

女も戦死する権利がある？

一九九一年九月、京都の立命館大学と大阪ドイツ文化センターの共催でおこなわれた日独女性問題シンポジウムに出席した。テーマは、「女性・戦争・平和運動」。ドイツ側はエヴァ・マリー・フォン・ミュンヒさん（ドイツ女性法律家連合会理事、ツァイト紙記者）、アンゲリカ・C・ヴァーグナーさん（ハンブルグ大学元副学長）の二人、日本側はわたし一人である。

テーマがテーマなので、当然、かつてファシズム陣営で同盟関係にあった日本とドイツの女の戦争責任についても語られた。しかし話の中心は、今回の湾岸戦争とフェミニズムの問題、とりわけ、アメリカ軍にかつてなく大量に登場した女性兵士をフェミニズムの視点からどう見るかということ、それから、フェミニズムと平和運動との関係についてだった。そこで、日独のちがい、といってはおこがましい、わたしとドイツの二人とのちがいがはっきり出た。

大まかにいえば、わたしが女兵士に否定的であるのに対して、ミュンヒさんもヴァーグナーさんもフェミニズムの男女平等の原則から肯定。そして、フェミニズムが、母性主義ではない反戦平和の論理を提起できないものかとあれこれ言葉を重ねるわたしに対し、ミュンヒさんは、フェミニズムと反戦・平和は次元が違う問題だと、両者の関連をきっぱり否定した。

もちろん、この二人がドイツのフェミニズムを代表しているわけではない。二人の話にも、湾岸戦争をめぐって、ドイツのフェミニストのあいだでさまざまな論議があったことが紹介された。

ミュンヒさんによれば、その一つは、ドイツ国防軍が存在するかぎり、女は男と同様に参加すべきであるとするグループ。現在国防軍に女性はいるが、憲法によって女性が戦闘行為に参加することは禁じられているため、看護婦のような部署にしかついていない。女の指揮官はドイツ国防軍にもＮＡＴＯ軍にも存在しない。これは女性差別である。戦争についても男女共同決定すべきである――。

逆に、女性は軍隊に入ることを絶対拒否すべきだという意見もあったという。女性は家庭役割で貢献すべきだというのだそうだ。これは、日本の戦時下の「銃後の女」と同じである。

さらに、軍隊そのものを否定する考え方もある。これは「正義の戦争」はありうるかという問題に関わってくるが、ここでドイツ独自の問題が浮上する。つまり、ユダヤ系女性は湾岸戦争を「正義の戦争」として肯定するが、それに対してかつてナチスを生んだ負い目から反論しにくい状況があるという。

ヴァーグナーさんは「緑の党」の党員でクォータ制（職場や党組織で女性が占める最低限の比率を定める規定）の推進者のようだが、教育心理学者でもあり、平和に関する男女の心理学的性差、女は男より本質的に平和愛好者であるかどうかをめぐって議論が分かれたとも話していた。

そして、結論としては、ヴァーグナーさんもミュンヒさんも、ドイツ国防軍はあくまで自衛のための軍隊であり（日本とおんなじ！）、その軍隊に女が自発的に参加し、民主主義を防衛するのは当然である。その過程で戦死しても、それはみずからの選択による当然の結果である、としている。

またヴァーグナーさんは、八月のソ連のクーデターで、出動した戦車が市民を撃たなかったことをあげて、どんな兵士が戦車に乗っているかによって、軍隊の性格も変わるという。つまり、フェミニストが多数兵士になり、また高級指揮官になれば、「いい軍隊」になるということだろう。

これはアメリカ最大のフェミニスト団体ＮＯＷ（全米女性機構）にも共通している。今年一月二二日の『ニューヨーク・タイムズ』によれば、ＮＯＷの副会長、パトリシア・アイアランドは、湾岸戦争には反対だが、女性兵士の存在は支持する。そしてさらに、いま法律で禁止されている戦闘行為に参加することによって、女がより権限のある軍事的地位につき、その結果、未来の軍事紛争を阻止する可能性があると述べていた。

だからＮＯＷは、女性兵士の戦闘行為参加の禁止規定廃止を要求していた。その要求は五月二二日下院を通過。今後アメリカの女性兵士は、戦闘機を操縦してふんだんに爆弾を投下し、火炎放射器で「敵」を焼き殺すことも可能になったわけだ。

その結果軍隊内で女が高い地位を占め、軍隊政策に関与するようになれば、地球上に戦争はなくなる――？

なんとオメデタイ！　これを読んだときわたしは、おもわず笑ってしまった。彼女の発言の背景には、この一〇〇年あまり国内を戦場にしたことのない、したがって戦争を身近に体験したことのないアメリカの女の度しがたい傲慢さがあると思った。

しかし、ドイツのフェミニストまでそうだとは！　日本と同じようにかつての戦争で敗北し、国内に大きな被害を出し被害を与えもしたドイツ、日本以上にその加害責任の自覚がつよいといわれるドイツのフェミニストの口から、アイアランドと同じ言葉を聞いて、わたしはショックだった。

もちろん、ヴァーグナーさんの発言を否定することはたやすい。ソ連のクーデターで兵士が市民を撃たなかったのは、彼が「いい兵士」だったからというよりは、国家体制やクーデターそのものの問題である。『インパクション』七二号の「食べる場からの反戦」で鶴見俊輔氏が語っているように、兵士が命令に抗して殺すことを拒否することは、ふつうは死を覚悟しなければできるものではない。

しかし、ヴァーグナーさんたちのことばは、一方ではわたしに、日本のフェミニズムと平和運動の甘さをつきつけるものでもあった。

湾岸戦争がはじまったとき、アメリカ軍の女性兵士にシングルマザーが多いと知ったある女性が言ったものだ。

「お母さんは人殺しをした、そしてその手で私を抱いたのだということを、こどもが知ったらなんと思うでしょう」

では、父親ならいいのか？　父親なら、人殺しをした手で子どもを抱いてもいいのか？　というよりは、この女性にはそもそもこの問いは成り立たない。こどもは母親がめんどうをみるもの、そして母親とは、生命をまもり育てる平和のシンボル、という観念にどっぷり浸かっている。

この間、日本のフェミニストたちは、こうした性別役割分業と母性神話に依拠した平和運動を批判してきた。しかしヴァーグナーさんたちのように、女性兵士を断固肯定する日本のフェミニストをわたしはしらない。上野千鶴子さんが『朝日ジャーナル』（九一年二月一五日号）でいうように、戦争は「正気のサタ」ではないのだから、それに「男女平等」で参加するなんてとんでもない、戦争をやめさせるべきだというのが、おおかたの意見だろう。わたしもそうだ。

しかし、ではどうやって？　日本のフェミニズムはこのさきを詰めていない。フェミニズムだけでなく、日本の平和運動自体が「平和憲法」におんぶして、泰平の夢をむさぼっているところがある。その結果が、あれよあれよというまのPKOである。

来年九二年四月から、自衛隊の幹部養成のための防衛大学校に女性も入学する。これで海外派兵OKということになれば、女性指揮官のもとに海外侵略ということも可能性としては出てくる。アメリカやドイツのフェミニストをせせら笑っている間に、自分の足元に火がついていたというわけだ。

（『反天皇制運動SPIRITS』8、一九九一年一二月）

ジャンプ一番！　女兵士戦闘配置へ？

「一バン、カノウミキヨ、カナガワケンシュッシン、タダイマ降下シマス！」

大声で叫んで両腕を胸に組み、降下姿勢をとる。地上一一メートル、ひとがもっとも恐怖を感じる高さだという。「降下！」の合図でジャンプ。瞬時の落下感のあとグインと引き戻され、ワイヤに宙吊りになった自分を発見する――。ヤッタア！

陸上自衛隊習志野空挺団。日本唯一の落下傘降下部隊である。ここには全国の自衛隊から選りすぐりの「精鋭」が集められており、訓練の厳しさは極めつきだそうだ。もちろん女性隊員は一人もいない。二日間体験入隊した民族学者の大月隆寛は、ここ習志野空挺団を、『キンタマ』たちの最後の楽園」と呼ぶ（「『キンタマ』たち、最後の楽園！」『別冊宝島133　裸の自衛隊』九一年五月刊）。

四月初め、日本婦人航空協会の見学団にまぎれこんで、その「キンタマたちの楽園」を見学した。見学コースには、降下訓練体験も組み込まれていた。というわけで、高さ一一メートルの降下塔からジャンプ一番、とあいなったわけだ。

なんと物好きな、と思われるだろうが、動機はしごくマジメである。女性自衛官の戦闘配置が検討されている現在、「キンタマたちの楽園」なるものをぜひとも見ておきたいと思ったのだ。

一九九三年現在、自衛隊には陸上自衛隊約五二〇〇人、海上約一五〇〇人、航空約一三〇〇人、計八〇〇〇人余りの女性自衛官がいる。全体の約三・五％である。彼女たちの任務は、いわゆる後方支援活動に限られているが、昨九二年一二月から防衛庁は、これまで女性に禁止されていた戦闘部署や肉体的な負荷が高い部署への配属も検討し始めた。

しかし、現場の男たちの反対は強いようだ。とくに航空自衛隊では、女性の戦闘機搭乗への拒否反応が強く、「生命を産む女性が戦闘につくのは好ましくない」などの理由で、結局見送りを決めたという（『朝日新聞』九三年三月九日朝刊）。

極めつきの男集団である習志野空挺団ではどうなのか？　モスグリーンの戦闘服の男たちでいっぱいの食堂で昼食を食べながら、それについて聞いてみた。

「いやあ、六五キロの荷物背負って飛び下りるんですよ、女性にはとても無理ですよ」

と、案内のU二曹は言う。

「あと一〇年したらどうなるかわからんが、現状ではとても……」

と、広報担当のK氏。

「でも、防衛大学校にも去年から女性が入学するようになったでしょう」

「役立たずの防大出か……」

吐き捨てるようにK氏は言う。彼は一八歳で入隊、空挺ひとすじで二五年になるという。防大出は一年間の幹部教育ののち尉官に任官し、指揮官として部隊に配属される。防大の女子学生もやがてはそうなるはずだが、K氏に言わせると、男だって「役立たず」なのだから、まして女の防大出など、ということになるのだろう。

帰り道、今日の見学会を設定した日本婦人航空協会理事のKさんに、これについて聞いてみた。彼女は高校一年の娘の母親だが、キャリア組の国家公務員の仕事をこなしながら、日本の女性パイロットの第一人者として活躍している。まさに「飛んでる女」である。

彼女は、防衛大に女性の入学を認めたことを評価し、K氏の発言を一蹴した。

「女の命令なんて聞けるかってことでしょ？　バカな男はまだまだ多いわね」

そして顔をかがやかせて言う。

「でもどんどん変わってますよ。海上自衛隊では女性パイロットの養成が進んでいるし、去年防大に入った女子学生には航空自衛隊志望がいる。彼女が卒業するころには、戦闘機搭乗も認められるようになるんじゃない？」

Kさんにとっては、「自衛隊は憲法違反」だの「生命を産む女は平和勢力」だのということはてんでナンセンス、「男にできることは女にもできる」を証明することが、最大の関心事であるようにみえる。

彼女のこうした姿勢は、女性兵士の戦闘参加を要求したアメリカ最大のフェミニスト団体NOW（全米女性機構）に通じるものだ。

アメリカでは、一九七三年に徴兵制から志願兵制にかわった。その結果女性兵士が増え、九〇年の湾岸戦争時には約二一万人、総兵力の一一％を占めていた。しかし彼女たちの任務は、日本の自衛隊同様、通信・輸送などの後方支援活動に限られていた。これに対してNOWは異議をとなえ、女性兵士の戦闘参加を要求したのだ。

その理由は、まずは、女性兵士を戦闘部署から排除することは、「社会のあらゆる領域における男女の完全な平等参加」という理念に反しているということ。そして、それによって女性兵士は昇進を押さえられ、経済的不利益をこうむっているだけでなく、戦争政策決定の場から排除される結果にもなっている。

また、戦闘部門から女を排除する理由が、女は「弱き性」「産む性」、したがって「保護すべき性」だとする点も問題である。フェミニズムは「男にできることは女にでもできる」ことを懸命に立証してきたのだから。

女の自己決定権の問題もある。戦争も軍隊も否定すべきものだとしても、現に「制度」が存在するかぎり、それに参加するかどうかは女自身が決定することだ。性差という自己決定できないものによって、あらかじめ排除されるのは納得できない――。

こうしたNOWの主張は、女は戦争の被害者、女は平和勢力といったこれまでの戦争と女性の関係を真っ向から否定するものだけに、世界的な論争を巻き起こした。

上野千鶴子によれば、NOWの主張はキャリア志向のアメリカ・フェミニズムの特殊性によるものであり、ヨーロッパでは受け入れられないものだという（「マイノリティの思想としてのフェミニズム」『情況』九二年一〇・一一合併号）。しかし、わたしが出席した「戦争・女性・平和」をテーマにした日独シンポジウム（九一年九月、立命館大学で開催）では、ドイツ側の出席者であるアンゲリカ・ヴァーグナー（ハンブルグ大学元副学長）、エヴァー・マリー・フォン・ミュンヒ（ツァイト紙記者）がＮＯＷの立場に賛成を表明（三二六ページ参照）。

『母性という神話』などの著書で知られるフランスのエリザベト・バタンテールも、作家の落合恵子との対談で賛成発言をした（九二年三月、東京・クレヨンハウスで開催）。

落合も、「いいことも悪いことも男女平等に担うべきである」と肯定し、暴力の被害者である女は、暴力や力の誇示が醜いものであることを歴史的に学んでいるはずだと述べた。つまり、だから女の軍隊への平等参加は、その暴力性を減少させる可能性があるということだろう。

この落合の賛成論は、ミュンヒにも共通している。彼女は、九一年八月のソ連のクーデターの折に赤の広場に出動した戦車が市民を撃たなかったことを例にとり、軍隊を民主化する上でフェミニズムは大きな貢献ができると述べた。

ＮＯＷのメンバーである相内真子も、本質的な問題ではないとしながらも「どのような集団であれ、それまで排除してきた者の参入によって集団の指向や判断に変化が生じる可能性は、かなりの程度予測され得る」としている（「再び『戦争と軍隊と女性』」『遊通信』九二年七月）。

こうした、いうならば「軍隊のフェミニズム化」論に対して、アメリカのマルクス主義フェミニストのリーン・ハンリーは、軍隊というのはタフな組織であり、「軍のフェミニズム化よりも、軍に参加する女性の軍隊化のほうがずっと成功している」と否定する。そして、ＮＯＷの要求を「キャリア主義者の問題」と批判している（「湾岸戦争の中の女たち」『インパクション』七四号　九二年四月刊）。

日本では、これまで活字になっているものの中には、相内を除いてNOWの主張への賛成論はないようだ。山下明子は、「フェミニズム（女性解放運動）とは、男たちの私有物であるがゆえに女子供が犠牲になってきた戦争の歴史からの、根底的な女性解放を意味している」として、アメリカの軍事支配のなかで「南」の女たちに犠牲がしわよせされている状況に無自覚なアメリカのフェミニストを批判している（「戦争・宗教・フェミニスト」『フェミローグ』二号　九一年七月刊）。

上野千鶴子も花崎皋平との対談で、アメリカ・フェミニズムの「平等」の理念そのものを批判し、男にできることは女にもできるとして「強者」になっていくのではなく、「弱者のままで、社会的少数者が誰からも抑圧されずに生存できる」ことこそがフェミニズムの目指すものだという。そして、フェミニズムは国家を超える思想であり、軍隊という国家の機関とはあいいれないとしてNOWの要求を否定している（『情況』前出）。

花崎も、平時の軍隊が巨大な教育機関であり雇用機関でもある点から、軍隊内の男女平等をいうカッツェンスタインの論（「フェミニズムと社会運動」『レヴァイアサン』八号　九一年）に理解を示しながらも、軍隊は「国家が敵と定める人間の『殺人権』、その国の財産、施設、環境の『破壊権』」を独占的に国家から与えられた制度であり、そこへの平等参加は、「男性権力とより緊密な共同（共犯）関係に入ることであり、形式的平等の背後で他の被差別者をさらに差別する方向へコミットすること」だと言う。そして、「軍隊を廃することへコミットすることが、真の男女平等を実現することではないか」と提起している（「フェミニズムと軍隊」『情況』九二年五月号）。

金井淑子も、NOWのいう「平等」を「経済主義的平等観」「条件の平等」だとして否定する。

そしてフェミニズムを「反戦・平和」の論理としても意義あるものたらしめるべく、ラディカル・フェミニズムが発見した国家のエゴに対決する「女性の身体の私事性・私権」と、エコロジカル・フェミニズムの持つ非暴力や命の尊重という「倫理」の二つの軸を切り結ばせることを提起している（『フェミニズム問題の転換』勁草書房　九二年一〇月、及び『月刊フォーラム』九二年一一月号）。

わたしも、NOWの主張には反対だ。フェミニズムが目指すものは、上野や花崎がいうように戦争や軍隊そのものの解体であって、その中への「平等参加」ではない。しかし、あくまで「キンタマたちの楽園」を固守しようとする習志野空挺団の男たちをみるとき、わたしの気持は揺れる。

習志野空挺団の男たちは、女を排除することで、もっとも暴力的で効率のよい戦闘集団を形成しているようにみえる。軍隊が存在するかぎり、NOWのいう「軍隊内男女平等」を否定することは、さしあたり習志野空挺団のような「キンタマたちの楽園」を容認することになる。女性兵士を後方支援に固定し、軍隊における性別役割分担を認めることになる。資本主義社会における性別役割分担が企業戦士の活動を支えたように、軍隊内性別役割分担も、男戦士の効率よい戦闘を支えるものではないのか？

ならば逆に、NOWの「男なみ平等」論ではなく、「弱き性」「産む性」としての女を最大限発揮するようなかたちで戦闘集団に参加するというのはどうだろう？　「障害者」も「弱者」のままで参入する。在日韓国・朝鮮人などの外国籍の人も参入する。となれば、国家への忠誠と効率を旨とする軍隊は、もはや成り立たなくなる——？　しかしそれでは、「私生児」として誕生した自衛隊を、正式な軍隊として認知することになるが——。

などと、あれこれ考えている間にも、じつは事態はどんどん進んでいるのだ。PKO派兵によって自衛隊の社会的認知は進み、憲法九条が根底から揺るがされている。そして、NOWのいう「男なみ平等」は、アメリカだけでなく日本でも進行している。

アメリカでは、NOWの要求をうけて女性兵士の戦闘禁止の解除が検討されていたが、九二年一一月、大統領直属の委員会は、女性兵士の戦闘艦への配置を認める見解を発表した。九三年四月四日、国防総省高官は、海軍では四年以内に空母搭載の戦闘機や潜水艦も含め、すべての任務を女性に開放する方針であることを明らかにしたという（『朝日新聞』四月六日朝刊）。

日本でも、航空自衛隊の女性の戦闘機搭乗は見送られたものの、陸上・海上自衛隊では女性の戦闘配置が六月を目途に検討されている。去年初めて五九人の女子学生を迎え入れた防衛大学校では、今年は七一人の女子が合格した。一九・二倍という高い競争率だったそうだ。何人が実際に入学するかはわからないが、キャリアウーマンへの一つの登竜門として定着しつつあるのはたしかだろう。

日本婦人航空協会のKさんが言うように、事態はどんどん変わっている。習志野空挺団の「キンタマたちの楽園」も、一〇年たたないで変わる可能性もある。

いまや日本のフェミニズムは、NOWを批判しているだけではすまない状況に直面している。さっそうと浮上しつつある女性自衛官は、「憲法九条を守れ」だけではない反戦平和の論理と行動を、日本のフェミニズムに要求している。

（『インパクション』八〇号、一九九三年五月刊）

軍隊内男女平等と自己決定権

一九九〇年から九一年にかけて、世界中の人びとをテレビの前に釘づけにした湾岸戦争、それがどのような「世界史的意義」をもつものなのか、わたしには今のところもうひとつよくわからない。しかし、フェミニズムにとっての意義ははっきりしている。これをきっかけに、最後の「男の聖域」ともいうべき軍隊において「男女平等」が急速に進み、見方によってはフェミニズムはもはや歴史的使命を終えた、ともいえる状況をもたらしたからだ。

湾岸戦争後のアメリカでは、女性兵士の戦闘参加の緩和措置が次々にうちだされた。九三年四月には、男の聖域中の聖域とされていた戦闘機パイロットも女性に開放され、空軍のほぼ全任務に女性が就けることになった。さらに九四年一月一三日、アスピン米国防長官は、陸軍の作戦支援部隊や工兵部隊などへの女性の参加拡大を進める新方針を発表した。数々のベトナム戦争映画のヒーローとなったグリーンベレーの海兵隊にも女性兵士が進出する可能性がひらけたわけだ。

日本の自衛隊でも、こうしたアメリカの動きや男子隊員の募集難から、女性の量的拡大と職域拡大が急速に進んでいる。航空自衛隊では依然として女性の戦闘機搭乗に抵抗が強く、結局「生命を産む女性が戦闘につくのは好ましくない」などの理由で見送られたが[1]、海上自衛隊では、九四年一月、初の女性パイロットが誕生した。P3C対潜哨戒機などのテスト飛行に従事するという。幹部養成のための防衛大学校は九二年から女子に開放され、九四年度の三期生は不況のせいもあって志願者が殺到、二五・八倍という高倍率になった。

こうした軍隊内男女平等の進展は世界的な傾向で、「社会のあらゆる領域における男女の完全な平等参加」がフェミニズムのゴールだとすれば、もはやフェミニズムは歴史的使命を終えたというべきかもしれない。

それを推進したのは、NOW（全米女性機構）を中心とするアメリカのフェミニストたちだった。アメリカでは、一九七三年に徴兵制が廃止されて志願兵制になったが、以来女性兵士が増え、九〇年段階で約二二万人、総兵力の一割以上を占めていた。湾岸戦争では、三万一〇〇〇人の女性兵士が湾岸の砂漠に派遣された。しかし彼女たちの任務は、通信・輸送などの後方支援活動に限られていた。NOWはこれを女性差別として抗議し、女性兵士の戦闘参加を要求した。

その理由は、まず経済的不利益の問題である。国家おかかえの軍隊は安定した雇用機関であり、安上がりで優秀な教育機関でもある。戦闘行為への参加禁止によって女性兵士は高度な技術習得の場から排除され、昇進のチャンスを奪われているというのだ。

しかし何といっても一番大きい理由は、「社会のあらゆる領域における男女の完全な平等参加」というアメリカン・フェミニズムの理念との矛盾である。アメリカのフェミニストたちは、この理念の実現を目指して「男にできることは女にもできる」ことを懸命に立証してきた。彼女たちにとって、女が「弱い性」、「産む性」なるがゆえに与えられる「保護」は女性差別を助長するものでしかない。だから彼女たちは、七〇年代以来次々と労働の場から女性保護を撤廃させてきた。ハイジ・ハートマンの言葉を借りれば、保護など拒否して一匹狼で生きていく「カウボーイ資本主義」(2)である。女性兵士の戦闘参加要求もその流れにある。

これに対してはもちろんアメリカ国内にも反対がある。マルクス主義フェミニストのリーン・ハンリーは「キャリア主義者の問題」として批判している。(3)日本でも、NOWの要求をめぐって論争が起こっている。論争の焦点は結局「平等とはなにか」に帰結するが、そこで出された「自己決定権」は、フェミニズムだけでなく差別問題一般を考える上でも重要な論点だと思われるので、それに触れる部分に限って論争を紹介し、考察を加えてみたい。

論争は、札幌の「自由学校〝遊〟」に関わるフェミニスト(4)vs花崎皋平・上野千鶴子(5)という軸を中心に展開された。そこで面白いことに「平等とはなにか」をめぐって、七〇年代初めの反公害闘争のなかでいわれた「スモッグの下のビフテキよりも、青空の下の梅干し（おにぎり）を」が、象徴的に使われた。

まず花崎が、NOWの要求を「あなたがビフテキを食べているのなら、わたしにもビフテキを」の「平等論」だとして批判し、「スモッグの下のビフテキよりも、青空の下でおにぎりを」の「解放論」を対置した。

上野千鶴子は、これをさらに「あなたがビフテキを食べていられるのは、私から青空を奪ったおかげだ」と展開し、アメリカン・フェミニズムの「平等」の背後にある犠牲を指摘した。その上で「私たちは弱者である。社会的少数者であるということを認めて、弱者のままで、社会的少数者が誰からも抑圧されずに生存できる」ことこそがフェミニズムの目指すものだとした。

これに対して、NOWの主張を支持する近藤恵子は、「スモッグの下のビフテキよりも、青空の下でおにぎりを」は女たちの現実を無視したものだと反論。すでに青空は奪われており、女たちは「スモッグの下でむりやりおにぎりを食べさせられる」状況にある。その中で女たちが求めているものは、けっして「あなたがビフテキを食べるなら、私にもビフテキを」の画一的平等ではなく、「あなたがビフテキを食べるなら、私は〇〇を食べる」と選択できる状況なのだという。つまり、自己決定権である。

「人として生きる権利――人権の基本は、自己決定権であり選択権である」と近藤はいう。こうした自己決定権を人権概念の柱とする考え方は最近クローズアップされているが、差別問題を考える上でも有効性をもっていると思う。

『年報差別問題研究』一号の三橋修の「差別の定義をめぐって」に、国連人権委員会差別防止マイノリティ保護小委員会の報告書が引かれている。そこには「差別とは、個人に帰することができない根拠にもとづいた有害な区別である」とある。その「個人に帰することができない根拠」については、性や人種、皮膚の色、あるいは宗教、言語、財産などさまざまな社会的カテゴリーへの所属が具体的にあげられているが、これらはつまり、手っ取り早くいえば「自己決定」できない、あるいはできにくい根拠ということだろう。

後段の「有害な区別」については、三橋の要約によれば「差別の対象になる個人あるいは集団が『望まない』『不平等な』『区別』ということになる」。これについてはさらに規定があり、三橋の考察が加えられている。しかし、いずれにしろ前段の「個人に帰することができない」、つまり「自己決定権」の問題が大前提になっている。

それでいえば、近藤のいう「平等」は、まずは大前提の「自己決定権」を中心的な柱にしている。彼女（およびNOWを支持するフェミニスト）にとって、戦闘行為からの女性排除は、女性にとって「有害な区別」かどうか以前に、自己決定権の侵犯として容認できないものである。もちろん彼女たちは戦争や軍隊を否定している。しかし現にそれが存在するかぎり、そこに参加するか否かは性という自己決定不可能なものによってではなく、個人の選択の結果であるべきだというのだ。

「女たちが防衛大学へ進み、自衛隊の幹部となり、前線に立つかもしれないことについて、私自身は、女たちの選択権として参入が保障されるべきだと思う」と近藤はいう。そして、「マイノリティは悪を為す選択からも排除されている」ことを不当とする。たしかに、悪をなす自由がないところでは、悪をなさない自由もない。

この「自己決定権」を柱とする軍隊内男女平等論をどう考えればいいだろう。

「人権」や「平等」を考える上で「自己決定権」は不可欠の概念だとわたしは思うが、それを軍隊に適用するのはなんとも落着きが悪い。軍隊とは、「国家が敵と定める人間の『殺人権』、その国の財産、施設、環境の『破壊権』を独占的に国家から与えられた制度[6]」である。そして国家への忠誠と命令服従のシステムによって成り立っている。つまり「人権」や「平等」、「自己決定権」という概念ともっとも馴染まないのが軍隊というものだ。

自己決定の結果軍隊に入るとする。そこにあるのは自己決定不可能な命令服従のシステムである。そして戦闘部署への参入を自己決定すれば、命令のままに殺人と破壊をこととしなければならない。

しかし自己決定権には、自己決定権の喪失を自己決定する権利も含まれるはずだ。ひとは不自由を選択する自由も認められるべきである。他人がそれをとやかくいうのは、よけいなお世話ということになろう。

しかし、それが他人の自己決定権をおかす場合はどうだろうか。あきらかに「人権」や「平等」に反すると考えられる場合はどうだろうか。

買売春問題において、橋爪大三郎は、女性が強いられたのでもなければ経済的理由からでもなく、まったくの自己決定の結果として売春するのであれば否定する理由はまったくないという。自己決定権にもとづく売春肯定論である。

これに対しては、まったくの自己決定の結果としての売春などありえないという反論がある。また、たとえ自己決定の結果だとしても、それによって性の商品化が社会化され、売春したくない他の女性の自己決定権をおかすことになるという反論がある。

後者の反論にある他人の自己決定権との矛盾は、売春問題に対してよりも軍隊問題のほうがより大きい。軍隊における自己決定権は、売春以上に他の自己決定権をおかす可能性がある。軍隊は、国家が「敵」と定めた国の人びとを殺すことを任務とする。場合によっては国家への忠誠を拒否する同国人をも殺す。他人の自己決定権どころか生存権までおかすものなのだ。

自己決定権とは、そもそも「自我の確立」した「個人」を前提にして初めて成り立つ概念である。その意味では「強者」の論理である。それは当然自己決定権相互の矛盾対立を生むが、その野放しは、対等な個人間においても熾烈な「カウボーイ資本主義」を生む。まして軍隊という暴力装置を保持する「強者」と結びつけられれば、「人権」や「平等」を真向から否定するものとなりうる。

ただし、軍隊において、命令への不服従権といったかたちで、自己決定権を徹底追及する場合は話は違ってくる。それは統制をこととする軍隊の弱体化、さらには解体にもつながる可能性がある。しかしそれだけに、現実的な可能性はきわめて低い。

やはり軍隊内男女平等を考えるにあたっては、「自己決定権」を絶対的価値として最優先するのではなく、さきの差別の定義にあった後段の「有害な区別」とのからみで検討すべきなのだろう。

女性兵士の戦闘行為からの排除は、「有害な区別」だろうか。NOWはそれを経済的デメリットをもたらす「有害な区別」とした。しかし、逆にメリットとする考え方もあり得る。

七〇年代後半から八〇年代初めにかけて、日本では「保護か平等か」をめぐる女たちの分岐・対立があった。「国際婦人年」をきっかけに男女雇用平等法の制定を求める平等派と、それよりも「母性保護」撤廃という労基法の改悪阻止にこそ全力を上げるべきだという保護派との対立である。その背景には、「平等」と「保護」がバーターにされる状況のなかでどちらに比重を置くかというだけでなく、現システムにおける男女の平等参加をどうみるかという認識のちがいもあった。

アメリカン・フェミニズムは、ここで「平等」街道をまっしぐらに突走ったが、日本の場合は必ずしもそうはならなかった。一九一〇年代に平塚らいてう・与謝野晶子らによる「母性保護論争」が行われたことでもわかるように、日本では「母性保護」はフェミニズムの重要な柱として長い歴史をもっている。「保護」を「差別」としてではなく、「権利」と見なす思想と運動が定着していた。したがって「平等」派も保護ヌキに反対し、最終的に女たちは、「保護も平等も」で一致して、実効が期待できない雇用機会均等法の制定に反対した。

今回の軍隊内男女平等論争にも「保護か平等か」に通じるものがある。日本の自衛隊では、女性の戦闘参加を「母性保護」のタテマエから拒否する姿勢がとくに制服組の男たちには根強い。もちろんこれは女性のためというよりは、固定的なジェンダー観のもとに「男の聖域」を守りたいというのがホンネである。

このホンネは打破すべきだが、見方を変えれば、これは労基法の「危険有害業務」からの「母性保護」と同じ文脈で考えることができる。「保護」を「権利」と考えれば、女性自衛官の戦闘部署を含む職域拡大は「差別」の撤廃というよりは「権利」の喪失である。

もちろん彼女たちは、軍隊（自衛隊）という本来あるべきではない組織への参入を自己決定した存在であるだけに、一般の女子労働者の「保護」の問題として考えるには抵抗がある。しかし現実には、すでに自衛隊は国家公務員の一種として根づいており、その中の女性は急増している。(7)

そして職域拡大も進んでいる。その意味では、論争は、すでに現実に追い抜かれてしまっているのだ。

彼女たちをただあってはならない存在として無視するのではなく、最先端の「危険有害業務」を担う女子労働者としてみることから、日本のフェミニズムはあらためて「保護も平等も」の論理を鍛え直していけないだろうか。

かつての「保護か平等か」では、女たちの反対にもかかわらず、結局労働基準法「改正」による保護ヌキと、実効のない雇用機会均等法というかたちで、アブハチとらずになってしまった。その愚はくり返してはならない。近藤のいう自己決定権は、「保護か平等か」の二者択一ではなく、「保護も平等も」保障されている状況での選択肢であるべきだろう。そのためには、「保護」を「平等」のための不可欠な「権利」とする思想を、平塚らいてうのような「母性の社会的意義」というだけでない論理で鍛え上げねばならない。

とはいうものの――、九四年一月、地中海で作戦中のアメリカ海軍の駆逐艦で女性兵士が男児を出産した。海軍史上初めてのことである。日本の自衛隊では九四年度からマタニティ制服導入を決定――。

こと軍隊に関するかぎり、どうやらフェミニズムは現実に先を越されてばかりのようだ。

注

（1）『朝日新聞』一九九三年三月九日朝刊

（2）ハイジ・ハートマン／上野千鶴子「対談・資本主義は女にとって解放的か」『リスキー・ビジネス』学陽書房　一九九四年三月刊
（3）「湾岸戦争の中の女たち」『インパクション』七四号　一九九二年四月刊
（4）『遊通信』七、一〇号における相内真子の発言。及び『婦人通信』一九九二年八月号、九三年一・二月号における近藤恵子の発言
（5）『情況』一九九二年五月号、一〇・一一月合併号
（6）花崎皋平「フェミニズムと軍隊」『情況』一九九二年五月号
（7）一九九四年一月現在、陸・海・空女性自衛官は約九二〇〇人。この五、六年で倍増している。村山政権による自衛隊容認――縮小論の中で、女性比率はますます高まるものと思われる。

（『年報差別問題研究』2号　明石書店　一九九四年一一月刊）

再考・フェミニズムと軍隊

ユーゴ空爆と戦争の日常化

一九九九年三月下旬から二か月半にわたってつづいたユーゴ空爆で、米軍はミズーリ州の空軍基地からステルスＢ２を出撃させた。ステルスＢ２とは「見えない爆撃機」といわれる超ハイテク機で、三〇時間でユーゴまで往復する。ステルスＢ２の投入は史上初めて、米本土からの直接爆撃が長く続いたのも今回がはじめてという。湾岸戦争で採用されたピンポイント爆撃などの「きれいな戦争」路線は、今回さらに徹底されたわけだ。おかげで地上戦は回避され、米軍の死者はゼロ。

パイロットの妻のひとりは言う。

「最初の任務の日は彼の誕生日だったので、お弁当にバースデーケーキを詰めてあげた。翌日、帰って息子のサッカー試合を応援しに行った。とても奇妙ですね。爆弾を落として帰宅して、子どものサッカーに出かけるなんて」

これを紹介した毎日新聞北米総局長中井良則は、アメリカ国民にとって、かくもユーゴ空爆は他人ごとだったと嘆く(1)。

今回の空爆で、ユーゴ連邦軍・治安部隊の死者五〇〇〇人、負傷者一万人以上、誤爆による民間人の死者一二〇〇人と推定されている(2)。そして何十万のコソボ難民が家族を引き裂かれ、何十日もベオグラード市民が眠れない夜を過ごした。

しかし米空軍兵士やその家族にとっては、爆撃はちょっとばかり危険度の高い〈公務〉としてアメリカ市民生活の延長線上に埋めこまれたのだ。ここには出征にともなう涙もなければ、帰還につきものの抱擁もない。もちろん黄色いリボンの出番はない。

こうした〈戦争の日常化〉は、男性兵士にはかならずしも嬉しいことではないだろう。「のぞみ」登場で日帰り出張を余儀なくされたサラリーマン同様、戦闘の合間に異国の女を体験する〈愉しみ〉をうばわれ、三〇時間ぶっ続けの飛行のあとにサッカー応援という家族サービスを要求されるのだから。

女性兵士にとってはどうだろうか。湾岸戦争時とちがって、今回のユーゴ空爆報道では女性兵士の姿は見えない。日本の報道だけでなく、CNNニュースやペンタゴンのホームページにも見当たらない。しかし、だから参加しなかったと結論づけるわけにはいかない。一九九八年現在、米軍における女性比率は世界一の一三・九％。しかも湾岸戦争後、軍隊内男女平等を求めるNOW（全米女性機構）などの要求により、地上戦関連のほんの一部をのぞいて女性にも戦闘部門が開放されている。とりわけ空軍の女性兵士は戦闘参加意欲がつよいという。

アメリカ社会も〈戦う女性兵士〉を受け入れてきていることは、ハリウッド映画をみてもわかる。九六年制作の「戦火の勇気」は湾岸戦争に題材をとっているが、ヒロイン、カレン・ウォールデン中尉はヘリ輸送に従事して「名誉の戦死」をとげた。その真相として明らかにされるのは、彼女の勇気と部下の男たちの怯惰である。

翌九七年につくられた「G・I・ジェーン」のオニール大尉は、男でさえ六〇％は脱落するという超ハードな訓練を耐え抜き、リビア兵との戦闘では危険を冒して男性上官を救出する。こうした映画がつくられ、かなりの観客を動員したということは、主演女優デミ・ムーアの人気もあるとはいえ、〈戦う女性兵士〉に対するアメリカ社会の拒否感の稀薄化を示しているといえるだろう。

今回のユーゴ空爆で女性兵士の報道がないのは、いまやそれがあまりにもありふれたことだからかもしれない。だとすれば〈戦う女性兵士〉も日常化したというわけだ。

彼女たちにとって、〈戦争の日常化〉は大歓迎だろう。さきのステルスＢ２のパイロットとちがって、彼女たちのおおかたにはお弁当をつくってくれる〈妻〉はいない。幼い子どもを抱えたシングルマザーも多いはずだ。戦闘参加がせいぜい数日間の出張程度のものになるなら、母親であることと軍人としてのキャリア・アップの両立はより容易になる。

ハイテクに支えられたアメリカン・ジャスティスは、ついに軍隊という極めつきの男の世界においてさえ、男女平等をほぼ達成したということか。それも〈人道介入〉という錦の御旗つきで。

新ガイドライン成立と女性自衛官

こうした米軍の動きは日本にも無関係ではない。新ガイドライン関連法案の成立によって、自衛隊が「オニール大尉」の後方支援活動を行う可能性がでてきた。和製「G・I・ジェーン」登場の可能性もないではない。

『防衛白書』一九九八年版（九八年七月刊）によれば、九八年三月末現在、女性自衛官の総数は九九〇八人（四・〇％）。九六年の一万二六四人（四・二％）、九七年の一万一二五人（四・一七％）より減っている。戦力としての期待度が低い任期制自衛官（士）を減らしたためである。

これには即応予備自衛官制度の導入が関わっている。防衛大綱にもとづき、九七年度から陸上自衛隊は、常備隊員を一八万人から一六万人体制へ縮小することになった。そのうち一万五〇〇〇人は「平時における効率的な部隊の保持や事態の推移に円滑に対応しうる弾力性を確保する」ために新設された即応予備自衛官である。

これまでも有事に招集される予備自衛官制度はあったが、あくまで員数外であり、年五日程度の訓練で手当ては月額四〇〇〇円。これに対して即応予備自衛官は陸上自衛隊の一部と位置づけられ、防衛、治安、災害にあたって招集される。訓練は年間三〇日、手当ては月一万六〇〇〇円。ほかに訓練手当て、勤続報償金が出る。

いちばん大きなちがいは、即応予備自衛官を雇用した企業に年額五一万二四〇〇円の給付金が支給されることだ。額は多くはないが、それによって自衛隊とのコネが確かなものになれば、不況に喘ぐ企業には大きな魅力だろう。

また九八年度から、防衛力ハイテク化のために民間企業や大学の研究者を一定期間招聘して研究開発に当たらせる任期付研究員制度も発足した。あきらかに産軍共同の強化である。その結果、軍事と非軍事の境界は曖昧になり、〈軍事の日常化〉が進行する。戦前の軍隊用語では、軍隊の外の一般社会は「地方」と呼ばれた。それにならえば、「軍隊の地方化」、あるいは「地方の軍隊化」である。

かつて一九二五年、陸軍四個師団廃止という大軍縮が断行されたことがある。いわゆる宇垣軍縮である。これがじつは軍備のハイテク化と総動員体制の進行をもたらしたことはよく知られている。歩兵、騎兵などの削減の一方で航空隊が増強され、中学校への軍事教練の導入や青年訓練所の設置など「地方の軍隊化」がはかられたのだ。そのあげくが総力戦としての一五年戦争である。今回の常備自衛官の削減―即応予備自衛官や任期付研究員制度の導入には、宇垣軍縮に通じるものがあるようにおもえる。

こうした〈軍事の日常化〉は、女性自衛官にどういう意味をもつだろうか。九五年、婦人予備自衛官制度が発足したが、九八年三月段階で一三七〇人いる即応予備自衛官には女性は一人もいない。しかし自衛隊の広報誌『セキュリタリアン』九八年一一月号の特集「予備自衛官の横顔」の前書きには、こんなことが書かれている。

「専業主婦の敦子さん、えらい。家事全般、いろいろ毎日大変そう。OL主婦の奈穂子さん、りっぱ。働きながら家事もこなして、すてき。どちらも甲乙つけがたいけど、今回は『OL主婦の奈穂子さん』を応援します。つまり、自衛隊の中で『OL主婦の奈穂子さん』的な、予備自衛官にスポットをあててご紹介。普通のお仕事と自衛隊のお仕事。兼務する汗の裏側にはどんな思いが隠されているのでしょうか」

常備自衛官を「専業主婦の敦子さん」に、予備自衛官を「OL主婦の奈穂子さん」になぞらえているわけだ。「OL主婦」とはパート主婦のことだろう。特集の中身には、「社会で活躍する予備自衛官」「予備自衛官の歴史」といった記事とならんで、「即応予備自衛官の演習ルポ」「企業からみた即応予備自衛官」など即応予備自衛官にかんするものもある。もちろん登場するのは全員男である。彼らは「普通のお仕事と自衛隊のお仕事」の両方をこなすゆえに「OL主婦の奈穂子さん」なのだ。マリア・ミースにならって、自衛隊の「主婦化」というべきか。

その一方、女性の幹部登用が進んでいる。幹部養成のための防衛大学校が女子に門戸を開いたのは一九九二年だった。アメリカの軍隊内男女平等の機運に触発されてのことだが、一八歳人口減少による人材難への危機感もあった。九三年六月発表の防衛庁人材確保対策会議第一回報告書では、人材確保対策の柱の一つとして「婦人自衛官の活躍分野の拡大」がうたわれ、それまで禁止されていた戦闘部門を女性に開放することになった。

九六年七月からは、普通科（歩兵）と機甲科（戦車）にも女性隊員が進出して戦車やヘリコプターの操縦訓練を受け始めた。ただし「母性保護の観点」から、敵と視界内で直接接触する範囲で常続的に部隊活動を行い、戦闘任務を遂行する部隊、粉塵を終日常続的に発散させる場所などで主たる任務を遂行する部隊と化学防護を主たる任務とする部隊には、当面配置しないことが決められた(3)。

九七年には防衛大女性一期生が三尉に任官し、幹部自衛官への道を歩み始めた。その結果、幹部女性は九六年一〇〇九人、九七年一一〇九人、九八年一一七〇人と増え、幹部総数における女性の比率は九六年の二・四%から二・八%に増加した。

自衛隊の準機関紙『朝雲』の最近号には、「空自初の女性操縦士誕生」(九七年五月二二日)、「海自初の女性潜水医官が誕生」(同一〇月二日)、「自衛隊初の女性ヘリパイロット誕生」(同一一月六日)、「海自初の女性航空管制員」(同一二月一八日)と、「女性初の…」が相次いで登場する。九九年三月には陸上自衛隊国際緊急援助隊の海外派遣要員に、初めて女性が選ばれている(同九九年三月一一日)。

こうした報道は、女性の社会進出をつたえる八〇年代後半の一般マスコミ報道を思い出させる。一〇年遅れで、自衛隊にも「男女平等」の波がおしよせているということらしい。

「フェミニズムと軍隊」論争

それをフェミニズムはどう考えるべきだろうか。

日本で最初に女性兵士の問題を、フェミニズムの観点から提起したのは上野千鶴子である。上野は八九年の米軍のパナマ侵攻で活躍した女性飛行士にインタビューし、戦争という「正気の沙汰ではない」ものへの女性の参加は「正気の沙汰ではない」と批判した(4)。

しかし日本でこれが問題になったのは、湾岸戦争後、アメリカのフェミニストによる女性兵士の戦闘参加要求が伝えられてからである。湾岸戦争への派遣米軍には三万余の女性兵士がいたが、彼女たちの任務は輸送・通信などの後方支援活動に限られていた。アメリカ最大の女性団体NOWはこれを女性差別とし、女性兵士の戦闘参加を要求したのだ。

わたしの知る限り、日本で最初にこれをつたえたのは『読売新聞』（九一年五月一日夕刊）の道下匡子「女性兵士と湾岸戦争」である。そこで道下は、「女たちの参加によって男たちの最後の『聖域』さえ崩れたのであれば、男たちのつくった家事、育児という女たちの『聖域』もまた男女混合となるのは、むしろ当然のことだろう」と、上野とは逆に男女平等の視点から女性の戦闘参加を肯定した。

北海道大学の相内真子も、札幌「自由学校〝遊〟」での講座で、NOWの姿勢を肯定的に紹介した。その理由はまず、女性兵士を戦闘部署から排除することは「社会のあらゆる領域における男女の完全な平等」というフェミニズムの理念に反しているということ。またそれによって女性兵士は昇進を押さえられ、経済的不利益とともに戦争政策決定の場から排除されてもいる。さらに、戦闘部門からの女性排除の理由が「女は弱き性」「産む性」、したがって「保護すべき性」だとするてんも問題とされた。

これに対して、花崎皋平[5]・上野千鶴子[6]・山下明子[7]・金井淑子[8]といった人びとが反対を表明した。わたしも三二六、三三一ページに見られるように反対をのべた。

それらに共通するのは、軍隊のもつ男権性と体制内平等論の限界である。前者について花崎は、軍隊とは「国家が敵と定める人間の『殺人権』、その国の財産、施設、環境の『破壊権』」を独占的に国家から与えられた制度であり、そこへの平等参加は、「男性権力とより緊密な共同（共犯）関係にはいることとであり、形式的平等の背後で他の被差別者をさらに差別する方向へコミットする」ことだという。さらに体制内平等論の限界を指摘し、「あなたがビフテキを食べているなら、わたしにもビフテキを」の平等論ではなく、「スモッグの下のビフテキよりも、青空の下のおにぎりを」の解放論を提起した。

これに近藤恵子は、「自由学校〝遊〟」の機関誌や『婦人通信』（九二年八月号、九三年一・二号）で以下のように反論する。「スモッグの下のビフテキよりも、青空の下のおにぎりを」は女たちの現実を無視したものである。すでに青空は奪われており、女たちは「スモッグの下でむりやりお握りを食べさせられる」状況にある。そのなかで女たちがもとめているのは、けっして「あなたがビフテキを食べているなら、わたしにもビフテキを」の画一的平等論ではなく、「あなたがビフテキを食べるなら、わたしは○○をたべる」と選択できる状況なのだ。軍隊や戦争には反対だが、現にそれが存在している限り、そこに参加するかどうかは、性という自己決定不可能なものによってではなく個人の選択の結果であるべきである。

そして近藤は、「人として生きる権利――人権の基本は、自己決定権であり選択権である」という。ここで女性の戦闘参加問題は、平等から自己決定権の問題へとシフトした。上野はさきの花崎との対談で、「人権」や「自己決定権」といった普遍概念に依拠すること自体を批判していた。歴史的に、また現在においても、普遍主義の持つ抑圧性を見据えるべきだというのだ。

わたしは自己決定権の重要性を認めつつ、しかし軍隊という破壊殺戮をこととする集団に適用する危険性を述べて、近藤に反論した（三四三ページ参照）。自己決定権は尊重されるべきだが、他者の自己決定権を犯すものであってはならない。自己決定権とは「自我の確立」した強者の論理であり、それが軍隊という暴力集団と結びついた場合、他人の自己決定権どころか生存権まで犯すことがある。それに軍隊は、命令—服従を基本原理としており、そもそも自己決定権とはなじまない。

論争の中心として誠実に思考を重ねてきた花崎は、九六年一月刊の『個人／個人を超えるもの』（岩波書店）でさらに自説を深化させ、近藤の個人中心主義を批判した。そして「実存的共生としての『世話《ケア》』」を提起している。しかしこれに対する近藤からの応答はなかったようだ。

論争再燃——国家と暴力をめぐって

ところが昨秋以来、女性兵士をめぐる言説がふたたび活発化している。さきの論争を第一次とすれば、第二次「フェミニズムと軍隊」論争といっていいかもしれない。わたしの知る限りを、時間を追って列挙してみよう。

1、佐藤文香「アメリカ女性兵士をめぐる言説の分析——『G・I・ジェーン』から見えてくるもの」『女性学年報』一九号　一九九八年一一月

2、上野千鶴子「女性兵士の構築」『フェミニズムの主張4　性・暴力・ネーション』勁草書房　一九八年一一月

3、中山道子「論点としての『女性と軍隊』——女性排除と共犯嫌悪の奇妙な結婚」同
4、田島正樹「フェミニズム政治のメタクリティーク」同
5、江原由美子「ジェンダーの視点から見た近代国民国家と暴力」同
6、リンダ・カーバー・宮地ひとみ訳「憲法は〈女らしさ〉を保証しない——市民としてのアメリカ女性」『同志社アメリカ研究』三五号　九九年三月
7、上野千鶴子「英霊になる権利を女にも？　——ジェンダー平等の罠」同
8、牟田和恵「女性兵士問題とフェミニズム」『書斎の窓』九九年四月
9、シンシア・エンロー／池田悦子訳『戦争の翌朝　ポスト冷戦時代をジェンダーで読む』緑風出版　九九年四月
10、白井洋子「ベトナム戦争から湾岸戦争へ——軍隊とアメリカの女性たち」『戦争責任研究』二四号（九九年夏季号）

このうち9は、九三年にアメリカで刊行された「THE MORNING AFTER Sexual Politics at the end of Cold War」の翻訳であり、ここに取り上げるのは不適当かもしれない。しかしエンローは八〇年代以来一貫して女性と戦争の問題を問いつづけており、とりわけ本書は他の論文にもよく引用されている。それがこの時期翻訳出版されたのはひじょうにタイムリーだ。

内容は、冷戦後の国連平和維持軍、レイプ、基地売春、ゲイやレズビアン兵士、湾岸戦争における米軍女性兵士の問題と多岐にわたる。そこに働く性の政治学を著者はジェンダーを武器に読

み解いてゆく。軍事化のプロセスをあきらかにするには資本主義や国家の分析だけでは不十分、「男らしさ」「女らしさ」の観念操作の解読が不可欠との基本姿勢による。したがってポスト冷戦時代がポスト父権制を伴わないかぎり、あいまいな「戦争の翌朝」はまだまだ長くつづくと著者はいう。

冷戦終結後における女性と戦争についての日本で初めての包括的な本であり、今後この問題を考える上で不可欠の文献となろう。それだけに訳文に省略が多く、誤訳も散見されるのはひじょうに残念である。(9)

1、10はともにアメリカの女性兵士の実態や彼女たちをめぐる議論をあとづけたものであり、日本女性によるアメリカ研究の進展を伺わせる。とりわけ10の白井論文はエンローの『戦争の翌朝』と重なるものであり、エンローが取り上げた以後の米軍の実態もフォローしている。そこであきらかにされている軍隊内性暴力の多発は「軍隊内男女平等」の帰結を示しているが、家庭内暴力と同様、軍の極秘事項とされ、隠蔽されてきたという。

両論文ともアメリカの状況の紹介というだけでなく、筆者自身の「フェミニズムと軍隊」についての否定的姿勢が明らかにされている。佐藤は、アメリカの女性兵士をめぐる言説を差異・平等・ミリタリズムの三元的マトリックスで分析したあと、「私たちは、オニールの成功を決してフェミニズムによる『進歩』と呼ぶべきでない。そして『G・I・ジェーン』を支持すること、それが結果的にはミリタリズムの共犯者になることと同義であることを忘れるべきでない」という。

白井は、「女性が軍隊にはいることはレイプを含めた性的嫌がらせの洗礼を受けることを意味する」といい、そして、「アメリカのフェミニズムの主流はむしろ、自国の男性兵士による性暴力をやめさせるための運動よりは、女性にも兵役義務を課し戦闘参加を認めさせる方向、つまり『男女平等の軍隊』をめざす方向へと舵を取っているように見える。そうだとすれば、それは『男の領域』としての軍隊文化の土俵に女を引き込むだけのことであり、男中心の軍隊の枠内での『平等』でしかないだろう」と、アメリカの主流フェミニストを批判している。

これは第一次論争でも言われたことだが、今回の上野千鶴子の立論にも共通する。2で上野は、ベトナム戦争以後のアメリカの女性兵士の実態や湾岸戦争以後のアメリカや日本の論争をあとづけ、軍隊内平等を求めるアメリカのフェミニストを批判する。

「国家の暴力を男性が占有しているとき、その『分配公正 distribution justice 』を要求することは、国家による暴力の占有を認めたうえで、それへのアクセスの平等を要求することを意味する」。しかし、「フェミニズムはたんに国家が占有し国民に恣意的に与えてきた市民的諸権利（義務を含む）の『分配平等』を要求する思想ではない。フェミニズムが『国民』や『市民』概念の男性的構築をあきらかにしてきたのは、その男性性の解体をつうじて、国家による諸権利の占有そのものに疑問を付すためではなかったか？ 軍隊内男女平等イデオロギーに隠れて、フェミニズムと国家との間に行われようとしている新たな『取り引き』を、フェミニズムは拒否しなければならない」。

この論文および3、4、5は江原由美子編『フェミニズムの主張』の四巻目として刊行された

『性・暴力・ネーション』の収録論文であり、こうした上野の「軍隊内男女平等」否定にたいする批判を含む。とりわけ3の中山論文には批判的姿勢がつよい。

この論文には「女性排除と共犯嫌悪の奇妙な結婚」なるサブタイトルがついている。現在自衛隊は女子の採用人員を低く押さえる性別採用制度をとっているため、毎年何百人もの女性が「逆クォータ制」ともいうべき就職差別にあっている。にもかかわらず平和憲法学者はこれを問題にしない。また上野のようなフェミニストには「統治」拒否、「共犯嫌悪」の純粋主義がある。その両者が相俟って、明白な女性差別がまかり通っているというのだ。

こうした中山の発言の背後には、上野とは逆に国民国家への肯定がある。

「近代的な『国民国家』というのは、民主主義という手続きを採用することで、穏健な改良主義の可能性を国家理念に掲げる体制」である。「『自由・平等・友愛』というフランス革命の理念は、なるほど女性排除的なスローガンであった。しかし別段、男性相互で実現したこともない。それでも、あるいはだからこそ現在に至るまで、改革のためのシンボルとして掲げられ続けているのである」。

5の江原論文は、編者として本全体のまとめの役割を担うものであり、女性兵士問題に絞ったものではない(10)。

江原は、上野と中山の対立点を国民国家への姿勢のちがいにみる。その上で、以下のように上野に疑問を突きつける。

上野がいうように、「フェミニズムは『国民国家における分配平等』の思想にとどまるべきではない」とすれば、「職業上の平等」「対等な社会参加」などを要求することもおかしいということになる。そうではなくて「軍隊内平等」をとくに問題にするのは、軍事力が大国中心の国家利益を守るためであるからということになるが、しかしこれを「軍隊内機会均等要求」否定につなげるのは無理がある。なぜなら女性が「戦闘位置」にいなくても暴力は行使されるのであり、だとすれば、「単に『自分の手は汚したくない』という類いの『逃げ口上』を求めることに他ならない」。

さらに江原は問う。上野は「フェミニズムは、国家による暴力の占有にこそ、疑問をつきつけてきた」という。(11) しかしそれなら「国家による暴力の占有」のかわりに何を対置するのか。「『統治』を行う国民国家以外の政治組織（世界政府など）による『暴力の占有』なのだろうか。それとも、『暴力』そのものの廃絶なのだろうか」。こう問いかけたうえで、「『暴力』そのものの廃絶を志向するとするならば、それはあまりに非現実的ではないか」と江原はいう。

こうした問いかけの背後には江原自身の国民国家認識がある。「現代とはおそらく、国民国家を政治的共同体とする世界から、地球全体を政治的共同体とする世界へ向かう、限りなく遠い過程の、そのどこかに位置しているのだと思う。グローバル・フェミニズムは、まさにその動きの一つということになる。しかしたとえそうであるにせよ、人の一生よりもかなり長いことだけは明確な『しばらく』のあいだ、私たちが国民国家という枠組みの中で生きざるをえないことも、また確かなことである」。

7の上野「英霊になる権利を女にも?」は、6のリンダ・カーバー論文とともに九八年一一月、同志社大学でひらかれたシンポジウム「ジェンダー・国家・市民権」での報告だが、この江原の問いかけへの応答として読むことができる。

ここで上野は、国民国家への関与と暴力についてよりふかく考察をめぐらす。個人は国民国家という統治共同体に参加することによって公民権、市民権といった権利を得る。国民国家と個人はいわば双務契約を結ぶわけだが、「その双務契約の中に、生命と身体を国家に引き渡すことが含まれているだろうか」。こう問いかけたうえで、上野はNOという。

「市民社会的な『夜警国家』論によるなら、もともと生命と財産の安全を守るために市民は国家との双務契約に入るのだから、その国家が生命の提供を求めるのは本末転倒ということになる」。しかも兵役とは「死ぬ権利」であるだけでなく、「憎んでもいない他人を殺すよう強制される」、「殺す権利」を国家から賦与、強制されるということである。

また上野は、国民国家は「市民的暴力を禁止し、代わって暴力を独占したことになっている」が、アメリカでは市民武装が許されている。また私的領域における家長の暴力は認められていることを指摘する。江原がいう「国家による暴力の占有」はそもそも事実として存在しないということだ。

問題は暴力そのものにある。それについて上野は、アメリカの「夜を女に取り戻せ」運動を例にとる。アメリカは、女が夜道を一人で歩けない危険な社会である。それに対する対策は二つある。ひとつは「よい暴力」として警察力を強化すること。もう一つは「女性自身が暴力に対抗する暴力を身につけること、すなわち女も武装すること」である。

上野はその二つともを「非現実的」としてしりぞける。なぜなら「よい暴力」はいつでも簡単に「悪い暴力」に転化するし、第二の女性武装のオプションは「障害者や幼児、高齢者など、自分で自分を守る力を失った人々がどのような暴力の行使にも無抵抗にさらされるしかないことを肯定する」ことになるからだ。したがって上野のしめす第三の道は、とうぜん暴力そのものの廃絶である。

これを江原の「『国家による暴力の占有』のかわりに何を対置するのか」という問いに差し戻せば、「国民国家以外の政治組織（世界政府など）による『暴力の占有』」ではなく、「暴力」そのものの廃絶ということになる。それを江原は「非現実的」と否定したが、さきにみたように上野は、暴力肯定の二つの選択肢もともに「非現実的」であり、同じ非現実的なら「いま・ここ」にないものにこそ投企すべきだとする。

国家の統治への「共犯嫌悪の純粋主義」という中山の批判に対しては、統治共同体の構築可能性、可変性で反論する。中山の批判の前提には「国家という統治共同体に所属することは、国家暴力を含む制度悪に参加することを自動的に意味する」という論理があるが、これは間違っている。統治共同体にはさまざまな種類があるし、不服従の権利や離脱の権利も認められている。統治の範囲をその都度自己決定する権利もある。「統治の範囲の中に、暴力を『所与』として含める議論のほうこそ相対化されねばならない」と上野はいう。

8の牟田和恵「女性兵士問題とフェミニズム」は、こうした上野にたいする批判である。中山と同様、牟田も「軍隊内男女平等」を肯定する。その理由は三つある。まず第一に、近代国家において市民権は兵役の義務とセットになっていた。したがって女性はつねに二流市民でしかなかった。「いま日本には軍隊はないわけだが、厳然と社会全体に存在し続ける性差別の構図は、そこに根を持ち続けているのではないか」。

第二は、自衛隊や防衛大学校の女性に対する逆クォータ制の問題である。「かりに自衛隊の存在に反対する立場をとるとしても、現にある自衛隊内での女性差別が放置されていいことにはならない」。

第三に、女性が戦闘訓練から排除されていることは、女性を暴力の犠牲者になりやすくする。「男は戦うもの、女は守られるものという考え方と、それに基づく社会化・訓練が、女性を本来以上に無力で、身体的にも精神的にも弱い存在に仕立てあげてきたことは間違いない」。

フェミニズムの論理としての〈非武装〉

第一次「フェミニズムと軍隊」論争が、〈平等〉や〈自己決定権〉といった普遍的価値を軸に展開されたのに対し、今回のキーワードは〈国家〉と〈暴力〉である。それはこの間、慰安婦問題や戦場における集団レイプ、家庭内暴力など性暴力の問題がクローズアップされたこと、自由主義史観派の台頭や小林よしのりブームなど、ナショナリズムが急浮上していることによるものだろう。

さらに昨年から今年にかけて、日米新ガイドライン、盗聴法、日の丸・君が代の国旗・国歌化など〈国家〉の肥大化が際立っている。こうした時期に「フェミニズムと軍隊」論争が〈国家〉

と〈暴力〉をめぐって再燃したことを、わたしはまず評価したい。そして、論争における上野の〈非武装〉論を、全面的に支持したい。

上野がいうように、国民国家の統治に暴力を「所与」とする必要はない。江原のように「地球全体を政治的共同体とする世界へ向かう」ことによってしか〈非武装〉が実現できないと考える必要もない。「日本国民」にとって〈非武装〉はひじょうにたやすいことである。ただ憲法を守ればいいのだから。上野のいう『いま・ここ』にないものへの投企」どころか、日本国民にとって〈非武装〉は「所与」である。

憲法九条は、いうまでもなく国民国家を前提にしている。国民国家があるかぎり、国益の対立や国際紛争があることも前提にしている。その上で、「国際紛争を解決する手段」として「国権の発動たる戦争と、武力による威嚇、又は武力の行使」を放棄するというのだ。なんとシンプルかつ現実的ではないか。

にもかかわらず、この憲法九条は空洞化している。しかもいまや、日米新ガイドライン法の成立によってますます空洞化は必定、それどころか憲法調査会の国会内設置によって憲法そのものが息の根を止められかねない事態になっている。こうした時期に憲法九条の〈非武装〉をいうのはそれこそ「非現実的」かもしれない。

しかしだからこそ、いまあえて掲げ直す必要があると思うのだ。一五年に及ぶ侵略戦争の死者は日本人三〇〇万、アジア諸国に二〇〇〇万。おかげで人類初の核被爆という被害も受けた。新憲法がまずは占領軍の「押しつけ」であったことは否めないが、こうした大きな犠牲の結果であり、人類にとって稀有の宝であることはまちがいない。それをいまむざむざと壊死させていいのだろうか。

憲法九条は「非現実的」というが、〈非武装〉には現実的利益がある。日本の戦後の驚異的経済成長には〈非武装〉が一つの要因をなしているし、九〇年代にはいってのアメリカ経済の好況に冷戦終了による軍需から民需への転換が無関係とは思えない。武力は本質的には何も生産せず、ただ略奪・寄生をこととする不経済なものなのだ。

またマリア・ミースによれば、男たちが武力という強制手段を身につけたとき、女性支配が始まったという(12)。だとすれば〈非武装〉は、なによりもフェミニズムの問題として考えてみる必要がある。

牟田は、戦闘からの排除は女性を暴力の犠牲者にしやすくするという。しかし逆も考えられるのではないか。エンローがあきらかにしたように、軍事は「男らしさ」を構築する。それが平時における男性暴力の容認につながることは6のカーバー論文にも書かれている。アメリカが女が夜歩けない暴力社会であることと、第二次大戦後も朝鮮戦争・ベトナム戦争・湾岸戦争とずっと戦争を続けてきたこととは相関関係があるのではないか。

ひるがえって日本は、〈非武装〉憲法の下で、すくなくとも五〇年近くは海外派兵することはなかった。また「男らしさ」を軍事にむすびつけて公教育で賞揚するといったこともなかった。そのことと、日本が相対的に安全な国(13)であること、ドメスティック・バイオレンスも相対的に少ないこととまったく無関係だろうか。

いずれにしろ、〈暴力〉がフェミニズムの重要課題になっているいま、〈非武装〉憲法と女性に対する暴力との関係はフェミニストの視点で分析される必要がある。お題目としての「憲法九条を守れ」ではなく、しっかりとした理論をともなったフェミニストの提言として掲げ直される必要がある。

そうはいってもフェミニストのなかには、自衛隊における逆クォータ制を放置していていいのか、自己決定権は尊重されるべきだ、といった意見があるだろう。最近会ったカナダのフェミニストは、「チョイスは必要だ」と自己決定権の観点から女性の軍隊参加を支持した。

しかしそのチョイスのさきが、冒頭に書いたように、罪悪感もなく悲しみもなく、大量殺戮に荷担するようなものだとすれば？　野田正彰が『戦争と罪責』（岩波書店　九八年）で明らかにしたように、罪を罪として感じられず、悲しみを悲しみとできないほど非人間的なことはない。

これについては改めて論じたいが、最後に紹介しておきたい言葉がある。九八年一〇月、福岡でひらかれた「ふくおか国際女性フォーラム」の講演で、森崎和江はつぎのように語っている。「今、一番気になっているのは、近年急速に現実化してきた『一代主義』の文化です。生命の連続性に対する思想性の欠落です。『生命がこの世に連続的に存在することを、どのように思想化すればいいのか。産む産まない産めないなど個々の条件や、選択を越えて、そして何よりも物質文明主義へ流されることなく、生命界の一員として』と考え続けています(14)」。

フェミニストのいう〈平等〉や〈自己決定権〉を、森崎のこうした言葉で洗いなおしてみるとどうなるか。〈平等〉も〈自己〉も関係のなかにしかない。その関係を日本における自分の身のまわりだけでなく、地球上に「現に・在る」もろもろの生命の連関として思い描けるか。さらに、過去の死者たち、未生のものたちまで含んでおもいえがけるか。〈非武装〉をフェミニズムの論理として確立できるかどうかも、それにかかっているといえるのではないか。

注

（1）中井「米国民には人ごとの空爆」『毎日新聞』九九年六月八日
（2）同。ただしユーゴ政府の発表によれば、誤爆による民間人死者は二〇〇〇人
（3）『朝雲』九六年八月二二日
（4）上野『90年代のアダムとイブ』日本放送出版協会　九一年二月
（5）花崎「フェミニズムと軍隊」『情況』九二年五月号
（6）上野・花崎対談「マイノリティの思想としてのフェミニズム」同九二年一〇・一一月合併号
（7）山下「戦争・宗教・フェミニスト」『フェミローグ』二号　九一年七月
（8）金井『フェミニズム問題の転換』勁草書房　九二年一〇月
（9）たとえば二〇二ページ。ニューヨーク・タイムズの記者が、湾岸戦争後、クウェート女性がイラク兵によるレイプを語ることの困難を文化の問題として説明したことに触れたあと、こんな文章がある。「レイプの犠牲者の沈黙を、クウェートが西欧の国ではないという理由で例外としてはいけない。そのような説明は、東洋の特殊性を支えるために使われるべきではない。このようなジェンダー観念が、その二年前に合衆国主導の同盟を動かす道具として働いたのだから。」この部分の原文は以下のようになっている。

「While this cultural explanation for the still-unfolding sexual politics of postwar Kuwait may be valid, the rape victims' long silence does not set Kuwait aside as distinctly non-Western. Consequently, such an explanation does not, or should not, serve as fodder to sustain the ideology of Orientarism, that package of gendered ideas which proved such a potent wartime mobilizing tool for the U.S.-led alliance two years ago.」

ここにあるOrientarismを「東洋の特殊性」と訳したのでは話は逆になる。「東洋の特殊性」を言い立てることをこそオリエンタリズムとして問題化したのだから。大ざっぱに訳せば以下のようになろうか。

「戦後のクウェートにおける性の政治学を説明する上でこうした文化的説明は有効ではあるが、レイプの犠牲者の長い沈黙は、クウェートが非西欧の国であることによる例外ではない。説明は、オリエンタリズムのイデオロギーの維持に資するものではないし、またあってはならない。そうしたジェンダー化された観念こそが、その二年前に合衆国主導の同盟にとって強力な戦争起爆剤であったのだから。」

また、一〇三ページにある「執銃レイプ」はそもそも日本語としてわからない。原文は"manual rape"、手によるレイプの意か？

(10) ほかに国家と性暴力問題について、大越愛子・嶋津格・高島智世、女性性器切除問題について岡真理・大塚和夫の論文が収録されている。

(11) 三六四ページ。しかしこの江原の引用は不正確である。上野の原文は「国家による暴力の占有」ではなくて「国家による諸権利の占有」

(12) ミース「性別分業の起源」『世界システムと女性』藤原書店　九五年

(13) ただし日本のドメスティック・バイオレンスは問題化され始めたばかりなので、本当に少ないかどうかはわからない。

(14) 森崎「母国をさがして」『ふくおか国際女性フォーラム'98　報告書』九九年三月
(『インパクション』一一五号、一九九九年八月刊)

5章◆

「慰安婦」と教科書問題をめぐって

戦争体験記のなかの「女性体験」

「読者」としての大衆から、「作者」としての大衆へ――。

「昭和」という時代は、それまでなら「読者大衆」と一くくりにされるようなひとびとが、大量に「書き手」として登場した時代だった。とくに女性については、その感が強い。

「投書夫人」、「書きますわよ夫人」などと揶揄されながら、「エンピツをにぎる主婦」の登場が伝えられたのは「昭和」の半ば、一九五〇年代だった。それが七〇年代後半になると、カルチャーセンターの文章教室は女性たちであふれ、彼女たちのあいだから「主婦作家」も誕生した。最近は、各種文学賞の受賞者にも女性の名前が目立つ。彼女たちはもはや、「女流作家」ではなくて「作家」である。

しかし「大正」半ばまでは、「書く」ということは特権的なことであり、大衆、とりわけ女性のおおかたには無縁だった。ましてそれが出版されるなどは、一部の「知識婦人」に限られていた。

大衆が、とくに女たちが書くことを日常化したのは、「昭和」になってからである。その背景には、もちろん女性の進学率の向上やマスメディアの発達がある。しかし、画期的にそれを促したのは、一九三一（昭和六）年に始まった戦争である。戦争は、女たちに「書く」ことを強要した。小学校・女学校・女子青年団・隣組などを通じて、女たちは、「戦地の兵隊さん」に慰問の手紙を書くことを強制された。戦地に夫や恋人を送り出した女たちは、強制されなくても手紙を書いた。それだけが、前線と銃後に引き裂かれた男女をつなぐコミュニケーション手段だったからである。

学校で、生徒管理の一環として日記を書かせることが一般化したのも、一五年戦争下である。「日本精神」「日本文化」の高揚が呼号されるなかで、短歌づくりも奨励された。女たちは、五・七・五…と指を折りながら、戦地の男たちへの想いを歌に託したのだった。

一九五〇年代に登場した「エンピツをにぎる主婦」たちは、こうして「書く」ことを日常化したかつての「皇国少女」や「銃後の妻」たちである。彼女たちは、政治への不満や身辺雑記を気軽に新聞に投書する一方、みずからの戦争体験を振り返り、文章につづった。『経済白書』が「もはや戦後ではない」と謳ったのは一九五六（昭和三一）年だったが、そのあたりから女性の戦争体験記がぞくぞくと刊行されるようになる。

それは男性も同様だった。五〇年代初めから男性による数多くの戦争体験記が刊行されている。その著者たちは、戦後いちはやく戦争体験を作品化することから作家への道を歩み出した野間宏や大岡昇平らとちがって、復員して以来ヤミ屋をやったり国鉄に勤めたり、ペンとは無縁の生活をしていた男たちである。そして彼らのおおかたは、それ一冊を書き上げると、ふたたびペンとは無縁の生活に戻っていった。

暮らしがいちおうの落ち着きをみせ、過去を振り返る余裕ができたとき、自分の人生にとって戦争が、書かずにはいられない「絶対的体験」として一人一人に迫ってきたということだろう。「昭和」の戦争は、こうして再び「書く」大衆を生み出した。そして彼らの体験記は、経済の高度成長にともなう情報化社会のなかで活字化され、流通してゆく。

「昭和」の戦争が生み出した大量の「書く」大衆、また彼らが生み出したおびただしい戦争体験記を「昭和文学」にどう位置づけるか——。もちろんこれらは、いわゆる「文学」の範疇には入らない。しかし、「昭和文学と大衆」を考えるにあたっては、大きな課題の一つだと思われる。

またそうした戦争体験記は、おおむね「思想」や「イデオロギー」とは無縁である。『きけ、わだつみのこえ』などの学徒兵の手記とちがって、戦争批判の視点が光っているわけでもない。しかしそれだけに、大衆のホンネの世界がみえるともいえる。したがって、「昭和文学」の問題としてだけでなく、戦後の日本の文化や社会を考える上でも、その持つ意味は検討されるべきだと思う。

とはいうものの、いずれも今のわたしには手に余る。さしあたりここでは、最近読んだ男たちの戦争体験記から、その「女性体験」を紹介し、「戦後」を考える一つの手がかりにしたい。女性ではなくて男性が書いた戦争体験記を対象にするのは、最近ようやく日本社会で問題になってきた「慰安婦」問題、その未決の戦争責任を考えるための手がかりが、掘り起こされないままに眠っていると思えるからである。

「共同便所」としての慰安所

ここに紹介する戦争体験記は、系統立てて選び出したわけではない。たまたま古本屋の店先で見つけたり、近くの図書館で借り出した単行本である。合わせて二〇数冊に目を通したが、刊行年がいちばん古いのは一九五一年刊の『翼なき操縦士』（奥宮正武著　日本出版協同株式会社）、最新は一九九一年八月刊行の『海軍航空隊よもやま物語』（前田勲著　光人社）である。これら四〇年にわたって刊行された戦争体験記は、三人称で書かれているものもあるが、ほとんどが自分自身の体験記であり、二冊を除いて「女性体験」が書かれていた。

ということは、わたしが見ていない数多くの戦争体験記にも、そのおおかたに「女性体験」が書かれていると考えてよいだろう。その「女性体験」とは、つまりは買春体験でありアジア女性に対する強姦（本人は和姦だと思っている場合もあるが）体験である。それがなんともアッケラカンと書かれている。

一九五三年刊行の佐藤恭大著『南方飛行戦隊』（富士書房刊）をみてみよう。著者佐藤恭大は、一九一五（大正三）年三重県生まれ、彦根高商を卒業後宇治川電気に勤める。一九三七年飛行第三連隊に入隊、四一年満期除隊したが、四四年再び召集され、台湾・フィリピンを経てボルネオに進駐、独立飛行団第百十一飛行場大隊長として敗戦を迎えた。この本は、著者が四四年再招集されてから捕虜生活を経て帰国するまでの体験記である。

著者は、部隊長である玉田少佐に批判を持っていて、その女ぐせの悪さを繰り返し書いている。

しかし彼自身も、門司を出港して台湾の屏東に到着すると、さっそく料亭高砂に上り「台湾娘阿美さん」と一夜を過ごす。

つぎはフィリピンのマニラである。「比島人は、一片の真面目さも純真さもない。狡猾な連中ばかりで、そのうえ怠惰で権利ばかり主張する、全く度し難い男ばかり」というのが著者のフィリピン男性観だが、女性に対しても嫌悪をむき出しにしている。

「困ったのは兵隊の性解決でもあった。ルネタ公園を散策していると、好餌ござんなれとばかり夜鷹が蝟集して来る。それはいいが、彼女等は何れも掏模とパンパンの両刀使の達人揃いだった。

兵隊が『俺アがっかりしたよ、マニラには別嬪がいるかと思いきや、黒い、唇のひっくり返った奴ばっかしやないか』とこぼす。スペイン系の白人もいるにはいるが、月給百何十ペソの高給者？　の我々では、一夜の介情に俸給全額を献上せねばならない。（略）下士官の性問題の解決には慰安所があるにはあったが、台湾娘や比島娘で値段は安いが後が怖い。高級将校の為には内地直輸入の奇麗処がいる。これは皆囲い者で何奴さんは某閣下、何龍さんは某部隊長とパトロンが決まっている。一体我々下級将兵の性問題はどう処理して下さるのか」

著者の部隊は、四四年六月、西ボルネオに進駐したが、そこにも慰安所があった。ミリ、ブルネー、ボンチャック、クチン……と、上げられた地名を地図で辿ると、日本軍の駐屯地のすべてということになる。

そのうちクチンの慰安所には、三〇名近くの「ジャワ人」の慰安婦がいた。彼女たちは日本軍の敗走によって解放され、著者の駐屯する部落にやってきた。それに対して彼は、「部落にこんな女が三十名もいては部隊の取締りもつかない上に、我々の糧食を蝕まれてしまう」と、迷惑を隠さない。その後慰安婦たちがどうなったかは書かれていない。

慰安婦については、田村泰次郎の『春婦伝』(一九四七年刊)や伊藤桂一の「水の上」(『近代文学』一九五三年八月号)などに作品化されているが、いずれもフィクションのかたちをとっていた。しかし一九五〇年代初めから刊行されたノンフィクション、戦争体験記にも書かれていたということだ。

一九六一年、小田原の医師岡村俊彦が出した『榾火《ほだ》』(文献社刊)は、日中全面戦争開始直後に召集された著者が、上海・南京・南昌・盧山と、一〇一師団衛生隊の軍医として華中戦線に従軍した記録である。マユツバの自慢話も多い『南方飛行戦隊』とちがって、軍医の目から冷静に中国の戦場がとらえられ、軍への批判が書かれている。しかし慰安所については、「共同便所」と書いてはばからない。

「三里(十二粁)先きに慰安所が出来『大和撫子』隊七名来ると、早速各隊で行く日をきめる。衛生隊の当日、三十五名の希望者に私がつき二食分携行していく。(略)慰安所は七か所に分れて設置され前は戸がなくむしろが下がっている。仕事にかかる前に昼食、直に各分隊毎にむしろの前に列をつくる。一名平均約五分、共同便所の感あり、それでも一同満足し帰隊。」

この文章には、「〇〇撫子倶楽部」と書かれた看板のみえる慰安所の前で、女たちと撮った写真まで付けられている。「突撃一番」のカラー写真もあり、「突撃一番(官給のコンドーム)は応召した者なら誰でも苦笑をもらすに違いない」とコメントされている。

陸軍伍長として中国で敗戦を迎えた伊藤桂一は、五〇年代から作家活動を始めていたが、一九六九年に刊行した『兵隊たちの陸軍史』（番町書房）は、彼自身の体験も含めた戦場生活の記録である。その一節「戦場と性」には、慰安婦の身体検査に携わった麻生軍医の報告や強姦の証言も書かれている。

一九七八年刊行の『悪兵――日中戦争最前線』（森金千秋著　叢文社）には、湖北省荊門付近の慰安所の実態がくわしい。

「慰安所は司令部の所在地でも二、三軒ぐらいしかなく、慰安婦は朝鮮人と現地の姑娘を合わせて四、五人程であった。

外出する兵は、通過部隊や出張で来ている兵も合わせて多い日で一日数百人、所在の指定部隊だけの外出日でも二百人は下らないので、慰安所は連日押すな押すなの盛況である。

昭和十五、六年当時は軍票が使用されていた。無論日本銀行券と同額である。今の言葉でいうショートタイムが六十銭、ロングタイムが一円二十銭であった。

兵隊の俸給は一箇月五円四十銭だったから、飲んで遊べば一回の外出で給料の半分は飛ぶことになり、一円二十銭也の代金は兵には大金であったが、二十代初年の青春盛りであるため、外出兵の大半は生理的に慰安所の方に向きがちであった。

慰安所にもピンからキリまである。漢口のような大都会で、軍司令部の所在地ともなると家屋もちゃんとした立派な物が多く、姑娘たちも綺麗なのが揃っており代金も高かったが、荊門のような前線になると経営者は大抵朝鮮人で、家もバラック建、中国人の廃屋を改造したもの等で、坪数は四畳半、間仕切りは例のアンペラ、天井もないお粗末なもので声などは筒抜け、ただ普通にしておれば隣の行為が見えないというだけのものだった。」

『烈風――新発掘インパール最前線』（川北恵造著　叢文社　一九八一年）は、最悪の戦場といわれたインパール作戦での体験談だが、中隊長であった著者の買春体験が語られている。下級とはいえ将校である彼が行く慰安所は、兵隊用とはちがって高級料亭の趣である。

敵の大攻勢を前に、彼は他の将校たちとともにサガインの慰安所「一力」に上り、女たちを総上げしての大宴会、「無礼講は文字通り喧騒を極め、遂には赤心ならぬ赤身を披露する大乱舞劇が展開されるに至った。（略）酒気と煙草の煙と、若い男女の吐く荒い息が場内に充満して、むんむんと沸騰するばかりにあふれて流れ、熱帯の短い夜はたちまちに…」といった具合。

一九九一年八月刊行の『海軍航空隊よもやま物語』（前田勲著　光人社）には、海軍の飛行基地ラバウルの兵隊用の慰安所の様子が書かれている。

「慰安所は二棟あってL字型に建てられ、出入口は筒抜け、暗い通路の左右に部屋があって、

「各部屋の入口には何人もの兵隊が列を作って前の人の出てくるのを待っている。（略）ＷＣでもないのに気の短い者は、入口のドアを拳でたたいている。

『はようせい、はやく出てこい』

並んだ兵隊の中には、ズボンの前を開放して臨戦態勢の者もいる。」

慰安所から帰ってきた兵隊が、「女郎」が使用済みのコンドームを洗面器で洗い、何度も使用

しているらしいと話し、みんな大笑いしたという話も紹介されている。さらに、その「女郎」についてのこんな発言もある。

「ど助平、その日、一日で四十四人を相手にしたと言いおった。女って強いノー、わしゃあ、かなわんと思ったよ」

「そりゃのう、四十四人といっても、見ただけで発射する者もいれば、一、二分もすりゃあ、ハイそれまでよで、それほど苦しいものじゃないらしいよ」

韓国で元従軍慰安婦が初めて名乗りを上げ、一日に何十人もの相手をさせられる苦痛を語ったのは、ちょうどこの本が刊行されたころである。

中国戦線での強姦

慰安婦問題がアッケラカンと語られているのに対し、さすがに強姦の直接証言は少ない。慰安所通いは国家公認、それに対して「戦時強姦」は、処罰の対象になったためだろう。

一九五九年刊行の『憲兵』（宮崎清隆著　朱雀社）は、一九四二年末から中国の漢口・上海・宜昌などで憲兵として活躍した著者の体験談である。これには「妖艶な姑娘」の「女間諜」と日本軍兵士の「悲恋」物語がくりかえし出てきてヘキエキするが、強姦取り締まりについても書かれている。

「いやしくも憲兵隊としては部隊外に於ける犯罪（略）中でも強姦に至っては、たとえ国籍の如何を問わず絶対に放任しておける事件ではなかった。まして占領地の婦女子を犯したとあっては、草の根を分けても徹底的に犯人を捜査検挙して賞罰に処したものである。

この点、戦後、日本に駐留した連合国とは軍紀の点で雲泥の差がある。」

しかし、だからといって日本兵による強姦が防げたわけではない。「宿営の夜などは、土地の婦女子を強姦しようとしている兵隊を発見し、これを強姦未遂として摘発したり、また家屋の物陰に婦女を四、五名で輪姦中の兵隊を現行犯として検挙したり」したが、「何といっても一個師団三千名の兵隊が広大なる作戦地に移動転戦している中に、一人や二人の憲兵が交って目を光らせてみたところで、隅々まで行き届くわけではないのである」と、暗に強姦の多発を認めている。

それを証明するかのように、華中戦線での強姦の実態がうんざりするほど書かれているのが、さきに紹介した森金千秋著『悪兵』である。これは著者自身の体験よりも、「悪兵」である第三十九師団の衛生兵三村正春一等兵の行動が中心である。記述は三村一等兵の克明な手記にもとづいたという。

三村一等兵が「悪兵」であるのは、あくまで軍隊機構にとってということで、著者によれば、彼は「リベラルなヒューマニストで、階級を絶対とした過酷な軍隊の中にあっても自分に忠実で、不合理と矛盾を憎んで敢然と闘ってきた」。この本には、その「リベラルなヒューマニスト」三村一等兵の強姦・和姦（？）・慰安婦買いがいやというほど書かれている。

ある日、衛生兵である三村は、部隊の最後尾で前進していたが、左の茂みに動くものがある。捕らえてみると「二十七、八歳の主婦」だった。彼女は強姦されまいと腹が痛む振りをしたりいかにも怪我をしているように泥が塗りたくってある足を見せたりしたが、三村一等兵にかかってはたちまち見破られてしまう。

「『看々《カンカン》（見せろ）』

三村一等兵が主婦の褲子《クズ》を下げおろした。中国の女性はパンティは着けていないので、ズボンの下にはぢかに秘部がある。黒っぽい薄汚れた着衣とは対照的に、なかには艶の良い弾むような太腿があり、白い腹下の匂うような茂みが強烈に三村一等兵の眼を刺した。（略）観念したのか、主婦は草むらに仰臥してしずかに眼を閉じている。」

このときは、急に子どもが泣き出したため未遂に終わった。しかし、次に進出した当陽で、三村一等兵は農家に「徴発」に行き、「未だ三十歳には間のある主婦」を見つける。安全を確かめた彼は、早速主婦に「ぴい看々《カンカン》」と褲子を脱がせた。

「恥毛を分けるようにして検べたが、別に性病はなさそうであった。三村一等兵は寝室のドアーをロックすると、袴下を半ば下げたままの姿勢で、一気に主婦をベッドに倒した。まじわりはあっという間に終わった。」

日本の敗色が濃くなるとますます補給は底をつき、略奪が激しくなる。一九四四年の新年、「牛肉が、腹いっぱい食べたいのう！」と思った三村一等兵らは、五人で中国人農家を襲い、一番大きな牛と鶏を六、七羽、それに二十四、五歳の主婦を拉致して兵営に戻った。「女は風呂小屋に入れて、希望者で輪姦した。」

ちなみに、三村正春一等兵の名は仮名ではなく実名であり、写真まで載っている。

この本で著者森金は、日本兵の強姦について次のように書いている。

「兵が作戦間に中国女性を強姦するケースは少なく、比率から云って一、二パーセント程度ではなかったかと思う。それは、第一線部隊の進撃に伴って、中国の住民が先まわりして避難して逃げているためで、部落か町の奇襲にでも成功しないかぎり、若い主婦や女性の姿は附近では見られなかったからである。（略）それなら強姦する兵はどうするかというと、二、三名が密かに隊列を離れ、少なくとも本隊の一、二キロ前を行動して、未だ避難していない部落を襲うとか、日本軍が進撃する道路又は進路上から外れた、左右の五〇〇―一〇〇〇メートル程離れた、避難民の隠れていると思われる、森陰や部落、廟などに見当をつけて捜し当てるわけであるが、これには非常に大きな危険が伴うのである。

敵地であるから住民は悉く敵意を持っているし、中国兵が便衣で潜んでいないともかぎらない。行為の途中、住民に後から頭を割られたり、潜伏の敵兵に拿捕される危険もあった。また、無事に思いを遂げたとしても、〝小便二丁、糞八丁〟の軍隊語があったように、隊列から少し外れて大便しても、用便をすませ、装具を完全につけてしまうまで、本隊とは五〇〇メートルぐらいも遅れる始末だから、まして、二、三名で女性を求めて行動するとなると、二―三キロは本隊から引き離される勘定になり、これへの追及に大変なエネルギーを消耗させられるのである。

このように、強姦には暴勇と健脚が必須条件で、顎を出してよたよたと行軍する弱兵や、幹部の眼を怖れる一般の兵には考えも及ばなかったことである。」

なかなか説得力のある強姦についての考察だが、敗戦間際の中国で大陸打通作戦に従った市川宗明著『火の谷――日中戦争最前線』（芸文社　一九七九年）には、森金がいう「顎を出してよたよたと行軍する弱兵」による残虐行為が記されている。

敗残の日本兵たちは、「すでに性欲もないくせに、散々中国に痛めつけられ、多勢の戦友を殺された腹癒せに、無抵抗な住民、とくに女性に対して暴行を加えたり、残忍行為をする兵隊がかなりいた。」

この本は三人称で書かれているが、主人公の「野川軍曹」は明らかに著者自身である。中国で生まれ育った著者「野川軍曹」は、こうした被害を防ぐために中国人の保長や甲長宅をまわって女性に注意をよびかけてもらった。しかし、「ある朝、彼は街道近くの叢の中に一本、青竹が斜めに突き刺さっていて、断続的におかしな揺れ方をするのに気付いた。早速、用心してそこへ近付き青竹の根元を見ると、まだ若い、下半身、着衣を剥ぎ取られ、むき出しになった性器の陰門をこじ開けるようにして端を斜めに切り削いだ青竹が突っ込まれ、その先端が臀部の肉と皮を貫き通して、直接地面に突き刺さっているのであった。」

強姦と「恋愛」

今回目を通した男性の戦争体験記には、明らかに話を面白くするための脚色とわかる記述も多い。とくに「女性体験」についてはそうである。それによって、エログロものとして大衆受けをねらった感もある。しかし、ここに紹介した慰安所や強姦についての記述は「事実」だろう。

これらの事実は、とりてて目新しいものではない。「戦時強姦」が多発したこと、そのために慰安所が設置されたこと、そこに朝鮮女性が大量に動員されたことは二〇年前から金一勉[1]や千田夏光[2]らの本で明らかにされていた。最近は、かつて慰安婦だった女性自身の口から、その実態が語られてもいる。

しかしそれが、こうした戦争体験記の中ですでに四〇年前から明らかにされていたということは、やはりわたしには衝撃だった。最近は、曽根一夫の『戦史にない戦争の話』（恒友社　一九九一年）など、自己批判をこめた加害体験記も出されているが、これまでは、証言はともかく書かれたものはないとされていたからだ[3]。

戦友会などでは酒のサカナとして当たり前に話されているということは聞いていた。子どものころ、父や叔父たちの話から「そういうこと」があったらしいと感じていたという話も聞いた。しかし、そうした私的な場でのひそひそ話としてだけでなく、慰安所通いや強姦は、堂々と、大量に活字になって公刊されていたということだ。

なぜ彼らは、こうした恥ずべき体験を、わざわざ本に書き残すのだろう？

この質問は、おそらく著者たちにとっては愚問だろう。強姦はともかく慰安所通いや買春は、彼らにとって、「恥ずべき」体験でも何でもない。だから「わざわざ」書いたわけではなく、戦場における日常茶飯事の一つとして、当然のこととして書いたのだろう。その背後にあるのは、男の性欲は食欲や排泄同様に生理現象である、であるからには排泄同様、溜まったものを出すのは当たり前――という通念である。

この通念を、彦坂諦はその著『男性神話』（径書房　一九九一年）で、手厳しく批判している。

それは男のつくった「神話」にすぎないと――。その観点から彦坂は、富士正晴の「戦時強姦」をテーマにした作品「童貞」を批判している。

「童貞」の主人公の「わたし」は、三十二歳で一兵卒として中国の戦線に駆り出されたが、出発にあたって、「戦時強姦はしない」という信条を自らに課した。その理由は、「決して倫理ではない。むしろ好みと言ったものだろう」。彼は出発前、いくつか強姦の話を耳にし、それにどうしようもない「哀憐」と「はかなさ」を感じていたのだ。犯された女性にではなく、犯した男に対してである。その前提には、性欲という、どうにも制御できない恐ろしい力に翻弄される男の哀れさ、ということがある。その視点を持つことで、「童貞」はここに紹介した戦争体験記とは決定的に質のちがう「文学」となっている。

たしかに、アッケラカンと「女性体験」を語る戦争体験記の著者たちも、哀れといえば哀れである。故郷の女たちから引き離され、軍隊という抑圧的な機構のなかで、『櫓火』にあるような「一名平均約五分、共同便所の感あり」の慰安所で排泄行為としてだけ性欲を処理する――。また、その性欲すら失った敗残の日本兵が、残忍に女性の性器に青竹を突っ込んで殺す――。その兵の内面は、たしかに「哀憐」かつ「はかない」。

しかし、「共同便所」にされた女性、殺された女にとっては、それですむだろうか。

彦坂は、戦場の男たちにとって性欲を満たすということは、たんなる生理現象ではなく、またそれによって快楽を得るというだけでもなく、女を征服し所有するということだという。それによって、幻想であれ「主体性」を回復することだという。つまり、兵隊は、軍隊という機構の中では「主体性を剥奪されて客体と化せしめられた存在」、「もの」にすぎない。その兵隊が、性行為においてだけ「『兵』という客体ではなく『男』という支配的主体——快楽を味いうる自由な個人——でありうるかのように感じることが——よし錯覚であれ——できる」。だからこそ、女を求めるのだと彦坂はいう。

なるほど、と思う。戦場における男の性が、たんに溜まったものを排泄する生理現象なら、オナニーでもいいし兵隊同士のホモセクシャルでもいいはずだ。なぜ慰安婦、女でなければならないのか？

富士正晴の「童貞」には、オナニーについて「女を知ってしまった良い男が今尚まさかアレもやれないし」と書かれている。なぜ、「女を知ってしまった」ら「まさかアレもやれない」ということになるのか。

ここには、オナニーよりは女とヤル方がイイというだけではない「男」の自尊心の問題がある。オナニーなどはニキビ面のガキのやること、女にハナもひっかけてもらえない情ない男のやることと、一人前の男はちゃんと女をねじ伏せなければ——、というわけだ。

軍隊機構の中で、人間としての自尊心を徹底的に打ち砕かれた兵士たちにとっては、たとえ「共同便所」であっても、そこでは一人の「男」として女を支配できる。それによって奪われた自尊心を回復できる——。

それが兵士たちの足を慰安所に向けさせたのだろう。まして、憲兵の目をかすめての強姦であれば、女を支配するだけでなく、自分を支配する軍隊機構のウラをかく快感もある。強姦を繰り返す『悪兵』の三村一等兵、その彼を著者森金が「リベラルなヒューマニスト」、痛快無比の反逆者とするのはそのためだ。

　しかしもちろん、彦坂がいうように、慰安所は、兵を管理するために「軍というおかみによってしつらえられた」機関である。自前でやる強姦にしたところで、彼が犯す被占領地の女性は、『大日本帝国軍隊』によってあらかじめ犯されている」のだから、それによる自尊心の回復は幻想にすぎない。

　それは、ここで紹介した戦争体験記の著者たちも感じとっていたようだ。彼らが、慰安所通いや強姦といった「女性体験」だけでなく、現地の女性との「恋愛」を熱を込めて書いているのは、そのためだろう。これらの戦争体験記には、じつは現地の女性に「惚れられた」話もたっぷり書かれているのだ。

　最初に紹介した『南方飛行戦隊』では、著者はボルネオのアピに住むイギリス系の「妖艶な混血美人」ヘレンに「あなた日本に妻があるか」と言い寄られ、煩悶する。

『憲兵』の宮崎清隆は、南京の病院で随一の美人である「姑娘看護婦」葉白蓮に好意を寄せられ、一夜をホテルで過ごす。しかしじつは彼女は、日本軍の内情を探るためのスパイで、その役割と彼への愛情に苦しんだあげく自殺する。

　元菊兵団山砲中隊長舟崎淳の『戦争と女』(第二書房　一九五七年)では、著者は、ビルマ人の三姉妹に一時に「モーション」をかけられる。彼女たちは、美代子・小夜子・百合子という日本名を持っており、もちろんそろって「美人」である。なかでも百合子は「ビルマ人に珍しい色白の美人」であり、著者はその誘惑に抗し切れず彼女を抱き、「百合子の白雪のような裸の肉体が、喜悦に咽びながら喘いでいた」ということになる。

『白い肌と黄色い隊長』（菊地政男著　文藝春秋新社　一九六〇年）は、インドネシアのマカッサルで敵国人であるオランダ女性を収容した俘虜収容所での体験を書いたものだが、若い所長の山地兵曹は、抑留中の「ソバカス美人のミセス・ラッセル」に「盛り上がった二つの乳房をはだけ、（略）妖しい媚をたたえた瞳で」誘惑される。

『火の谷』の野川軍曹は、兵隊たちのあいだで「高慢ちきな美人」として有名な慰安所の中国女性に「親嘴吧」とキッスをせがまれ、情熱的なセックスをくり返す。

いちいち上げればキリがない。

著者たちの「恋愛」相手の女性は、いずれも「妖艶」で「豊満」で「色白」で、「積極的」に恋情を表し、ベッドでは「情熱的」である。こうした現地女性との「恋愛」体験は、まったくのフィクションではないのだろうが、あまりにもステレオタイプである。たぶん、戦中世代の日本の男にとっては、これが「異国体験としての女性」の共通イメージだったのだろう。

著者たちにとってこうした「恋愛」は、慰安所通いや強姦よりはよほど心和む「女性体験」であったろうし、占領地の女性に「惚れられた」ことは、彼らの「男」としての自尊心をおおいに満足させるものだったろう。

しかし、こうした「恋愛」を書くことで、彼らは二重に現地女性を犯したといえる。

慰安所で一日に何十人もの兵の相手をさせられたり強姦されても、それは女性自身の恥ではない。恥は、強姦する男たち、「共同便所」として彼女らの肉体を利用した「大日本帝国」とその一員である男たちの側にある。

しかし「恋愛」は、女性の内面に関わる。銃剣によるのでもなくカネのためでもなく、被占領地の女性が自発的に占領軍の男に「惚れる」――。

もちろん、敵味方に別れた男女が愛し合うことはあるし、被侵略者の女が侵略者の男を愛することもある。ここに書かれている「恋愛」がそうしたものだったとすれば、それは被占領地女性の内面に、深刻な葛藤と緊張をもたらしたはずだ。

にもかかわらずこれらの戦争体験記では、それは一方的な男の目で、あまりにもステレオタイプに描き出されている。それによって著者たちは、被占領地の女性たちを内面まで犯したといえる。

問われなかった「女性体験」

こうした戦争体験記が、これまでどれほど刊行されているのかはわからない。しかし膨大な数が出されていることはたしかだろう。おそらく何十万、いや何百万の単位で出されているのではないだろうか。にもかかわらず、ここに紹介したような「女性体験」は、これまで批判されることもなく、検証の対象になることもなかった。なぜなのか?

『梢火』の帯によれば、この本は、『週刊朝日』『毎日グラフ』に取り上げられ、「絶賛」されたという。帯の引用によれば、『週刊朝日』はこの本について、「第一〇一師団の激戦の模様を医者の目から冷静に伝えているが、さらに興味をひくのは三十二ページにわたって挿まれている原色版の貴重な戦場蒐集写真であろう」と書評している。その原色版の蒐集写真のなかに「突撃一番」の写真があることは、先に書いた通りである。

また『憲兵』は、作家の三島由紀夫が序文を書いている。彼はこの本を「最近こんな面白い本はなかった」としつつ、さすがにそのステレオタイプな表現に苦言を呈している。

「文章を検べてみよう。著者は銃声を描写するのに、いつも手取早い擬音を用ひる。銃声は常に『ダダダパンパン……グヮン』といふ片仮名で書かれ、（略）東洋のマタハリはこんな風に描写される。

『年の頃は二十一か二か……、断髪をきっちり揃え、色はあくまで白いというか、むしろ石像の女神のように整った気高い美しさ……。』

『秀麗の死後、頼り合う二人、……慰め、慰め合う気持が次第に深まり、ハッと気付いたときは、それはやはり灼熱の恋というよりほかはなかった』」

そして三島は、「かくもおのれに満足した卑俗さ、かくも浅薄で単純な思想、かくも通念の枠を逸脱せず……」と、著者を評している。この三島の評は、他の戦争体験記の著者の多くにも当てはまる。

しかし三島は、もちろん『憲兵』に書かれている強姦の多発という事実は問題にしていない。彼もまた彦坂のいう「男性神話」を内面化していたのだろう。戦場における「男の性欲」については、文学者や編集者、批評家といった「文化人」も、大衆である戦争体験記の著者たちと変わりはなかったようだ。

その結果日本社会では、加害者の男たちの「女性体験」が問題にされることなくまかりとおり、韓国などでは、被害者の女たちが自らを恥じて黙り込む。加害者の饒舌と被害者の沈黙という、このなんともおぞましい逆転現象――。

それにしても、日本の女たちはどう考えていたのだろうか。こうした戦争体験記の読者はおおむね男性で、それも著者たちと同じ戦中世代が大半だろう。しかし少なくとも著者の妻や娘、彼を直接知る女性たちは、関心を持って読んだはずだ。男たちの執筆動機にも、自らの辛酸に満ちた戦場の体験を、銃後にいた女たちに知ってもらいたいということがあったのではないか。

それなのに、自分の「女性体験」をおおっぴらに書く――。

それは彼らが、そのことによって身近な女性の反発・批判を浴びるなどとはつゆ思わなかったからだろう。そして結果的にも、批判を浴びることが少なかったから、刊行されつづけているのだろう。

妻たちは、夫の慰安所通いや買春体験を、どう受け止めたのだろうか。

過去のことだから、戦争という「異常事態」でのことだから、男の性欲は生理現象だから。そして、相手は日本人の素人さんではなく、よその国の「商売女」だから――。

こう思うことで、自らの中の違和をねじ伏せた妻たちも多かったのではないだろうか。男の性欲は生理現象だからしかたないという「男性神話」は、女たちにも内面化されている。そのうえに「商売女」差別、アジア人差別である。

こうした女たちにも支えられて、とっくに明らかにされていた慰安婦問題は、韓国の被害者が長い沈黙を破って告発の声をあげるまで、日本社会では大きな問題にならなかったのだろう。

それどころか、ふたたび男たちの「女性体験」を許してしまってもいる。六〇年代後半から、男たちはふたたび、今度は銃剣ではなく札ビラを振りかざして、大挙してアジアに「女性体験」に行くようになった。もしかして彼らは、かつての戦争体験のなかに燦然と輝く「異国体験としての女性」を求めて、敗戦によって切断された彼女たちとの「千夜一夜物語」の夢の続きを見るために、大挙してアジアに出かけて行ったのではないだろうか。

戦後の反戦・平和運動は、大衆の男たちの戦争体験記にある「女性体験」を無視したまま、学徒兵や女たちの被害体験としての戦争体験に寄りかかって進めてられてきた。その結果、戦場での「女性体験」を何ら恥としない男たちの意識構造は問われないままにきた。その当然の帰結が今に至るも未決のままの慰安婦問題であり、買春観光問題であり、そして、平和憲法の空洞化である。

それは、「昭和文学」のある欠落の結果でもあるように、わたしには思える。

注

(1) 金一勉『天皇の軍隊と朝鮮人慰安婦』三一書房　一九七六年

(2) 千田夏光『従軍慰安婦』双葉社　一九七三年

(3) 中国文学者の竹内実は、『野戦郵便旗』(佐々木元勝著)の解説で、強姦などの恥ずべきものとしての「中国体験は、民衆の固い沈黙の壁に守られているのである。（略）明治・大正・昭和の、三代にわたる中国体験・見聞のあとづけを、わたしはわたしなりにやってみて、つきあたったのが、この沈黙の壁であった。新聞記者・文学者・研究者……総じていえば言葉を弄ぶグループに属する人びとは、とにかく、感想を文字に――つまり活字に残している。しかし、活字にならない部分があり……」と、活字になったものがないことを嘆いている。

また、戦争文学研究者の高崎隆治も、その著『戦争と戦争文学と』（日本図書センター　一九八六年）で、「強姦をおこなったという元兵士にはその間ただの一人にも出会わなかった（略）し、強姦に関する手記のようなものに接する機会もなかった」と書いている。いったいどういう読み方をしていたのだろう。

（昭和文学会『昭和文学研究』26　一九九三年二月刊）

「慰安婦問題」という問題

ついに、山が動く日が来たのだろうか。

二年前の一九九〇年、韓国挺身隊問題対策協議会会長（当時）尹貞玉の話を聞いたとき、不明にしてわたしは、「慰安婦問題」がここまで大きな問題になるとは思わなかった。それどころか、いまごろ問題にしても、という思いのほうが強かった。しかしその後の展開は急転直下、ついに山が動きだしたかの感もある。

それだけに、この問題は日本社会にたくさんの「なぜ」を生み出している。いちばん多いのは「なぜ今ごろになって……」というもので、その背後には、問題化そのものへの拒否がある。「戦争でひどい目にあったのは日本人も同じ」、「慰安婦は必要悪」、「恥ずかしい過去をさらしてまで金が欲しいのか」――。上坂冬子の発言は、こうしたマジョリティの「声なき声」（?）を代弁するものだ。

しかし、あらたな視角からこの問題を問おうとする「なぜ」も生まれた。その一つは、「なぜ大量の朝鮮女性が慰安婦にされたのか」を、これまでとはちがった角度から問題にするもの。もう一つは、マジョリティの「なぜ今ごろになって……」とは逆に、「なぜ今まで問題にならなかったのか」という問いだ。

こうした「なぜ」の多くは、フェミニズムの視点から発せられている。というよりは、今回の「慰安婦問題」そのものが、フェミニズムあってのものだといえる。この問題は、すでに七〇年代はじめから、千田夏光や金一勉によって日本の戦争責任や民族差別の視点から提起されていた。にもかかわらず大きな問題にならないままにきた。

これについて江原由美子は、慰安婦問題を「戦争と民族問題と性差別」の「重なりあいを含む問題」としたうえで、それが「これまで充分議論されることなく放置されてきたのは、性差別に関する認識がこれまで確立していなかったからである」という（「従軍慰安婦について」『思想の科学』九二年一二月号）。

わたしも同感だ。この二〇年、フェミニズムがけんめいに築いてきた「性差別に関する認識」によって、ようやく「戦争と民族問題と性差別」の重なりあう慰安婦問題は、大きな問題として顕在化することができた。そしてそこには、たんにミッシングリングの最後の輪がつながったというだけではない思想的意味があるとわたしは思う。フェミニズムの視点から発せられた「なぜ」を手がかりに、それについて考えてみたい。

まず、「なぜ日本の軍隊は、大量の朝鮮女性を慰安婦にしたのか」について。これに対しては、すでにいくつかの答が出されていた。曰く日本軍兵士による強姦の多発を防止するため。曰く性病の蔓延を防ぐため……。しかし今回生まれた「なぜ」は、そうした理由のさらに奥にあるものを問う。

『インパクション』七七号の「南京虐殺と中国にとっての天皇訪中」で、加々美光行は、南京での虐殺・強姦の多発について「事実があったかなかったかという水準で議論するだけでは論外で、一人一人の兵士の意識における病理というものを明らかにしていくこと」を提起している。そして、「人間の意思を簒奪することによって殺人機械に仕立て上げていった。そうした軍隊の作られ方」を問題にすべきだという。

これは、あらたな「なぜ」である。そしてさらに、加々美はこうも言っている。虐殺・強姦は、軍隊のなかで意思を簒奪され殺人機械となった兵士に対して、「相手が命ほしさに自分の意思を放棄するという状態」になることで引き起こされると。逆にいえば、相手が意思を失わずあくまで抵抗する状態では起こりにくいということだ。

わたしは、加々美の「なぜ」に共感する。しかし、後半については異議がある。これでは、被害者への責任転嫁になってしまわないだろうか。その結果、加害者を免責することにならないだろうか。「なぜ死に物狂いで抵抗しなかったのか」という強姦事件につきものの問いによって、これまで女は二重に傷つけられ、口を封じられてきたのだ。

加々美のいう「人間の意思を簒奪する軍隊の作られ方」をずっと問い続けてきた彦坂諦は、近著『男性神話』（径書房　九一年五月刊）で、戦時強姦や慰安婦問題の原因として、軍隊機構の問題と同時に兵士たちの「男の性」を問題にしている。

主体性を剥奪されモノとされた兵士にとって、女性との性交渉は「つかのまであれ、失われたその主体性（個人・自由）をとりもどしえたかのように幻覚しうる」機会である。彼はそこで「かろうじて『兵』という客体ではなく『男』という支配的主体――快楽を味わいうる自由な個人」であるかのように感じることができる。だから兵隊は「女」を求めるのだと彦坂はいう。

ここには、フェミニズムの視点がある。軍隊機構の非人間性を問題にするだけでは、慰安婦もかわいそうだが兵隊だってかわいそう、悪いのは軍隊であり戦争だ――ということになる。これまでのパターンはこれだった。フェミニスト彦坂の「男の性」の問い直しは、このパターンをうちやぶる。

在日朝鮮人女性のあいだからは、たんに戦時下の問題としてではなく、日本の植民地支配の総体や公娼制に着目して、この問題を問う動きが出ている。

山下英愛は、日本が侵略開始とともに朝鮮にもちこんだ公娼制度が性病対策を主眼とするものであったことをあきらかにし、「後の軍隊慰安婦政策の発想はまさにこの延長線上にある」という（「朝鮮における公娼制度の実施」『朝鮮人女性がみた慰安婦問題』三一書房　九二年八月刊）。

宋連玉も、日本が植民地朝鮮に導入した公娼制度に慰安婦問題の原点を見る。日本の植民地支配がもたらした困窮のなかで多くの朝鮮人娼婦が生み出されたが、彼女たちは年齢制限や賃金のうえで日本人娼婦とは差別されていた。そして、性差別と民族差別の接点に生み出された朝鮮人娼婦のありようは、さらに拡大されて慰安婦制度にひきつがれていく（「従軍慰安婦に見る民族と性」『思想と現代』三一号　九二年九月）。

もう一つの「なぜ今まで問題にならなかったのか」という問いは、今回の「慰安婦問題」の核心をなすものだとわたしは思う。「慰安婦問題」とは、たんに過去の戦争中にあった「事実」の問題ではない。そうしたおぞましい「事実」が戦後五〇年近くも問題にされないままにきたこと、その「問題の不在」性こそが問われるべき問題だということだ。それによって、日本の「戦後」と「現在」が問われているということだ。

この「なぜ」の答は、さきに引いた江原由美子の文章や朴和美の「性の二重規範から『軍隊慰安婦問題』を読み解く」(三一書房前掲書)にある。朴は、「問題の不在」の原因を〈社会的権力〉としての性支配、つまり男には性的自由を認め、女には「貞操」を要求する「性の二重規範」にみる。それは女を、〈ふつうの女〉と〈商売女〉に分断して反目させ、慰安婦とされた女性に沈黙を強いてきた。「慰安婦問題」は、こうした性の二重規範を解体するものとして意味をもつと朴は言う。

こうした視点に立つとき、慰安婦問題は、まさに日本のフェミニズムの問題であることがわかる。慰安婦の圧倒的多数は朝鮮女性だったが、この問題は、日本のフェミニズムこそが問うべき問題だったとわたしは思う。最近、男性が書いた戦争体験記を二〇数冊読んで、あらためてそれを痛感した。

わたしが読んだのは、たまたま古本屋で見つけたり近くの図書館で借り出したものだが、いちばん刊行年が古いのは一九五一年、最新は一九九一年八月。それらには、二冊を除いて慰安婦体験や買春・強姦体験がアッケラカンと書かれていた。

「下士官の性問題の解決には慰安所があるにはあったが、台湾娘や比島娘で値段は安いが後が怖い。高級将校の為には内地直輸入の奇麗処がいる。これは皆囲い者で何奴さんは某閣下、何龍さんは某部隊長とパトロンが決まっている。一体我々下級将兵の性問題はどう処理して下さるのか……」（佐藤恭大著『南方飛行戦隊』富士書房　五三年刊）

「三里（十二粁）先きに慰安所が出来『大和撫子』隊七名来ると、早速各隊で行く日をきめる。衛生隊の当日、三十五名の希望者に私がつき二食分携行していく。（略）慰安所は七か所に分れて設置され前は戸がなくむしろが下がっている。仕事にかかる前に昼食、直に各分隊毎にむしろの前に列をつくる。一名平均約五分。共同便所の感あり、それでも一同満足し帰隊。」（岡村俊彦著『榾火』文献社　六一年刊）

この本の著者岡村俊彦は、一〇一師団衛生隊の軍医だった。帯に刷り込まれた『週刊朝日』の書評には、「第一〇一師団の激戦の模様を医者の目から冷静に伝えているが、さらに興味をひくのは三十二頁にわたって挿まれている原色版の貴重な蒐集写真であろう」とある。その「貴重な蒐集写真」のなかには「突撃一番」の写真もある。

宮崎清隆著『憲兵』（朱雀社　五九年刊）、森金千秋著『悪兵――日中戦争最前線』（叢文社　七八年刊）には、中国戦線での強姦多発の状況が書かれている。とくに『悪兵』には、第三十九師団の衛生兵三村正春一等兵の強姦がくりかえし書かれている（三八三ページ参照）。

ここに紹介したのは、ほんの一部である。そしてわたしが今回読んだのは、膨大に刊行されている戦争体験記のほんの一部にすぎない。これまで慰安婦が問題にならなかった理由の一つに、資料の制約があげられていた。被害者は「身の恥辱」により沈黙し、加害者は旧悪露見をおそれて口を閉ざす――。まして書かれたものはない、と。

そうではなかったのだ。たしかに被害者はつい最近まで沈黙していたが、加害者は口を閉ざすどころか、戦後早い時期から本にして出版していたのだ。なのに、どうして問題にならなかったのか。

その前に、なぜ彼らはこうした恥ずべき体験をわざわざ本に書いて出版したのか――。答はたぶん簡単だ。彼らにとって、そうした体験はなんら「恥ずべき」ことではなかったということだ。それどころか、「姑娘」や「ビルマ娘」との体験は、彼の人生にとって輝かしい「異国体験」であったようにさえみえる。それは、出版した編集者や書評した批評家、序文を書いた作家(先にあげた『憲兵』は三島由紀夫が序文を書いている)などの「文化人」にとっても、同様だったのだろう。

しかし、読者、とりわけ女たちはどうなのか? こうした戦争体験記の読者は、おおむね戦中世代の男たちだろう。しかし少なくとも著者の妻や娘といった身近な女たちは、関心を持って読んだはずだ。妻たちは、夫の慰安所通いや買春体験を、どんな思いで読んだのだろうか。

――過去のことだから、戦争という「異常事態」でのことだから、男の性欲は生理現象だから。そして、相手は日本人の素人さんではなく、よその国の「商売女」だから――。

こうした女たちにも支えられて、とっくに明らかにされていた慰安婦問題は、韓国の被害者が沈黙を破るまで、日本では問題にされないままにきたのだろう。

それだけではない。それによってふたたび、男たちの異国での「女性体験」を許してきた。六〇年代後半から、男たちはふたたび大挙して、アジアに「女」をもとめて押し掛けている。それを妻たちは「いってらっしゃい、エイズに気をつけて」と送り出す――？

ここには朴のいう〈ふつうの女〉と〈商売女〉の分断がある。そして妻たちの沈黙は、元慰安婦たちの沈黙と盾の両面をなす。性の二重規範の内面化である。これはまさに日本のフェミニズムの課題であるはずだ。

日本よりもずっと性の二重規範が強いとされる韓国で、尹貞玉たちフェミニストは、過去を恥じている元慰安婦たちに働きかけ、その重い口を開かせた。日本のフェミニズムは、まだ夫の買春を黙認している妻たちに口を開かせるにいたっていない。なぜなのだろう。

「慰安婦問題」という問題は、日本のフェミニズムにあらたな「なぜ」を突きつけている。

（『インパクション』七八号　一九九三年一月刊）

問題は「強制」の有無か

「戦後五〇年」を二年後にひかえた一九九三年夏、「55年体制の崩壊」ともあいまって、日本政府の戦争責任に関する姿勢は大きく「前進」したように見える。とりわけ慰安婦問題については、政府は八月四日、焦点になっていた「強制」の事実を認め、謝罪の意を表明した。新聞報道によれば、韓国政府はこれを「一応評価する」声明を発表し、日本の研究者の間からも「一歩前進」とする声が上がっている。

たしかに、今回河野官房長官が、慰安所の設置、管理に軍が関与し、慰安婦の募集は「総じて本人の意思に反して行われ」、「官憲等が直接これに荷担したこともあった」としたことは、従軍慰安婦問題が「国家犯罪」であったことを枠組みとして認めたということだ。ともかくもこれによって、戦中世代の大方がとっくに知っていた「犯罪」が、戦後四八年目にしてようやく公的に認定されたことになる。

女性史に関わるものとしては、韓国の元慰安婦女性への聞き取りを重視して「強制」の事実認定がなされた点も評価できる。九二年七月、政府は「軍の関与」を認める調査報告をしたが、慰安婦募集の「強制性」については「資料がない」ことを理由に認めなかった。こうした政府の姿勢に迎合するかのように、秦郁彦・板倉由明・上坂冬子などの諸氏は、加害者の立場からする吉田清治の強制連行証言（『私の戦争犯罪――朝鮮人強制連行』など）の信憑性を否定し、証言による「強制性」認定を疑問視していた。さらに上坂冬子は、「従軍慰安婦だったと名乗り出た人々についても、話の内容がどこまで〝証言〟というにふさわしいものか疑わしい」として、聞き取り調査に反対していた（『思い出すだに腹が立つ――日本の偽善を糺す』光文社　九三年四月刊）。

しかし、民衆、とりわけ女性の歴史を明らかにする上で聞き取りは欠かせない。書かれた資料によるものだけが歴史とするならば、目に一丁字ないものの生の軌跡はどこにとどめられるのか。そうした圧倒的多数の存在を無視した歴史とは何なのか――。

ここに七〇年代になって、聞き書きを加えた女性史というジャンルが登場する必然性があった。それは方法論の問題としてだけでなく、これまでの歴史そのものの問い直しでもあった。

もちろん聞き取りには、証言者の思い込みや記憶ちがいの可能性があり、資料的裏づけや他の証言との突き合わせが必要だ。しかしそれが不可能な場合もある。とくに権力を持つものに都合が悪い場合、往々にして資料は抹殺され、人びとは口を閉ざす。慰安婦問題は、抹殺し切れなかった資料が民間の研究者の努力で発掘されたことで解決に向けて政府を追い込むことができたが、裏づける資料がないまま、貴重な証言が無視されている事実はほかにもたくさんある。今回政府が、元慰安婦への聞き取り調査をもとに「強制性」を認めたことは、他の戦後補償問題の解決にも適用される道を開いたといえるだろう。

しかし喜んでばかりはいられない。政府が七月下旬になって、あわただしく聞き取り調査をして「強制性」を認めたのは、たんに政権交替を前にした宮沢自民党内閣の駆け込み解決というだけではあるまい。

聞くところによれば、今年の憲法記念日、憲法改正を主張する「右」の集会では、戦後五〇年にあたる一九九五年までに戦争責任や戦後補償の問題にケリをつけ、ミソギを済ませたところで憲法改正に全力を上げるというスケジュール闘争が打ち出されたそうだ。細川新首相の「侵略戦争」発言や新政権の戦後補償への取組みが、その意図はどうあれ、結果としてこのスケジュール闘争にはまってしまう可能性はある。

「過去に目をふさぐものは現在にも盲目だ」というヴァイツゼッカー大統領の発言は至言だが、しかし過去の罪を認めれば必ず現在が変わるというものでもない。

最近曽野綾子は、慰安婦問題に関して、過去を問題にするより現在の東南アジアなどへのセックスツアーをこそ問題にすべきだと発言している(「大声小声」『THIS IS 読売』九三年九月号)。度しがたい無知である。日本のフェミニストの多くは、慰安婦問題と現在の「性の商品化」を切り離して考えてはいない。というよりは、現在のアジア女性の「性の商品化」とそれを消費する日本の男たちの性意識を問い直すためにこそ、慰安婦問題の解決に努力してきたのだといえる。

今回、慰安婦問題が「国家犯罪」として認定されたことは、現在の日本の男たちの性意識の問い直しにつながるだろうか。

わたしは、かえって難しくなる恐れも感じている。じつはわたしは、慰安婦問題の焦点が軍による「強制性」の有無に絞られてきたことに危惧を持っていた。

一つは植民地責任の問題である。上坂冬子は、補償請求訴訟の原告の一人である元慰安婦の金学順が以前キーセンとして働いていたことを言い立てて「強制性」に疑義を呈し、日本の女性との間に差別はなかったとしている（前出）。

たしかに慰安婦にされた朝鮮女性には、強制連行された人ばかりではなく、ほとんどの日本人慰安婦同様にすでに性産業で働いていた人も多かったろう。しかし彼女たちが性産業で働かざるをえなかったところに、日本の植民地責任の問題がある。日本は公娼制を朝鮮に持ち込み、「婦女売買に関する国際条約」の適用外として日本女性と差別した。つまり日本女性は条約により二一歳未満で「醜業」に就くことはタテマエとして禁止されていたが、植民地朝鮮では一八歳以上ならよいとしていたのだ。

また、慰安婦の悲惨を「強制性」に象徴させることは、彼女たちのなかに「処女」と「非処女」の分断をもたらす恐れもある。

さらに、慰安婦はその管理や募集に軍が関与した「国家犯罪」であったが、その直接の「実行」は一般の兵士たちである。軍は侵略戦争遂行のために徴集した男たちを十二分に働かせるため、彼らに慰安婦をあてがった。あてがったのは軍であり国家だが、「使用」したのは一人一人の男たちである。しかも彼らは、南京虐殺における捕虜の処刑などとはちがって、命令によってではなく自らの意思で彼女たちの肉体を使用し苦痛を与えた。

もちろん公娼制のなかで、買春を当然としていた当時の男たちに、その責任を問うのは酷かもしれない。しかし、戦後五〇年近くもこの問題が隠蔽されてきた責任は彼らにもある。慰安婦問題でいちばん問うべきは、戦後におけるかくも長き問題の「不在」であり、それをもたらした日本社会の性意識である。

現在の「性の商品化」はそれなくしては解決できない問題だ。「強制性」の認定――何らかの補償ということで、この問題にケリをつけさせてはならない。

（初出タイトル「一九九三年・八月・三題」、『インパクション』八二号　一九九三年九月刊）

歴史とジェンダー

ヒストリーとはヒズ・ストーリー（彼＝男の物語）である。

むろん辞書的な定義ではない。しかし一〇年ほど前にこの言葉を聞いたとき、なるほどと感心したものだ。女性史なるものを細々とやってきて、これまで〈歴史〉と思っていたものが実は〈男性史〉だったことを痛感させられていたからだ。歴史にはジェンダー（性差）があるということだ。

そんなことはもう常識だと思っていたら、最近、歴史教科書批判をめぐる言説のなかで久しぶりにこの言葉に出合い、「アレ？」と思った。

「ヒストリーという言葉は二つの文節、ヒズとストーリーからできているわけですね。『ヒズ・ストーリー』というのは、『彼の物語』、『人類の物語』という意味ですから、歴史こそ人間の物語なのです」

今年一九九七年元日付け『産経新聞』紙上での桜井よしこの発言である（藤岡信勝との対談「『国家の誇り』回復必要・歴史観見直しのうねり」）。ここにはジェンダーの視点はまったくない。

「ヒズ・ストーリー」とは「彼」が「人類」を僭称することへの異議申し立てだったはずだが、桜井はストーリーにだけ着目し、歴史の「物語」化を評価しているのだ。

それに対して、『ＲＯＮＺＡ』三月号で長山靖生のいう「ヒズ・ストーリー」にはジェンダーの視点がうかがえる（「自己肯定の『物語』に歴史を埋没させるな」）。

「そもそも『ヒストリー（＝ヒズ・ストーリー）』という言葉そのものへの批判を含めて、従来の歴史記述への根源的不信感を露にしたフェミニストたちの指摘には目から鱗の感があった」。

しかし、「だからといって私は歴史をハー・ストーリーと呼び換えるつもりはさらさらない」と長山はいう。彼も桜井と同様にヒズ・ストーリーのストーリーに着目し、しかし桜井とは逆に、歴史の「物語」化を否定している。客観主義を求める近代的歴史観といえようか。

しかし、歴史に純粋客観主義は成り立つかという問題がある。歴史とは過去についての〈認識〉である以上、主観による汚染はまぬかれない。また歴史が記述されるものであるからには、どうしても「物語」はつきまとうだろう。

もちろん長山はそんなことは百も承知だろう。「そうであってほしいと願う物語ではなく、現にそうであったであろう事実に迫っていく姿勢が大切」だということだ。それに異論はない。

しかし、「現にそうであったであろう事実」にもジェンダーがあり、「事実に迫っていく姿勢」にもジェンダーがある。わたしは長山が脇に置いて顧みなかった歴史のジェンダーにこそこだわりたい。今回の歴史教科書批判、とりわけ「従軍慰安婦」記述への拒絶反応は、それ抜きには考えられないと思うからだ。

文字と歴史の真実

九七年二月初め、女性中心のささやかな会が都内でもたれた。女性史や女性学のすぐれた業績に対して与えられる山川菊栄記念婦人問題研究奨励金、通称山川菊栄賞の受賞を祝う会である。その席上、受賞者の一人である森川万智子は、「私の筆のいたらなさを痛感します」と声を震わせた。彼女は韓国の元「慰安婦」文玉珠の聞き書き『文玉珠 ビルマ戦線 楯師団の「慰安婦」だった私』（梨の木舎）で受賞したのだが、その信憑性に対して秦郁彦から疑問が出されているのだ（「慰安婦『身の上話』を徹底検証する」『諸君！』九六年一二月号）。

秦といえば、今回の教科書批判の中心的論客である。彼は森川の本について、「語り口のうまさは抜群、構成者の考証もかなりしっかりしている」と評価する一方、「〃真偽〃定かならぬ部分」もあるとし、文がラングーンで日本兵を刺し殺して無罪になった話をあげる。そして「作り話じゃないか」という元憲兵の意見を書いている。

森川は一七回も韓国を訪れて文から話を聞いたという。そのなかで日本兵を刺殺した話は何度も何度も同じ言葉で繰り返され、そのたびに文は体を震わせ声をふりしぼったという。「話したくないことをやっとの思いで話してくれたのに」と森川は怒り、そして自らの「筆のいたらなさ」を嘆く。

その嘆きはよくわかる。女性史にかかわっていると、歴史の〈真実〉はたんに書かれた文字にだけあるのではないとつくづく思う。そもそも書かれた文字にハー・ストーリーはきわめて少ない。そこで近現代の場合、聞き書きという手法がとられるが、その場合も語られた言葉だけでは考えられない。そのときの体の震え、声の調子、表情など全存在をかけて語りかける話者との出会いのなかで、聞き手もまた自らの存在をかけて〈真実〉を聞きとるのだ。

それだけに、語られた言葉を正確に再現してみても〈真実〉はなかなか伝わらない。書いても書いても筆先からすりぬける〈真実〉と格闘しながら、自らの筆のいたらなさを嘆きつつ、身体を介した話者との共同作業で織りあげていく。

それは女性史に限らない。権力からも知からも疎外され、筆を持たない人びとの思いや生きてきた軌跡は、そうした方法によってしか歴史にとどめ得ない。アイヌやネイティブ・アメリカンなどのマイノリティーについてもそうだろう。

証言は証拠ではない？

もちろん、文献資料による検証や証言の突き合せは必要である。そのためにできるだけの努力はしなければならない。しかしヒズ・ストーリーが「最初に文字ありき」で、文献中心実証主義をとるのとは基本的にちがう。「事実に迫っていく姿勢」にもジェンダーがあるというのは、そういうことだ。

慰安婦問題、とりわけ強制連行をめぐる対立は、そうしたヒズ・ストーリーとハー・ストーリーのちがいによるところが大きい。元慰安婦たちのハー・ストーリーには拉致まがいの強制連行もある。文玉珠も憲兵に連行されて「満州」の慰安所で働かされたと話している。甘言、だましによるものは枚挙にいとまがない。慰安所での日常もおおむね強制的である。

しかし教科書から「慰安婦」記述の削除を求める人びとは、彼女たちの証言は証拠ではないと言う。文献資料がなければ、とりわけ公文書がなければ、強制連行は認められないと言う。まさにヒズ・ストーリーの方法論である。

検証不可能な〈事実〉もある

彼らはまた、強制連行の証言が被害者である元慰安婦のものしかないことを否定の理由にあげる。加害者の証言もなければ、第三者の目撃証言もない、ゆえに強制連行はなかったと言うのだ。ここにもヒズ・ストーリーの実証主義に通じるものがある。

しかし、検証不可能な事態もあるのではないか。極端な例をあげれば、アウシュビッツのように、絶滅のうえに徹底して証拠隠滅がはかられた場合、一人だけ生き残った者の証言は検証不可能である。ならばアウシュビッツは存在しなかったのだろうか。

あるいはヒロシマやチェルノブイリのもっと大規模なものを考えてみてもよい。そこにおけるジャスト・ワン・ウイットネス（たった一人の証人）を否定すれば、歴史はそこで行き止まりになる。

もちろん元慰安婦は、字義どおりにはジャスト・ワン・ウイットネスではない。日本敗戦にあたって多数の慰安婦が殺されたという証言はあるが、少なくともアウシュビッツのような絶滅作戦はとっていない。だからアジア太平洋地域のいたる所に何万もの元日本軍慰安婦が生きていたはずだが、戦後五〇年近くも彼女たちは存在しないままだった。元慰安婦に対する〈汚れた女〉の烙印が彼女たちの口を封じ、絶滅と同じ結果を生んだのだ。

植民地や占領地から集められた女性たちにはたんに性的な〈汚れ〉だけでなく、敵の男に身をまかせたという〈民族的汚辱〉も加わる。その〈汚辱〉に手を貸して利益を得た者、手を貸さないまでも座視した者もいたかもしれない。同胞の女が敵国の男に拉致されるのを阻止できなかったとすれば、男にとってけっして名誉なことではない。そんなこんなで社会全体がよってたかって慰安婦問題を、ユダヤ人の哲学者ハンナ・アーレントのいう〈忘却の穴〉に封印したということもあり得る。

その封印を解いたのはフェミニズムの力である。慰安婦だったことはあなたの恥ではない。あなたは少しも汚れてはいない。汚れているのはあなたを「慰安の道具」として使用した男たち、男たちに「慰安の道具」をあてがって戦争させた国家というもの――。こうしたフェミニストたちの呼びかけが彼女たちの凍った記憶を少しずつ溶かした。

文玉珠は慰安婦だったことを家族にも話さないできたが、「これは歴史なのだからあなたが恥ずかしがることはない」と説得されて名乗りを上げた。そのあと彼女は「爆発したように」慰安婦時代の記憶を語り続ける。目覚めた寝床の中でも、食事中も、移動中もそれは続いた。「アイゴー、ハルモニ」と相槌を打ったり涙をこぼしながら、ひたすら聞いてくれる人がいたからである。まさにハー・ストーリーの方法である。

それを感情的だ、非科学的だという人は日本には多いだろう。学生に朝鮮人元慰安婦の証言ビデオを見せたら、芝居がかっていると拒絶反応を起こすのが三人に一人はいる。

しかし、なぜそんなふうにしか感じられないのだろう。それは私たちの社会のある喪失の結果ではないのか。一度そう疑ってみる必要はある。

事実や記憶にもジェンダーがある

方法だけでなく〈事実〉、あるいは〈記憶〉そのものにもジェンダーがある。とりわけ慰安婦問題はハー・ストーリーとヒズ・ストーリーでは大きな違いを見せる。

慰安婦問題がハー・ストーリーとして社会化したのはせいぜい五、六年前からだが、ヒズ・ストーリーは戦後早い時期から書かれていた。そのことが逆に問題を隠蔽したといえる。

秦郁彦は『SAPIO』九七年一月一五日号で、「以前は戦記の添えもの風エピソードにすぎなかった慰安婦問題が、急に華々しい『戦場犯罪』へ昇格、巨大な国際政治問題にふくれあがってしま」ったと嘆いている。たしかに男性が書いた戦争体験記には慰安婦のエピソードがいやというほど描かれている。

それには二つの路線がある。一つは純情可憐路線で、慰安婦を「戦場の花」として讃えるものである。その代表は中国戦線で戦った経験を持つ作家の伊藤桂一である。

「私自身の考えで言えば、日本の帝国陸軍大敗戦のなかに戦場慰安婦のまじっていた部分だけが、戦争のなかの『美』であったような気がする。香り高く価値多き慰安婦たちに対して、私は衷心から敬礼せざるを得ないのである」（『草の海――戦旅断想』文化出版局）。

もう一つはスレッカラシ路線である。マンガ家の小林よしのりは、藤岡信勝、秦らとともに教科書批判の最前線に立っているが、連載中の「新ゴーマニズム宣言」でガメつく稼ぐ慰安婦の姿を描いている(『SAPIO』九六年一一月二七日号)。

——慰安所の前に行列する兵隊のシーンがある。次のコマでは下着姿で寝そべった慰安婦が「官物はそのまま、そのまま」と、靴を脱ごうとする兵隊をとどめている。つづいて、大股広げた女のかたわらに、いかにも純情そうな兵隊がヒザをついている様が描かれ、「兵隊は靴もゲートルもそのままでヒザでいざって上がりこみ」、「ズボンおろして用を足し」、「終わるとズボン引き上げて出ていく」と説明がついている。

そして「ありがとうございましたっ」と挙手の礼をする兵隊に、いかにもふてくされた様子で煙草をふかす慰安婦の図。

「主導権は慰安婦にあって兵隊の方はなけなしの銭を払ってみじめな性を買うことが多かった」とある。

性器が腫れ上がって充血しているので軍医が三日間の休業を命じたところ、喜ぶどころか働かせろと食ってかかる慰安婦たちの姿も描かれている。そして小林は言う。「戦時中も今も変わらない」、「高収入だから売る女がいて」、「スケベだから買う男がいるだけだ」。

慰安婦は強制連行でもなければ性奴隷でもない。商行為としての売春であって、何の問題もないというわけだ。

男のまなざし・女のいたみ

ここに描かれている慰安婦の姿は、漢口の慰安所で衛生管理にあたったという元軍医・長沢健一著『漢口慰安所』（図書出版社）を底本としている。説明の文章はほぼそのままといってよい。しかし『漢口慰安所』の数行とは比較にならない説得力を持っている。女の表情、姿態をどんなふうに描くか。兵隊をどう描くか。そこにビジュアルな表現の持つポリティックスがある。『SAPIO』の読者は若い男性が多いようだが、見るからにスレッカラシの慰安婦といかにも純情そうな兵士のどちらに共感が集まるかは言うまでもない。カネ欲しさに「援助交際」やテレクラに走るという女子高生を思い浮かべ、「慰安婦は商行為」説に深くうなずく読者も多いだろう。

とはいうものの、これは小林の創作ではない。彼は『漢口慰安所』の著者のまなざしを視覚化したにすぎない。そしてそれは当時の男性に共通するものだった。『漢口慰安所』の著者は医者であるだけに記述は冷静だが、もっとむき出しの男のまなざしで書かれたものが多い。

たとえば前田勲著『海軍航空隊よもやま物語』（光人社）によれば、ラバウルの海軍慰安所を利用する男たちは慰安婦についてこんな会話を交わしている。

「ど助平、その日、一日で四十四人を相手にしたと言いおった。女って強いノー、わしゃあ、かなわんと思ったよ」

「そりゃのう、四十四人といっても、見ただけで発射する者もいれば、一、二分もすりゃあ、ハイそれまでよで、それほど苦しいものじゃないらしいよ」

同じ状況をハー・ストーリーに見るとどうなるだろうか。いまの男たちの話と同じラバウルの慰安所で、シズコと呼ばれた一九一八年生まれの韓国人元慰安婦の証言。

「とくに日曜日には蟻が群がるように軍人がたくさんやってきました。その当時ワンピースのような服を着ていましたが、下着はつけている暇がありませんでした。陰部が痛くてものすごく腫れました。あまりつらいので、少しやさしそうにみえる軍人に、飛行機に乗せて連れていってほしいと頼んだら、女が乗る席はないといわれました」（『証言　強制連行された朝鮮人軍慰安婦たち』明石書店）

ビルマ戦線の慰安所でも状況は同じだ。

「兵士たちは部屋の外で列をなして待っていました。靴を脱いでいると時間がかかるので、靴も脱がずにズボンだけ下ろしてしまいました。私はパンツだけ脱ぎました。（略）私は服とか靴とか脱がしてやり、サックを着けてやったりもしました。そうすれば早く終えて帰っていくからです」（同）

女たちにとっては拷問だった「性」

小林よしのりがマンガにした漢口慰安所のすぐ近く、武昌の慰安所で働いた宋神道は、ゲートルを巻いたままズボンの前ボタンだけ外してのしかかる兵隊を小技を折って数えたという。一人が終わると小枝を小さく折り、次の兵隊が来るとまた折る。それを繰返して一〇〇以上になったこともあった。

「股間は火のように熱く膨れ上がった。一日が終わると、深い疲労と痛みをこらえ、小山のようになった小技を神道は数えた」（川田文子『皇軍慰安所の女たち』筑摩書房）

兵士たちにとっても確かに「みじめな性」ではある。それでも彼らには瞬時の快感はあったはずだが、女たちにとっては苦役、というよりは拷問である。となれば一分でも一秒でも早く終わらせようとするのは当然だ。モタモタと靴を脱いだりゲートルを外されては長引くだけ、効率よく速やかに用を足してもらうほうがよい。

それに人間は、生きている限り生き続けなければならない。地理もわからず言葉もわからない外国では逃げようにも逃げられない。抵抗すればするだけ痛い思いをする。となれば言うとおりにしたほうが生き延びられる。

文玉珠は一六歳のとき憲兵に連行されて「満州」で慰安婦にさせられ、最初は泣いてばかりいた。しかしそのうち、泣くよりは笑うほうが男たちに優しくしてもらえることがわかってきた。

彼女は一八歳でふたたび慰安婦としてビルマ戦線で働くことになるが、そのときには最初から日本兵に気に入られるよう努めた。おかげで彼女は人気者になり、ラングーンの市場でハイカラな服や宝石を買ったり、大金を貯金したりしている。

四四年八月、アメリカ軍はビルマのミッチナを陥落させ、日本軍の朝鮮人慰安婦二〇人を収容した。日系アメリカ兵による尋問報告によれば、彼女たちは「日本的基準からいっても白人的基準からいっても、美人ではない」。そして無教育、幼稚、気まぐれ、わがままで「女の手練手管を心得ている」。その暮らしぶりは贅沢で、日本の将兵とピクニックに行ったりしたとも記されている（アメリカ戦時情報局心理作戦班「日本人捕虜尋問報告書」四九号、『従軍慰安婦資料集』大月書店）。

ここには朝鮮人の女、それも娼婦に対する日系アメリカ人男性の優越のまなざしが感じられる。そのまなざしからすれば、文玉珠もきっと同じように見えたにちがいない。

元気なアジアと女たちへのいらだち

以上、あれこれ言ってきたのは、ハー・ストーリーが正しくて、ヒズ・ストーリーが間違っていると言いたいためではない。歴史にはジェンダーがあること、とりわけ慰安婦問題という男と女の性の接点においては、ヒズ・ストーリーとはちがうハー・ストーリーがあるということだ。ヒズ・ストーリーにしがみついて元慰安婦のハー・ストーリーを否定するよりは、真摯に耳を傾ける謙虚さがほしい。

謙虚さという言葉は、小林よしのりの言う「純粋まっすぐ正義君」ぽくて気に食わないかもしれない。それなら、好奇心と言い換えてもよい。ジェンダーという軸を介せば、これまで見えていたのとはちがう世界が見えるとなれば、女性にとっても男性にとっても好奇心をそそられることではないか。

慰安婦問題への拒絶反応の背景には、元気な〈アジア〉と〈女〉への日本の男たちのいらだちがあるように思える。

景気はいっこうに回復せず、円は下がるし政治は汚職まみれ、少子社会に高齢社会とうっとうしい話ばかりである。それなのにコギャルは元気いっぱいオヤジを手玉に取っているというし、貧しく文化的に劣っていたはずのアジアは、今や経済的にも文化的にも発展いちじるしい。

そんなアジアの元慰安婦にいつまで謝り続けなければならないのか！　なぜ教科書に書いて「先祖の恥」を孫子にまで伝えなければならないのか！　落ち目の経済大国ニッポンの男たちのいらだちはつのる。

人間誰しも落ち目になれば余裕を失う。まして好奇心などは不謹慎だということになりがちである。しかし、だからこそ生き生きした好奇心を失わないようにしたい。ハー・ストーリーとはたんに女性の歴史であるだけでなくマイノリティーの歴史でもある。在日外国人やホモセクシュアル、障害を持つ人びとの歴史に照らせば、日本のマジョリティーはどう見えるだろうか。

その結果、醜く歪んだ己《おの》が姿に意気消沈する可能性はある。しかしそれでも、「誇りのもてる歴史」の断片をかき集めて自足するよりは、よほど展望はひらけると思うのだ。

（初出タイトル「記録されぬ歴史を語る元慰安婦の声を聞け」、『ＲＯＮＺＡ』朝日新聞社　一九九七年四月号）

世紀末教科書狂騒曲と性の二重規準

虎の尾を踏んだ?

教育出版――五六〇〇中　一・一
東京書籍――五三二〇中　一・二
日本書籍――五〇〇四中　一
大阪書籍――五三二〇中　一
清水書院――五四六〇中　一・二
日本文教出版――五四〇〇中　一・五
帝国書院――四九三二中　四

ヤレヤレとおもう。こんなものがいまの大騒ぎを生み出したのか……。

この四月から中学校で使われる歴史教科書をめぐって、いま日本中で大騒動が起こっている。

『産経新聞』などまるで世界戦争でも起こったかのように一面トップでこれについて報じ、テレビでは徹夜の討論。地方議会には請願に陳情、これに反対する逆請願に逆陳情、申し入れ書が積み上げられ、賛成・反対の集会はいずれも超満員で、いつにない盛り上がりを見せている。

その原因は、昨年六月に文部省検定を通った七社の中学歴史教科書に「従軍慰安婦」が登場したことにある。東大教授藤岡信勝（教育学）が自由主義史観なる歴史リビジョニズムを掲げたのはもう二、三年前のことだが、ここまで問題が大きくなったのは教科書の「従軍慰安婦」問題がきっかけである。

いったい中学の歴史教科書には、「従軍慰安婦」についてどのように書かれているのか。記述自体は藤岡の論文その他で知っていたが、やはり現物をみなければと、七社の教科書の近現代史部門海賊版（新しい歴史教科書をつくる会作成）を取り寄せてみた。そして唖然・ボー然、すっかり拍子抜けしてしまった。内容もさることながら、量的にあまりにもわずかなものでしかないからだ。

それを示すのが冒頭の数字である。各社の教科書の総行数を大ざっぱにだし、そのなかで「従軍慰安婦」記述は何行あるかをみると、教育出版は五六〇〇行中一・一行、東京書籍は五三二〇行中一・三行というわけだ。

もう少し詳しくいうと、目次・トビラなどを除く文章ページは教育出版の場合は約二八〇ページ。一ページ二六行だが図表が多いので平均二〇行として五六〇〇行になる。そのなかで「従軍慰安婦」記述は「また、多くの朝鮮人女性なども、従軍慰安婦として戦地に送り出された」（二六一ページ）という一行強にすぎない（ただし、あとの戦後補償のページで慰安婦問題の写真を入れているので、大阪書籍とともに「自虐度」の双璧と藤岡氏に批判されている）。最後の帝国書院を除き他の教科書も大同小異、パーセンテージにすれば〇・〇二パーセントに満たない。

こんな教科書を与えられても、よほど教師が意識的にとり組まないかぎり「従軍慰安婦」という言葉すら子どもたちの視野に入らないまま終わってしまうのではないか。

それなのに削除派は、蜂の巣をつついたような騒ぎである。当時「従軍慰安婦」という言葉はなかった、証拠もなく強制連行説をいっせいに採用したのは「自己悪逆史観」である、先祖の恥をさらすな……。藤岡に至っては「日本人が他国民に比べ世界でもまれな好色・淫乱・愚劣な国民であると教えることを意味する」とまでいうのだ（「『従軍慰安婦』を中学生に教えるな」『諸君！』九六年一〇月号）。

どうやら中学教科書への「従軍慰安婦」記載は、虎の尾を踏んづけるものであるらしい。この社会のマジョリティの男たちにとって、もっとも触れてほしくない部分に触るものであるらしい。

ひめゆり部隊＝慰安婦!?

それで思い出すことがある。一九九三年四月、韓国の大邱市を訪ねたときのことだ。

「沖縄のひめゆり部隊も慰安婦だったそうですね」

取材でお世話になったAさんからそう言われて仰天した。Aさんは八〇歳近い韓国人男性で、達者な日本語を話す。植民地時代に大邱で普通学校の教師をしていたという。

慰安婦問題について、金泳三大統領が日本政府に補償を求めないと発言したばかりだった。元慰安婦に国家補償すべきだと思っていたわたしは納得できず、Aさんに聞いてみた。彼は韓日条約で賠償は終っていると金泳三発言を支持し、つづけて「ひめゆり部隊＝慰安婦」説を述べたのだ。そして言う。

「男は国家のために命をささげ、女はそういう男のために操をささげる。当然のことだ」

わたしはますます混乱した。儒教道徳のつよい韓国では、女性の貞操を非常に大切にするという。それなのに兵士のための性的慰安を肯定するのは納得できなかった。それは彼が男だからで、女性はちがうのではないか？　韓国語ができないわたしはAさんに頼んで、かたわらの夫人の意見を聞いてもらったが、「家内も、国家のためとあらば女にとって命より大切な貞操もささげると言っております」とのこと。彼の通訳に疑問はあったが、それ以上追及はできなかった。

考えてみれば、Aさんの話は貞操道徳のもつ矛盾をみごとにあらわしているともいえる。つまり、女に対して貞節の美徳を言い立てれば言い立てるほど、ぎゃくに貞節を捨てることの意義は高まる。命より大切なもの、かけがえのないものをあえて捨てるところにこそ至高の価値はあるからだ。

あの時代、男のように国家のために死ねないことを、心から口惜しく思う少女は日本にたくさんいた。国家のために男がかけがえのない命を捧げるなら、女は命の代わりに貞節をささげよう……。そう考えれば「ひめゆり部隊＝慰安婦」説は愛国美談となる。

しかしAさんの言葉はそのままは受け取れない。彼はスジガネ入りの男権主義者のようだが、その彼が、たとえ国家のためといえ自分の妻が兵士に性的奉仕をすることを許せるだろうか。

日本の近代天皇制は、本来矛盾する「親に孝」と「君に忠」を「忠孝一致」の論理で結びつけた。お国のために死ぬことは名誉であり、親孝行でもあるとしてほめたたえたのだ。しかし女がお国のために貞操を捨てることを名誉とはしていない。儒教道徳もそうだろう。論介《ノンゲ》が愛国キーセンと称えられるのは、豊臣軍の将に身を任せると見せながら相擁して崖から飛び下りたからだ。

Aさんの言葉の背景には、家父長制意識にまみれた韓国男性の屈折があるように思える。韓国の元慰安婦が名乗り出たことに対して、「恥ずかしい過去をさらしてまでカネが欲しいのか」という反発が日本の男たちにあったが、韓国の男性のなかにも快く思わない層があると聞いた。Aさんも批判的な口ぶりだった。それは守るべきわが民族の女を、侵略者の男どもの「餌食」にされたという、いうならば「寝取られ男」の屈辱を思い起こさせられるからではないか。

その屈辱を女性自身の恥に転嫁して彼女たちの口を封じ、日本に追いつけ追い越せとばかり経済発展を遂げてきた。ところがここへきて、とつぜん屈辱の記憶が生身の女性の姿をとってたち現れたのだ。

「ひめゆり部隊＝慰安婦」はその屈辱を多少とも緩和する。「汚された」のはなにも韓国の女だけではないのだ。日本でもっとも聖なる存在とされるひめゆり部隊さえじつは慰安婦だったのだ。となると慰安婦は戦争につきもののありふれた話、とくに韓国の男たちがだらしなかったわけではない――。

「妄言」と「愛国美談」のあいだ

それにしても、「聖処女」の象徴のようなひめゆりの少女たちが慰安婦だなんて、そんなことがあるだろうか。Aさんは「日本の本に書いてあるそうだ」というが、わたしは知らなかった。帰国後何人かの人にたずねてみたが、みんな思いもよらないと言う。沖縄で慰安婦問題に取り組んでいる女性もそうだった。

ところが最近、たまたま上杉千年著『検証　従軍慰安婦――従軍慰安婦問題入門』（全貌社九三年七月刊）を開いたところ、いきなりこの問題にぶつかった。著者上杉は『月曜評論』を発行しているゴリゴリの右翼で、『教科書が教えない歴史』（自由主義史観研究会編　扶桑社　九六年八月刊）にも執筆している。この本の言わんとするところは、現在の慰安婦記述削除派の論理そのまま、というよりは藤岡信勝・小林よしのりらの慰安婦発言のタネ本の一つはどうやらこの本であるらしい。最近増補版が出され、藤岡らの一連の本とともに書店に並んでいる。

その第一章は「『ひめゆり学徒隊にもいた従軍慰安婦』の妄言」となっている。いうまでもなく「ひめゆり部隊＝慰安婦」説を「妄言」としてまっこうから否定するものだ。

批判されているのは高島伸欣著『教育勅語と学校教育』（岩波ブックレット　九〇年一一月刊）である。著者高島は冒頭でひめゆり学徒隊のなかには「高級将校の慰安婦の役割まで押しつけられたこどもたちもいた」という沖縄の歴史学者の話を紹介し、当時は「親も娘もそれを忌まわしいことと思って人目を避けるどころか、むしろ誇りにし」たという。そしてその原因を教育勅語にもとづく徹底した皇民化教育に求め、戦前の学校教育批判につなげている。

高島は八七年に刊行された『沖縄戦　国土が戦場になったとき』（藤原彰編　青木書店）でも、多くの若い女性が進んで将校用慰安婦になったと書いている。それが事実とすれば、Aさんのいう「愛国美談」にかさなる。

しかし上杉は、それを「沖縄で最も聖なる存在である「ひめゆり学徒隊」に代表される殉国の乙女とその引率教師を汚し恥かしめる」ための意図的な「妄言」として口をきわめて糾弾する。「散華した乙女たちの御霊に対しても絶対に許してはならぬ暴言」、「聖なるひめゆり学徒、戦火をくぐり抜けた生存者に対して残忍きわまりない」といった関係者の声もひかれている。そこにはひめゆりの少女たちを「汚す」ものへの烈火のごとき怒りがある。

しかし「慰安婦」というシステムそのものは否定していない。この本の他の章では、ドイツでもアメリカでも、ソ連・中国・韓国でも「従軍慰安婦」が存在したとし、日本だけが「特異」なのではないという。戦争につきものの必要悪というわけだ。そして朝鮮人元慰安婦が言うような強制連行や残虐行為はなかったとしている。

また上杉は愛国心は否定しない。この本によれば、彼は曽野綾子が『ある神話の背景』でテーマにした慶良間諸島の集団自決について、日本軍による「強要」の事実はなかったことを論証したという（「沖縄戦『集団自決強要』の事実はなかった」『総括・教科書問題と教科書裁判』善本社　九二年）。集団自決は住民の愛国心による自発的行為というわけだろう。

もちろん彼はそれを不名誉なこととはしない。しかしひめゆりの少女たちの性的奉仕は、たとえ高島が言うように愛国心にもとづくものであっても、不名誉きわまりないとして断固否定する。生命は捨ててもいいが、貞操をはいかんというわけだ。

それに対して吉田司は『ひめゆり忠臣蔵』（太田出版　九三年一〇月刊）で、沖縄の「四〇代後半の男性、沖縄革新運動の要の位置にいる人物」によるつぎのような証言を紹介している。

「あの戦争末期なんて部隊長としてヤマトから来る士官クラスは、学徒あがりの大学知識人の集団ですよね。二〇代半ば。そーゆーわかくて凛々しいお兄ちゃんに憧れる話は山ほどある。」「そのなかで「ヤマトの高級士官の情婦」になった少女もいれば、「強姦されたのをはかなんで自殺した例」、「孕んじまった部分もいる」。

これを吉田は「ひめゆり部隊＝聖処女」神話をくつがえすために紹介しているのだが、これらの証言は割引いて聞く必要がある。ひめゆりの少女たちはウチナーの超エリート女性である。それがヤマトのエリート学徒に憧れ性関係をもったとすれば、沖縄男性にとってけっして愉快なことではない。「情婦」だの「孕んじまった」だのといった差別的発言が著者の創作でないとすれば、ウチナー男の屈折が背後にある可能性はある。

「鉄の暴風」といわれる米軍の猛攻撃の中で、沖縄には非日常的な極限状況が現出していた。その中で出会った若い男女が、凝縮した性に生命を燃焼させたとしても不思議はない。そうした話はゴマンとある。それはメロドラマになりこそすれ、「忌まわしい」ことではない。島尾敏雄の『出発はついに訪れず』の特攻隊長と島娘ミホの恋愛を、だれも「忌まわしい」とはしない。

ヤマトと沖縄の関係が男と女の関係に重ね合わされるとき、どうしても加害・被害の構図でみてしまう。高島がひめゆりの少女たちの性行為を「忌まわしい」とするのもそれがあるからだろう。しかしそのことでかえって少女たちをおとしめることもある。彼女たちはマインドコントロールされて「獣欲」の犠牲になったわけではなく、ありふれた恋愛をしただけかもしれないのだ。その相手がたまたまヤマトの若者だったということかもしれないのだ。

韓国の元慰安婦文玉珠の話にあるように、朝鮮人慰安婦と日本軍兵士の間にだって恋愛は成立する。ビルマ戦線の慰安所で働いていた文にとって、上等兵ヤマダイチロウ（仮名）との出会いはどれほど救いだったことか。彼は文に結婚を申し込み、朝鮮人になってもいいとさえ言ったという。上品でやさしくてひょうきんで賢くてと、文は手放しでヤマダをほめる（森川万智子『文玉珠　ビルマ戦線　楯師団の「慰安婦」だった私』梨の木舎）。

だからといって文の日常が悲惨でなかったわけではもちろんない。彼女は性差別と民族差別という二重の差別構造の中で慰安婦にされ、客観的にみればその日常は「性奴隷」だった。しかしそうしたなかでも愛が生まれることはあるのだ。そのことを否定的にだけはみたくない。

隠蔽された性の二重規準

しかし上杉にとっては、恋愛であろうが愛国心によるものであろうが、ひめゆりの少女たちの性行為は断じて許せないだろう。彼女たちはあくまでも「聖処女」として死んでもらわねばならない。そうでなければ玉砕した日本軍兵士の「英霊」神話に傷がつくからだ。

「ひめゆり部隊＝慰安婦」説に対する彼の激しい怒りはまずはそのためだろう。彼にとってひめゆりの少女たちの名誉などじつはどうでもよい。必死に守ろうとしているのは日本軍の男たちの名誉であり、戦前との連続性に生きる彼自身のアイデンティティである。

しかしそれだけではない。「ひめゆり部隊＝慰安婦」説には、男社会の秩序の根幹を揺るがすものがある。それを無意識のうちに感じるからこそいっそう上杉はいらだつのだろう。今回の教科書の「従軍慰安婦」記述問題も同様である。教科書のほんの一、二行が、まるで虎の尾を踏んだような大騒ぎを引きおこす理由はそこにある。

日本近代は性のダブルスタンダードによって支えられてきた。女には貞操を、男には性的自由を、という二重基準である。そのために家制度と姦通罪で女をしばる一方、公娼制によって男には婚姻外の性を公認してきた。その結果女は、森崎和江がいうように産婦と娼婦に二分される（『売春王国の女たち――娼婦と産婦による近代史』宝島社　九三年九月刊）。生殖用と快楽用、あるいは長期的再生産者と短期的再生産者と言い換えてもよい。

この女の二分は対等ではない。国家は必要不可欠なものとして娼婦を公許しながら、彼女たちを肉体的にも道徳的にも汚れたものとしておとしめる。そのことで相対的に産婦の価値を高め、彼女たちにダブルスタンダードを受け入れさせやすくするためである。

日本にかぎらず近代国民国家は、国民の長期的再生産者として産婦を重視しなければならない。戦争ともなればそれはいっそう強まる。「人的資源」増産のため、日本では母性賛歌を歌い上げて「生めよ殖やせよ」と多産を促した。

ナチスはさらにすすんで、「未婚の母」奨励策までうち出した。「優秀なアーリア民族」増産のために、親衛隊のエリート男性に乱交させるという「生命の泉」計画である。さすがにこの革新的計画は女性の反発と前線兵士の士気阻喪をもたらし、撤回せざるをえなかった（C・クーンズ『父の国の母たち』時事通信社　九〇年九月刊）。やはり生殖は婚姻による「家族」の中で営まれねばならないのだ。

そのなかで産婦と娼婦の懸隔は、社会的にも地理的にもさらに広がる。男たちの出征が増えるにつれ、快楽としての性が前線に移行したからだ。当時いわれた「男は前線・女は銃後」という性別分担はタテマエにすぎず、前線の男のかげには慰安婦という快楽用の女がともなわれていたのだ。

しかし彼女たちは見えない存在だった。「いかなる保守派といえども、『祖国のために死ぬ』男のために、女を売春婦にしても良いと公言できるものは、まずいはしまい」と絓秀美はいう（「そのために死にうる国家」『発言者』九七年一月号）。その通りだ。しかしそれは絓が言うように冷戦終結後の「市民的主体」の優越の結果ではない。五〇余年前、公娼制により男の買春が公認されていた戦時下においても、慰安婦の存在は隠蔽されていた。

それをあからさまにしては、銃後の国民精神総動員に支障をきたすからだ。女学生に慰問袋を送らせ、子どもたちに「兵隊さんありがとう」と慰問文を書かせるためには、皇軍兵士はあくまでも、快楽とはいっさい無縁に、苦行僧のようにお国のために戦っているというフィクションが必要である。

銃後の妻たちの不貞防止のためにも、それはぜひとも必要だった。兵士たちのもっとも切実な

「後顧の憂い」は妻の不貞だった。軍の意向を受けた国防婦人会では「勇士妻の会」などを開催して若い妻たちの「保護善導」をはかったが、もちろん慰安婦の存在はオクビにもだされない。妻たちへの禁欲強制が説得力をもたなくなるからだ。

朝鮮などの他民族の女性が慰安婦として多数動員されたのにも、それが関わっているように思える。自民族のシロウトの女性を動員すれば隠蔽された快楽はバレてしまう。また前線の男たちの士気阻喪につながる。男たちは「お国のため」よりも恋人や姉妹を守るために戦っていたから、シロウトの女性を慰安婦にしては何のために戦っているのかわからなくなる。それに対して植民地や占領地の女に性的サービスをさせれば、ニッポン男子としてのアイデンティティはいやが上にも強まる。

「ひめゆり部隊＝慰安婦」説は、隠蔽された前線の快楽をあらわにする。その上に産婦と娼婦という女の二分そのものを解体してしまう。

ひめゆりの少女たちは「良家の子女」であり、聖化された産婦の象徴である。その彼女たちが快楽の対象になったり婚姻外の性行為をしたとすれば、性のダブルスタンダードは崩れる。それによって支えられている男社会の秩序は揺らぐ。

揺らぐ男社会の秩序

中学教科書のほんのささやかな「従軍慰安婦」記述がかくも大騒ぎをまきおこしている要因にも、それがあるだろう。

売春防止法が施行されて四〇年近くになるが、性のダブルスタンダードはいまも日本社会に厳然とある。一夫一婦制のタテマエのかげで、男たちは買春に走っている。小倉利丸が喝破するように、近代家族は「妻と外で買う女性」数人という一夫多妻制なのだ（「一夫多妻制としての近代家族」『月刊フォーラム』九七年三月号）。その「外で買う女性」に日本以外のアジア女性が多いのも「従軍慰安婦」の時代と変わらない。

教科書の「従軍慰安婦」記述は、過去における性の二重規準だけでなく現在のそれをもあらわにする可能性がある。教科書の「慰安婦」記述はおざなりでしかないが、教えようによってはそれをとっかかりに、現在の「一夫多妻制」についても子どもたちの批判力を養う可能性はある。削除派がヒステリックに騒ぐのは、「先祖」だけでなく、自分たちの恥も明らかになることを恐れるからではないか。

中学教科書というのも彼らには気に食わない。彼らはもっともらしく発達段階説を持ち出して中学生には不適というが、それよりは中学が義務教育であることが大きいように思える。高校や大学ではなく義務教育である中学校で教えるということは、これから育つ日本国民のすべてが性の二重規準否定に立つ可能性を開くということだ。地方議会で「慰安婦」削除決議をもとめる草の根の男たちには、それに対する危機感が大きいのではないか。

彼らからみれば、いまや男社会の秩序は大きく揺らいでいる。「正しい歴史を伝える国会議員連盟」（新進党）が昨年九六年一二月にだした「歴史教科書問題に対する声明」では、東京都の「青少年の生活意識調査」から、女子高生のテレクラ利用三六パーセント、女子中学生二五パーセントという数字をあげ、「この事実からも青少年層にモラルの崩壊現象が広がっていることは明らか」という。そして「義務教育の教科書としては、きわめて不適格」として慰安婦記述の削除を主張している。

彼らはテレクラ女子高生の登場を「モラルの崩壊」と嘆くが、彼女たちと「援助交際」する男たちは問題にしない。彼らのいうモラルはまさにダブルスタンダードなのだ。ひめゆりの少女たちと同様に、女子高生は清純のシンボルであるべきなのだろう。

もっと問題なのは夫婦別姓である。妥協的な案とはいえ、これが実現すれば一夫一婦制はもちろん、小倉のいう「一夫多妻制」もおおいに揺らぐ可能性がある。地方議会における「慰安婦」削除要求には夫婦別姓反対とセットになっているものがけっこう多い。

昨年九六年暮れに岡山県議会ではじめて削除要求の意見書が趣旨採択されたが、それを推進した「平和日本を守る岡山県民会議」の文書には、教科書問題とともに「家を中心に美しい伝統を守り育ててきた日本の家族制度を破壊する」として夫婦別姓反対が盛り込まれている。

井上澄夫はそれについて、「『夫婦別姓反対』と『従軍慰安婦』の記述の訂正や削除を求めることは、ともに日本社会の地肌に深く根ざす女性差別にかかわるのだから、本来同根の問題として凝視すべきことだ」という（「右派勢力の教科書攻撃の意味」『技術と人間』九七年三月号）。

同感である。井上によれば、昨年末の段階で教科書問題での意見書あるいは趣旨採択は一県一二市町村、それに対して夫婦別姓反対は一〇〇近くあるという（「地方議会を襲う「草の根保守派」の執念」『週刊金曜日』九七年三月二八日号）。

中学教科書の「従軍慰安婦」問題は、はしなくも性の二重規準に支えられた男社会の醜さをあぶり出した。それを守るべく、いま削除派はなりふり構わずまき返しをはかっているわけだ。しかし歴史の流れはとめられない。二一世紀、ジェンダーの壁はますます低くなる。国境の壁もそうだ。すでに制度疲労を起こしている近代家族や国家にしがみついても何の展望もない。しかし、窮鼠猫を噛むということもある。この世紀末教科書狂騒曲が歴史を巻きもどしたりしないよう、男社会を穏やかに自然死させるために知恵を集めよう。

（初出タイトル「世紀末教科書と性のダブルスタンダード」、『インパクション』一〇二号、一九九七年四月刊）

「つくる会」歴史教科書とジェンダー

『新・国民の油断』の〈意義〉

今年二〇〇五年一月、「新しい歴史教科書をつくる会」名誉会長・西尾幹二と、現会長・八木秀次の対談『新・国民の油断』がＰＨＰ研究所から出ました。これが「新」である理由は、一九九六年に『国民の油断』という本が同じ出版社から出ているからです。

こちらは西尾幹二と、例の「自由主義史観研究会」の藤岡信勝の対談です。サブタイトルに「歴史教科書が危ない」とあるように、その直前の文部省検定で、七社の中学歴史教科書のすべてに「従軍慰安婦」に関する記述が入った。それがいかに自虐史観に満ちた、とんでもないことかということを二人で話しあっているわけです。この本がでた直後に「新しい歴史教科書をつくる会」が成立し、二〇〇一年に現行の『新しい歴史教科書』が検定を通過、その改訂版が今回文科省検定に合格して、問題になっているわけです。

しかし今回出た『新・国民の油断』は、歴史教科書ではなく、ジェンダーを直接の攻撃対象にしています。サブタイトルは「ジェンダーフリー過激な性教育が日本を亡ぼす」です。彼らの歴史教科書をジェンダーの視点で批判するにあたっては、まず彼らのジェンダー認識をみておく必要があると思います。というわけで、その内容を、少し具体的に見てみましょう。

この本を読んで、最初わたしはもう、あいた口が塞がらないというか、抱腹絶倒というか、けっこう笑ってしまいました。例えば、八木さんが書いた前書きでは、「男女共同参画社会基本法」は「マルクス主義者によって、彼らのイデオロギーによって制定された」と書いてあります。いまどき何を血迷ったかと思いますが、これが基本的認識なんです。

それから、ジェンダーフリーは「平均から逸れた」「あまり美しくない女性」の復讐だと、四二〜四三ページあたりで西尾さんがいっています。また、男女の違いは「犬でも分かる」、「生理的宿命」だという。自分の家で飼っている犬が、玄関でピンポンと鳴って奥さんが出ていくと盛んに吠えたてる。自分が出ていくときには全然吠えない。しかし雷が鳴るとその犬は自分のところにすっ飛んでくる。つまり、女は守るべきものであり男は頼りにするべきものだと犬は認識しているというわけです。犬でもわかることがフェミニストにはわからんのかと、まあそういうことを、大まじめに何度も繰り返しています。

つまり女である男であるということは生理的な宿命なのだから、それを受け入れて、女は女らしく、男は男らしくやるべきだということですね。この三〇年の女性学の蓄積はそうした認識がいかに男性に都合のいいものであるかを明らかにし、「本質主義」と名づけて批判してきました。しかし彼らは、いっさいそれに学ぼうとしないどころか、性の構築性をいうジェンダー概念そのものを真っ向から否定しているわけです。

最初は、その度し難い無知にうんざりするとともに、よっぽど女性やマルクス主義者に劣等感があるんじゃないかなどと思って、まじめに批判する気も失せてしまいました。でも、しばらくして待てよと。ここまで彼らがジェンダーを目の敵にするのは、ジェンダーという概念が彼らのアキレス腱に触れるものであるからではないのか。ジェンダーを導入することによって、彼らが死守したい男性中心社会が根源から揺るがされる。そのことを彼らなりに学んだのではないか。とくにナショナリズムにとって、ジェンダーは非常に脅威を与えるものだということに彼らは気づいた。だからこそこんなに一生懸命に反対しているのではないでしょうか。

八木さんは、ライヒの言葉を引いて、「家庭こそが現体制の基盤であり、人間社会の中核である」といっています。ライヒは、だから性の解放は体制を揺るがす変革なんだとして積極的に提起したわけですが、八木はライヒの説を認めた上で、逆に、だからジェンダーフリーは「国家破壊の革命思想である」として否定しているわけです。直接の批判の対象は上野千鶴子さんと大沢真理さんで、彼女たちはライヒに学んだに違いないというのですが、さあどうでしょうか（笑）。

八木さんは、ライヒが、保守主義、つまり男性中心主義にとって、「家庭こそが基盤、つまり人間社会の中核」といっているのは「敵ながらあっぱれだと思います」と言っています。わたしもここに目をつけた八木さんは「敵ながらあっぱれ」だと思います。つまり彼は、ジェンダー概念のもつ、体制にとっての危険性をじゅうぶん認識しているということです。

それでいえば、いわゆる進歩派の男性の中には、ジェンダー論のもつ反体制的意義、とりわけナショナリズムへの脅威について、まだ充分認識ができていない人がいるように思います。今日の報告のレジュメでは、冒頭で「『新・国民の油断』の〈意義〉」というふうに、あえて〈意義〉という言葉を使っていますが、この点で彼らのジェンダー認識に学ぶべきではないかと考えているからです。

『新しい歴史教科書』新版と旧版のちがい

さて、本題の歴史教科書問題です。彼らはジェンダーを否定して本質主義にたつ。本質主義というのは、性染色体がXXなら女、XYなら男である。一般的には生まれたときの外性器の違いで男か女かが決められるわけですけれど、それによって人間には、すでに自動的に「男らしい」、あるいは「女らしい」性格や能力が備わっているんだ、それは「宿命」なんだという考え方です。「宿命」であるとすれば、太古の昔から人間の歴史を通じて「男らしさ／女らしさ」が存在しなければならない。『新・国民の油断』で彼らは何度も「伝統」という言葉を使います。「男らしさ／女らしさ」は日本の伝統である、ジェンダーフリーは伝統を破壊する、というふうに。『新しい歴史教科書』は、まさにそれを歴史的に裏づけるために書かれたものだといえるでしょう。

いま日本で、「伝統」とされているものの多くは「明治」以後の近代になってつくられたものですが、それには歴史学が関与しています。〈伝統の創造〉は歴史家の協力なしにはあり得ません。いま日本社会の中で、男らしさ／女らしさの「伝統」がまだ通念として生きていますけれども、かなり揺らいできている。彼らはそれに危機感を持って、全員がまなぶ中学義務教育の中で歴史教科書を通じて強化しようとしている。本質主義を裏づけるものとして歴史教科書を位置づけるということです。その姿勢は今回の教科書で非常に強まっています。

それには、この四年間の日本社会の変化が非常に大きいと思うんです。「つくる会」の教科書が検定を合格したのは二〇〇一年四月です。九・一一はその年の九月ですからまだありません。したがって自衛隊の戦闘地域への派兵や憲法「改正」について、現在のような声高な議論はまだなかった。思い返してみると、たった四年前なんですけれども、非常に牧歌的な時代だったと思います。

もう一つ、日本社会で大きいのは北朝鮮拉致被害者の帰国です。あれが二〇〇二年九月です。以後の日本社会のナショナリズムへ向けての空気の変化は非常に大きかった。旧版（二〇〇一年検定通過）はとてもひどいものではありますが、そうした変化以前の、まだ九・一一もない、拉致被害者の帰国もないという状況で作られたものであったことを、今回検定を通過した新版と比べて痛感しました。

この四年間の日本社会の変化、まさに憲法「改正」や教育基本法の「改正」を焦点にした「右傾化」の強まりが今回の歴史教科書の中にどのように反映しているか。それを検討するために、四つの点において旧版と新版の違いをジェンダーの視点によって見てみました。

①巻末索引におけるちがい

一番わかりやすいものとして、まず巻末人物索引における違いを検討してみました。旧版の段階から、つくる会の歴史教科書には女性がほとんど登場しないことが批判されていました。たしかに非常に少ない。巻末に付いている人物索引では、旧版で全体二六〇人のうち女性は一五人です。しかもその一五人たるや、五〇音順で、天照大神、イザナミ、市川房枝、出雲の阿国、弟橘媛、和宮、持統天皇、推古天皇、清少納言、津田梅子、卑弥呼、平塚らいてう、北条政子、紫式部、与謝野晶子の一五人。一見して神話や天皇制関連が多いことがわかります。

それに対して新版の巻末人物索引には、一〇人しか入っていません。全体が二六二人と二人増えているにもかかわらず、女性は五人減っている。割合でいえばかなり減ったことになります。この一〇人は、旧版にあった一五人から、アマテラス、イザナミ、市川房枝、弟橘媛、和宮の五人を除いた一〇人です(1)。

ただ新版・旧版とも、巻末索引にはないけれども本文に記載されている女性名があります。ていねいに隅から隅まで読んで、とにかく名前だけでも出てきた人をカウントすると、旧版においては四人、アメノウズメ、松井須磨子、美空ひばり、それから皇極天皇が蘇我入鹿の話の中にちらっと名前だけ出てきます。もちろん見落としがあるかもしれませんが。

それに対して新版は一四人です。アマテラスとかイザナミは巻末の索引からははずされていますが、本文にはしっかり生きている。また弟橘媛の代わりに、クシナダヒメがヤマタノオロチ伝説の中に出てきます。それから、光明皇后と光明皇太后、これは同じ人物なんですけれども、そのときの立場の違いで同じ人がこういう形で二回出てきます。それから、孝謙天皇、一条天皇の皇后の彰子、これは紫式部が仕えた人です。さらに紫式部、清少納言とともに、旧版にはなかった和泉式部の名前が上がっています。

そうすると、今回のほうが全体としては女性の数が多い。前回は索引一五人プラス本文中四人で一九人、今回は一〇人プラス一四人で二四人になります。しかしもちろん、多ければいいというものではない。多いことがどういう意味を持つか、どういう女性が加わっているのか、それについては後で考えたいと思います。

ちなみに、索引をていねいに見ると、男性についてもけっこう入れ替わりがあります。旧版の人物索引から削除された男性は二九人いるんです。イザナキはもちろんイザナミとともに索引からは削除されますが、ほかに削除されているのは、たとえば片山潜、幸徳秋水、小林多喜二、中江兆民……。どういう傾向が削除されたか明らかですね。逆に言えば、こういう社会主義者が旧版では取り上げられていたということです。削除された二九人の代わりにどういう人たちが入ったか。これを比較対照すると非常に面白いんですけど、本題とそれるので割愛します。大雑把に言えば、日本文化を海外に誇示するのに有効な人、ということでしょう。

②旧版への批判：ほぼ全面的に取り入れ

今回の歴史書では、旧版への批判をほぼ全面的に取り入れ、訂正削除しています。その点では「改善」されていると言えます。神話と史実の混同ということが旧版では非常に大きな問題となりました。今回も神話は生きていますが、「読み物コラム」として史実と混同しないような配慮がいちおうなされています。

「事実」の誤りもありました。例えば、これはわたしも『歴史教科書　何が問題か』(岩波書店二〇〇一年)で批判しましたが、津田梅子の渡米時の年齢が七歳なのに八歳と書いてあるとか、富岡製糸場を紡績工場と書いていた。新版ではなおっています。

また「不適切」と批判された用語、たとえば、アメノウズメのところで、腰の衣のひもを「陰部までおしさげて」といった表現、それから江戸時代に「妾」という言葉が出ていて、これに対してはたしか高島伸欣さんが『週刊金曜日』で批判してらっしゃいました。それはあっさりと消えています。

問題になった内容も削除されています。旧版では昭和天皇のコラムが見開き二ページあって、その冒頭で、広島の被爆女性が昭和天皇の死を悼む様子が書かれていて、わたしは被爆者の利用だと批判しました。それから、さっき人物名のところで名前だけで言いましたけど、取り上げられた女性のなかには、コラムとして一～二ページつかって取りあげる人と、ほんの一行、名前だけ出てくるという違いがあります。

与謝野晶子は、旧版では津田梅子と並んで見開きで取りあげられていました。しかしその中で「君死に給うことなかれ」という詩が、弟に死んでほしくないという家族主義にすぎないというようなことが書いてあって、批判が集中しました。津田梅子についても、日常の行儀作法にうるさかった点を取り上げていることについて、鈴木裕子さんが「津田梅子の矮小化」だと批判していました(『ここまでひどい！『つくる会』歴史・公民教科書』明石書店　二〇〇一年)。

これら批判されたことは、今回すべて訂正、削除されています。旧版の採択率は全国で一％にも満たなかったのですが、今回は一〇%確保を目標にかかげています。こうした「改善」はそれにかける彼らの執念の現れといえるでしょう。

③女性の視覚表象の増加

写真とかイラストといった視覚表象は、子どもたちには文章以上に影響が大きいと思います。新版は一〇〇ページぐらい減っていますが、版はA5からB5に大きくなっていて、その分、視覚表象は増えています。とりわけ女性に関して増えている。どういう表象が増えたのかという点に、彼らの本質主義、ジェンダー否定の姿勢が歴然と現れていると思います。

新たに加わった視覚表象としては、まず縄文時代の竪穴住居の内部再現の写真があります。ここに子どもをおぶって食事を作る女性が登場している。その下の本文には、「男たちは小動物の狩りと漁労に出かけ、女たちは植物の採取と栽培にいそしみ」と書かれている。この章は西尾幹二が書いていますが、旧版にはなかった文章です。

なぜこれを入れたのか。これはかなり本質に迫る問題だと思います。つまり、男と女の違いを「生理的宿命」とする本質主義者は、その論拠の一つに、男と女の脳のちがいをあげます。『話を聞かない男、地図が読めない女』という翻訳本が出て（主婦の友社　二〇〇〇年）売れたようですが、さっきの『新・国民の油断』のなかで、西尾さんはこの本に言及しています。

その男女の脳の違いというのは、男の空間認知能力と女の言語能力という違いだと言う。なぜそういう違いが出てくるのかといえば、先史時代何万年における男女の役割の違い、つまり男性は狩りをするので森の遠いところまで行って、獲物をしとめて無事に家族のところに持って帰らなければならない。それには空間的な認知能力が要求される。

それに対して、身近なところで植物の採取をする女にはそういう能力は要求されない。かわりに、非常に細やかな、植物についての記憶や対話能力が必要になる。その結果、男の脳と女の脳の違いが生み出されたんだというわけです。

これに対しては、もちろんいろんな学者の意見があります。例えば生物の雄雌の発生に詳しい生物学者の長谷川真理子さんは、人間の場合男女の脳に違いがないわけではないが、それは何万とある脳細胞のほんの一部にすぎない。それで男と女の本質的違いを言うのはおかしいというようなことをいっています。

また考古学者の佐原信さん、亡くなりましたけど元国立歴史博物館の館長だった佐原さんは、先史時代における狩猟採取における男女の分業自体にも、現在のジェンダー視点が投影されている恐れがあると警告しています。たとえば文化人類学者の調査記録でも、女性たちだって小動物の狩りをすることはあるが、その場合はコレクト、採取という言葉で記録する。男がやったらハントと書くということがある。それは現在のジェンダー視点の投影であって気をつけなくちゃいけないといっています。

縄文時代の再現にあたっても、無意識のうちに〈現在〉が投影されることがあるといいます。最近、いろんなところに歴史博物館ができて、当時の暮らしの再現が行われていますが、縄文時代の住居は屋根は土なんだそうです。しかし見る人はワラ屋根じゃないと納得しない。というのでワラで再現してしまうということがあるそうです。

だから歴史というのは、過去の事実そのままということはあり得なくて、つねに今の視点での解釈を含んでいます。この『新しい歴史教科書』では、はっきり本質主義を裏づけるためという姿勢が鮮明になっています。じゃあ他の教科書、七社の教科書はどうなのか。それについては調べてないので何とも言えませんが、必ずしも問題がないわけではなかろうとわたしは思っています。

それから今回の教科書に加わったものとして、最初の方に、「女の人はどんなオシャレをしていたのかしら」という問いかけがあって、縄文服を来た少女の写真が出てくる。これは三内丸山遺跡の資料館見学のところですが、非常に問題です。縄文時代に装身具をつけるのは女性に限りません。それなのにこういう形で、〈女らしさ〉を誘導している。それは今回、「大正」時代に銀ブラするファッショナブルな女性の写真や、あでやかな衣装をつけた美空ひばりの写真が入ったのと同じ意図によるものでしょう。

ナショナリズムの強化にも女性の表象が使われています。今回加わった「天照大神をまつる伊勢神宮」、紫式部の写真、それから戦時下のところで、特攻隊を見送る女学生の写真は旧版からありましたが、それに加えて今回は、勤労動員の女学生が一生懸命働いている写真も載っています。もう一つは北朝鮮拉致被害者の帰国写真です。飛行機のタラップを降りてくる写真ですが、女性たちが目立ちます。国際紛争にあたっては、「婦女子」の被害を言い立ててナショナリズムをあおるというパターンがあります。

こういうふうに、女性性を強調する視覚表象が増えた代わりに、削られたものが二点あります。一つは「新婦人協会」のメンバーの写真。新婦人協会は一九二〇年に平塚らいてうを中心に結成、女性の政治参加を禁じた治安警察法第五条二項を撤廃させる上で大きな意味を持った団体です。これによって女性参政権獲得運動の突破口が開かれたといえます。旧版には平塚らいてう、市川房枝などが一緒に写っている写真がありました。それが今回は削除されています。これは市川房枝が削除されたこととともに、男女平等の大きな柱である女性参政権運動への極端な軽視を示すものです。

その結果、事実の間違いも起こっています。女性参政権運動の記述がありますが、中心が平塚らいてうであるような記述になっています。これは間違いです。治安警察法第五条改正は、らいてうよりも奥むめおの力が大きいし、女性参政権運動に市川房枝は欠かせません[2]。

もう一つ削られた写真は、与謝野晶子の『みだれ髪』の表紙の写真です。さっきいったように、旧版では晶子は、津田梅子と見開きのコラムで一ページ分記述されていたのですが、批判が集中した結果でしょう、人物コラムから削除されてしまいました。写真の削除はまずはその結果でしょうが、女性の自己表現否定ともいえるでしょう。

視覚表象という目に見える物はやっぱり影響力を持ちますので、そこで何が加わり、何がなくなったかは象徴的だと思います。

④「女性」に関する記述の変化・増大

記述の変化もあります。この四年間における戦争ができる国づくりとの関連で、歴史教科書の変化をジェンダー視点でみると、具体的にどういうことがいえるか。

まず「律令国家の成立」のところで、「聖徳太子は……仏教をあつく信仰……一方で日本古来の神々をまつることも忘れなかった。同じ年には、推古天皇が、伝統ある神々をまつり続けることを誓った。」とあります。これは旧版にはなかったもので、その意図するところは聖徳太子と推古天皇の役割分担の強調と女性による伝統の保持ということです。

聖徳太子は実在を疑う声もありますが、この教科書では、仏教という当時先進的な文化の受け入れを積極的にやった。一方、古来の神々を祀ることも忘れなかった。その聖徳太子の意を受けて、推古天皇が伝統ある神々を祀った。先進的な文化は男である聖徳太子、伝統は女帝である推古ということですね。近代でも、男は洋服、女は和服というように、伝統保持を女性に課すということがずっとありました。

飛鳥・天平文化の部分では、「大仏開眼供養」が「歴史の名場面」として再現されていますが、これも旧版にはなかったものです。「光明皇太后と、娘の孝謙天皇が最前列に座った。……日本古来の舞だけでなく、唐、朝鮮、東南アジアの舞も加わった。……内外に律令国家の発展を示す国際的な祝祭だった」というように、大仏開眼が周辺アジア諸国からも賞賛されるすばらしい文化だったことを誇示しています。

平安文化の人物コラム「紫式部と女流文学」は、与謝野晶子の代わりに一ページのコラムとして入ったものです。紫式部の生い立ちや結婚後の生活が書いてあって、写真まで付いています。

写真といったって、紫式部の写真があるわけないので、福井にある想像で作った銅像の写真が載っているんですが、これは問題ですね。教科書に載ったら、それが事実として残っていってしまいます。

なぜ今回、紫式部が大きく取り上げられたかと言えば、日本文化の独自性を誇示するためです。今回は反米色が薄まった代わりに反中国色が鮮明になりました。ここもその一つです。「かな文字を用いて世界に誇るすぐれた文学を生み出した」。この点がポイントです。

つまり日本は、漢字は中国から借りたが、かなという独自の文字をつくり出した。それを用いて紫式部は「世界最古の長篇小説」を生み出したという、ナショナリズムへの利用です。

もう一人、「人物コラム」で取り上げられているのが「津田梅子」です。旧版の記述に「矮小化」という批判が出たことはさっき述べましたが、今回はそれは削除して、「日本の伝統を大事にしていた」、また、アメリカ大統領夫人に日本の伝統で大事なものは？　と聞かれ、「「犠牲の精神と忠誠」と答え、日本の武士道を尊敬していた夫人を感動させたという。」と書かれています。

一九〇七年に津田梅子が訪米したとき、ルーズベルト大統領夫妻に会い、そのときに忠臣蔵の話をしたということは確かです。しかし限られた字数のなかで津田梅子の意義を中学生に伝えようとするとき、忠臣蔵の話をしたことを特記する意図は何なのか、もうこれは明らかだと思います。この部分は藤岡信勝が書いた部分だと思いますが、彼は「自己犠牲」が好きで、明治維新のところにも「武士の自己犠牲」への賞賛が出てきます(3)。

つくる会『歴史教科書』新版の問題点とジェンダー

最後に、つくる会『歴史教科書』新版の問題点を、ジェンダーの視点からまとめておきたいと思います。

①事実の誤り

事実の誤りは、わたしのみるところ、さっきいった女性参政権の部分です。「女性の地位を高める婦人運動も開始され、平塚らいてうらの活躍によって、婦人参政権が主張されるようになった」とありますが、旧版にあった市川房枝、新婦人協会が削除された結果、婦人参政権運動の中心が平塚らいてうであるような記述になっています。

②強化された「性役割」

これは、2―③、④で述べた通り、縄文時代の「男女分業」や、聖徳太子／推古天皇の役割分担記述にあらわれています。

③日本の伝統／文化の継承・誇示（ナショナリズム）への女性利用

これについても、2―③、④で述べました。全体に、反中国ナショナリズムが強まっていますが、さっきいったように、「大仏開眼」や紫式部の記述は日本文化の誇示です。

④隠蔽されたもの

その反面、「近代国民国家」とジェンダー秩序の形成については一切触れられていません。それは旧版も同様ですが、新版では「近代国民国家」という用語を使い、「国民」としての一体感が強調されています。

しかし実際は、近代においてこそ、家制度／公娼制／姦通罪／教育制度の男女差別／女性の政治的無権利など、女性抑圧のジェンダー秩序が確立し、女性は「国民」から排除されたわけです。それについてはまったく書かれていません。

「近代国民国家」について、第四章「近代日本の建設」のところで、「職業選択の自由が認められ」、「住民の生命財産を保障したり、国民としての平等な権利を与えたり」といった記述がありますが、女性に平等な権利があったでしょうか。

もちろん「慰安婦」問題についてはいっさい書かれていません。そもそも「つくる会」は「慰安婦」記述に反対するためにできたわけですから当然ですが、今回は他の七社の教科書からも「慰安婦」記述は消えてしまいました。

この点について、わたしは先週、学生にアンケート調査をしました。いまわたしは新潟の私大で歴史を教えていますが、学生たちのなかには一九九六年から二〇〇〇年に中学に入学した学生が一二〇人あまりいます。この時期に中学に入ったということは、全員「慰安婦」記述のある教科書で歴史を習ったということです。日本の歴史教育上、すべての歴史教科書に「慰安婦」が記述されたのはこの時期だけです。

その教科書を習った学生と、それ以前に中学に入学した学生約二〇人の間に、「慰安婦」についての認識に違いがあるかどうか。アンケートはそれを確かめるためでした。

まず、中学校で習ったかどうかを訊ねたところ、「習った」は約二割、あとは「習わない」、

「忘れた」です。しかし「慰安婦」についての認識は、「習った」学生の八七%がほぼ正しく答えているのに対し、後者は四五%の正解。両者を平均すると五四%となります。それに対して、それ以前に中学に入学した学生の正解率は五〇%でした。

この結果をどう見るか。もちろん大学のレベルもあるし、この三年ほど急速に学力が低下しているということがあるので簡単には言えませんが、教科書に書かれていてもきちんと教えられていないということは言えるでしょう。それから教えられても、「慰安婦として働かされた」といった記述では、重大な女性の人権侵害だということはわからない。「習った」という学生のなかには、「看護婦のようなもの」と書いているのが五人いました。

前回の教科書が出た直後に、わたしは安丸良夫さんと対談したのですが、そこで安丸さんは、これについて、「なぜ日本軍がそれを必要としたかについては、売買春の伝統が非常に根強くあって、その種の行為が社会的に慣行化されていた事実を知らないとなかなか理解できない」。その前提から教えるべきではないか、とおっしゃっています（『歴史教科書　何が問題か』岩波書店、二〇〇一年）。

わたしも同感です。とくに近代における性のダブルスタンダード、女性にだけ厳しい姦通罪や公娼制による男性の買春容認というジェンダー秩序があって、だからこそ兵士たちの戦場での苦痛をやわらげるために、すぐ性的慰安という発想が出てくる。「慰安婦」について書くか書かないかというだけでなく、近代における性のダブルスタンダードについても書いておくべきだと思います。これは「つくる会」だけの問題ではなくて、他の教科書についても言えることだと思います。

「つくる会」の姿勢について、復古主義とか儒教的という批判がありますが、わたしは必ずしもそうは思いません。彼らのいう「伝統」は、主として近代になって国民国家形成のために〈創造された伝統〉です。彼らがこの教科書で意図しているのは、近代国民国家を支える近代家族の揺らぎを背景に、その再構築をはかる、そして「男は前線／女は銃後」というジェンダー秩序の強化ではないでしょうか。

わたしたち自身、近代におけるジェンダー秩序の確立が戦争国家づくりでもあったことを改めて確認したいと思います。

注

（1）二〇〇五年六月下旬、近くの教科書展示場で他の歴史教科書の人物索引を見てみたところ、数的には似たりよったり。大阪書籍、清水書院は八人しか上がっていない。

（2）他の教科書で、索引に市川房枝が入っているのは日本文教出版のもの。

（3）文科省の検定で「自己犠牲」が「犠牲」に直されている。

（本稿は二〇〇五年五月二一日、ジェンダー平等社会をめざすネットワーク主催、東京・ラポール日教済で行われた講演を加筆・改稿したものです。）

（『インパクション』一四七号、二〇〇五年六月刊）

あとがき

二〇〇五年七月一三日、寿岳章子さんが亡くなった。新聞の訃報によると八一歳とのこと。ああ、また一人……と胸をつかれた。

寿岳さんのお名前は、本書の四四ページ、「女にとって8・15は何であったか」のなかにださせていただいている。この文章のもとになったのは、『銃後史ノート』復刊6号「特集・女たちの8・15」のアンケート調査報告だが、寿岳さんはアンケートに応じてくださっただけでなく、この号にご自身の8・15について手記を書いてくださっている。

手記のタイトル「心にトランペット喨々と……」は、天皇の放送を聞いての心境を記した一節からわたしがつけた。しかしいま読み直してみると、そのあとにかかれている京都の町の無表情ぶりや、ご一家のほっとした様子のほうが心にしみる。ご一家については、「反戦運動でブチコまれるほどのことはないにしろ、どうにか歯をくいしばってしんぼうしていた我が家、何かが徐々にほどけていって、やがてはニコニコした」とある。

敗戦の不安を訴える友人に書いた手紙も紹介されている。「大仰なこけおどしは言わず、ささやかに理想高く生きよう、内部にいろいろのもんだいを含んだ大金持スタイルでなく、小家族が心を合わせて勤勉に、つつましく生きてゆくように日本はすすむのです、かえって真の幸福ですなどと書いたものだった。」

これを書いていただいたのは一九八四年、戦後三九年の時点だった。寿岳さんの思いに反して、戦後の日本はまさに「内部にいろいろのもんだいを含んだ大金持」国となり、さらに八〇年代に入って、中曽根政権の登場により軍事大国化の様相をあらわにした。寿岳さんは、「いま再び、と不気味なささやきがかわされる昨今、私は原点としての八月十五日をしみじみと想起する」と文章を結んでいる。

わたしはその八年前から在野の研究グループ「女たちの現在《いま》を問う会」で、一五年戦争下の女性の状況をたどり、『銃後史ノート』にまとめていた。それは母世代の「戦争協力」を問うことだった。『銃後史ノート』創刊の辞には、こんな文言がある。「母たちはたしかに戦争の被害者であった。ししかし同時に侵略戦争を支える〝銃後〟の女たちでもあった。「母たちはたしかに戦争の被害者であった。そして、「それはたんに過去の〝銃後〟の女たちを考えるだけでなく、すでにかつての母たちの年代に達した私たち自身の状況を明らかにするものでありたい、と考えています」とつづく。「女たちの現在を問う会」という名称のゆえんである。1章に収録したアンケート調査は、「女たちの現在」にたいする危機感のなかで、女性たちの戦後の初心を確認するために実施したものだ。

よくやったものだと、あらためておもう。「女たちの現在を問う会」はどこからの援助もなく、すべて手弁当だった。資料収集・編集はもちろん、『銃後史ノート』の最初の三号は、印刷・製本まで自分たちでやっている。会員は一〇人前後だったろうか。そうした会で、一〇〇〇人以上を対象にアンケート調査をやったのだからたいへんである。いろんな方のお世話になった。郵送費用を節約するために用紙配布にご協力いただいた方々の名前は一〇九ページの注に記してある。アンケート用紙の印刷は、娘の高校の先生が、組合関係の印刷屋さんにタダ同然で頼んでくれたと記憶する。

しかしなんといっても、いちばん大変だったのは会員である。そのころわたしたちは、解雇撤回闘争中の労働者が共同で借りている東京・飯田橋の事務所を使わせてもらっていたが、戻ってきたアンケートをわたしが川崎の自宅から車で運び、ああでもないこうでもないと終電まで議論したものだ。わたしたちは学者でもなければ調査の経験があるわけでもない。手探りでの集計・分析だった。

本書にアンケートの文章を入れたのは、まずはこうした会員の苦労がこのままでは消えてしまうという危機感による。発売元にはとっくに在庫なく、わたしの手元にも復刊6号『女たちの8・15』がほんの数冊、つぎの7号『女たちの戦後・その原点』にいたっては手元にもなくなり、つい先日古本屋の目録で見つけて、ようやく一冊確保したという始末である。

自画自賛かもしれないが、じつはわたしは「女たちの現在を問う会」のあり方・研究方法に、ひとつの歴史的意義があるとおもっている。ただの女がただの女としての〈現在〉をあきらかにするために、身銭を切って〈歴史〉をさぐる――。これは、女性学やジェンダー論が大学や行政によって制度化された現在でも、〈原点〉として忘れてはならないことではないか。

もちろん、内容の問題もある。二つのアンケートの実施は二〇年前であり、戦後六〇年のいまとなってはぜったいにきけない声がたくさんある。寿岳章子さんだけでなく、お名前をあげた方々の何人もがこの二〇年のあいだに亡くなった。四四ページの牧瀬菊枝さん、五一ページの井手文子さん……。こうした名のある方々だけでなく、貴重な証言を寄せてくださった何人ものかたがこの間に亡くなっている。

アンケートという、活字になることを想定しない場のせいだろうか、ひとりひとりの記述には素朴で真摯な思いがあふれていた。わたしは原稿に書きうつしながら、どれほど泣かされたことだろう。二七ページの潮地ルミさんの記述、四七ページの「帰還してくる父のためにとっておいた食物が次々と腐っていった」などは、いま読んでも涙がでる。

鹿野政直さんは昨年出された『現代日本女性史』のあとがきで、「伝声管になること」を自らの役割としたと書かれている。なんと謙虚なことばだろうか。わたしは鹿野さんとちがって謙虚でなく、自分の〈解釈〉をいいたい人間だが、アンケートの記述に関しては本書が「伝声管」の役割を果たせたら、このうえなくうれしい。

『銃後史ノート』は一五年戦争下の〈銃後〉の歴史を明らかにするのが目的だったから、一九八五年に『女たちの戦後・その原点』を出し、戦後の初心を確認したところで終了のはずだった。しかし翌年から、発売元をインパクト出版会にお願いし、『銃後史ノート戦後篇』として七〇年代半ばまで戦後史をたどることになった。8・15で銃後史を終えたのでは、「女たちの現在」が見えないと思ったからである。2章に収録した文章はそのなかで書いたものだ。

3章は八〇年代の軍事大国化の危機感のなかで、折にふれてさまざまなメディアに書いたものである。4章は九〇年代に入っての女性兵士問題が中心。5章は最初は収録の予定になかったが、最近の『新しい歴史教科書』問題やジェンダー・バッシングの状況から急遽入れることにした。その結果として大部な本になってしまった。

タイトルに「ジェンダー」を使うことには、迷いがあった。わたしがジェンダーという概念を知ったのは九〇年代にはいってから。したがって3章までの文章にはその認識はない。しかし、わたしはジェンダーの定義としてスコットの「身体的差異に意味を付与する知」を採用しているが、それでいえば「銃後史」はジェンダー論の枠組みにある。また、ジェンダー概念への攻撃が強まっているいまだからこそ、あえて使いたいという思いもあった。

現在からみるとトンチンカンで、それ自体歴史的証言のひとつとしての意義しかないものもいくつかある。しかし意外に〈現在的意義〉をもつものもある。このなかでいちばん古い文章は「サンマタイム」だが、最近サマータイム施行が取りざたされている。短いものだが、その是非を考える上でひとつの参考になれば、とおもう。

「『これからの戦争』と女性」も二〇年以上前の文章だが、いままったくリアリティがないわけではない。不気味な予言とならないことを、心から願わざるをえない。

加納実紀代

二〇〇五年七月

著者紹介
加納実紀代（かのうみきよ）
1940年ソウルに生まれる。1976年より「女たちの現在を問う会」会員として、96年までに『銃後史ノート』10巻（ＪＣＡ出版）、『銃後史ノート戦後篇』８巻（インパクト出版会）を刊行。
現在、敬和学園大学教員。
著　書
『女たちの〈銃後〉』筑摩書房、1987年（増補新版、1995年インパクト出版会）
『越えられなかった海峡―女性飛行士・朴敬元の生涯』時事通信社、1994年
『まだ「フェミニズム」がなかったころ』インパクト出版会、1994年
『天皇制とジェンダー』インパクト出版会、2002年
『ひろしま女性平和学序説―核とフェミニズム』家族社、2002年
主要編著
『女性と天皇制』思想の科学社、1979年
『反天皇制』（共編）社会評論社、1990年
『自我の彼方へ―近代を越えるフェミニズム』社会評論社、1990年
『母性ファシズム』学陽書房、1995年
『性と家族』社会評論社、1995年
『女がヒロシマを語る』（共編）インパクト出版会、1996年
『リブという〈革命〉』インパクト出版会、2003年
主要共著
『多摩の流れにときを紡ぐ』ぎょうせい、1990年
『共生への航路―神奈川の女たち45～90』ドメス出版、1992年
『近代日本と植民地』５巻、岩波書店、1993年
『岩波講座現代社会学』19巻、岩波書店、1996年
『「日本」国家と女』青弓社、2000年
『リアル国家論』教育史料出版会、2000年
『買売春と日本文学』東京堂、2002年

戦後史とジェンダー

2005年８月15日　第１刷発行

著　者　加納実紀代
発行人　深　田　　卓
装幀者　田　中　　実
発　行　㈱インパクト出版会
東京都文京区本郷2-5-11　服部ビル
Tel03-3818-7576　Fax03-3818-8676
E-mail：impact@jca.apc.org　http://www.jca.apc.org/˜impact/
郵便振替　00110-9-83148

　モリモト印刷

共同研究・戦友会 新装版

高橋三郎編著 四六判上製344頁 3500円＋税 05年04月発行
ISBN 4-7554-0149-6 装幀・田中実

戦友会とはどのような集団なのか。15年戦争のなかでの軍隊・戦争・戦場体験を、戦後の時間の中で寄り集まり、共同的に追体験してきたあの世代をとらえた社会学の古典。新たな戦前に突入した今、戦後60年をとらえ返すために新版として復刊する。執筆＝高橋三郎、溝部明男、高橋由典、伊藤公雄、新田光子、橋本満

声を刻む 在日無年金訴訟をめぐる人々

中村一成著 四六判並製231頁 2000円＋税 05年6月
ISBN 4-7554-0153-4 装幀・田中実

国籍を理由に、年金制度から排除される在日一世のハルモニたち。人生の晩年を迎えて今、国を相手に訴訟に立ち上がった彼女たちが、それぞれのライフストーリーを語る。彼女たちによって生きられた現実、それは、この国の近現代史の紛れもない一部である。いったいいつまでこの国は、排外の歴史を続けるのか。

銃後史ノート 戦後篇 全8巻

女たちの現在を問う会編 1500円～3000円+税

①朝鮮戦争 逆コースの女たち
②〈日本独立〉と女たち
③55年体制成立と女たち
④もはや戦後ではない？
⑤女たちの60年安保
⑥高度成長の時代・女たちは
⑦ベトナム戦争の時代・女たちは
⑧全共闘からリブへ